麻布大学附属高等学校

〈収録内容〉

2024 年度 ……………………………一般（数・英・国）

2023 年度 ……………………………一般（数・英・国）

2022 年度 ……………………………一般（数・英・国）

2021 年度 ……………………………一般（数・英・国）

2020 年度 ……………………………一般（数・英・国）

便利な DL コンテンツは右の QR コードから

解答用紙

非対応

リスニング

⇒

※データのダウンロードは 2025 年 3 月末日まで。

※データへのアクセスには、右記のパスワードの入力が必要となります。 ⇒ 208193

〈合格最低点〉

※学校からの合格最低点の発表はありません。

本書の特長

実戦力がつく入試過去問題集

- ▶ 問題 ……………… 実際の入試問題を見やすく再編集。
- ▶ 解答用紙 …… 実戦対応仕様で収録。
- ▶ 解答解説 …… 詳しくわかりやすい解説には、難易度の目安がわかる「基本・重要・やや難」の分類マークつき（下記参照）。各科末尾には合格へと導く「ワンポイントアドバイス」を配置。採点に便利な配点つき。

入試に役立つ分類マーク

基本 確実な得点源！
受験生の90％以上が正解できるような基礎的、かつ平易な問題。
何度もくり返して学習し、ケアレスミスも防げるようにしておこう。

重要 受験生なら何としても正解したい！
入試では典型的な問題で、長年にわたり、多くの学校でよく出題される問題。
各単元の内容理解を深めるのにも役立てよう。

やや難 これが解ければ合格に近づく！
受験生にとっては、かなり手ごたえのある問題。
合格者の正解率が低い場合もあるので、あきらめずにじっくりと取り組んでみよう。

合格への対策、実力錬成のための内容が充実

- ▶ 各科目の出題傾向の分析、合否を分けた問題の確認で、入試対策を強化！
- ▶ その他、学校紹介、過去問の効果的な使い方など、学習意欲を高める要素が満載！

解答用紙ダウンロード 解答用紙はプリントアウトしてご利用いただけます。弊社ＨＰの商品詳細ページよりダウンロードしてください。トビラのＱＲコードからアクセス可。

UD FONT 見やすく読みまちがえにくいユニバーサルデザインフォントを採用しています。

麻布大学附属高等学校

普通科
生徒数　925名
〒252-0206
神奈川県相模原市中央区淵野辺1-17-50
☎042-757-2403
横浜線矢部駅　徒歩4分(共通正門まで・校舎まで学園内を4分)

S特進クラス・特進クラス・進学クラスによる習熟度別教育

URL	https://www.azabu-univ-high-school.jp

プロフィール

夢を語り、夢を実現する

明治23年、東京麻布に、麻布獣医学園の母体である東京獣医講習所が発足。昭和36年、学園の創立70周年記念事業の一つとして、現在地に設立された。併設校として、麻布大学（獣医学部、生命・環境科学部）がある。

「誠実·協調·博愛·奉仕」を校訓とし、「夢を語り、学問を追究·実践し、誠実なる校風の基、平和社会建設に貢献する」の教育理念の基で、未来をひらく強い精神力と健康な身体を持つ人材の育成を目指している。

環境

駅至近ながらも落ち着いた環境

JR横浜線、矢部駅より徒歩４分で学園キャンパスに到達。大学と一体化したキャンパスは駅至近ながらも、閑静な住宅街の中にある。通学圏は相模原以外にも、横浜、川崎、八王子や多摩地区など幅広く、約70%の生徒が電車通学をしている。

施設としては、すべての教室に独立した調整機能がある空調がある。また、全ての教室に電子黒板が完備されており、日常的にICT教育が行われている。新入生は入学時にiPadを所持する。蔵書３万８千冊以上を誇る図書館、地上２階建て、1700名を収容できるアリーナ、砂入り人工芝を抱えるテニスコート、食堂、ファミリーマートと提携した自動販売機など、高校生活に最適な環境をそろえている。

カリキュラム

進級時に入れ替わる３つのクラス

入学時に選択するＳ特進・特進・進学の３クラスは進級時に入れ替えられる。実力テストの結果と本人の希望を考慮し、適性にあったクラスに再編成される。このため、入学後も緊張感を持って学習の継続ができるシステムとなっている。

Ｓ特進クラスは国公立大学ならびに最難関私大の合格を目標とし、１年次よりトップレベルの授業や演習を行う。特進クラスは難関私大、国公立および麻布大学への合格を目標に、応用・発展を重視した実力を養成する。進学クラスは丁寧な授業展開によって基礎学力の定着を図り、そこから難易度の高い学習内容へと結びつけて理解を深める。難関私大や麻布大学への進学を目指す。iPadを必携とし、授業で活用している。

学校生活

学校行事や生徒会活動が多彩

多彩な学校行事が組まれていて、５月の体育祭、９月の翔渕祭（文化祭）は特に盛り上がる。生徒で実行委員会を組織し、生徒自ら企画・立案・実行を手がける。その他、校外行事、球技大会、芸術鑑賞会、クラスマッチ等がある。また、２年次の修学旅行はディスカッション・フィールドワーク等、観光型の修学旅行とは異なる教育旅行を実施。方面については学校説明会、HP等で発信する予定である。

高校生活充実のため、部活動への参加も奨励しており、70％以上の加入率を誇る。授業や補習の時間と部活動の時間を完全に住み分けている。全国大会出場のサッカー部やワンダーフォーゲル部、陸上競技部をはじめとし、演劇部・吹奏楽部などは、実績が特に顕著である。全部で22クラブが活発に活動しており、放課後や休日も生徒の声が絶えない。

進路

可能性を広げる指導で難関大合格者が倍増

「進路意識の向上」と「大学入試対策」の２つの柱として進路指導を進めている。「進路意識の向上」プログラムとしては、進路担当教員や卒業生による各種説明会・講演会、様々な学問・職業を提示する進路適性検査などを通じて進路意識の向上を図っている。「大学入試対策」プログラムとしては、全国学力模試で実力を測ると共に、河合塾「バンザイシステム」、ベネッセ「Compass」など大学合格判定ソフトを利用して様々な入試方式による合格判定を分析し、生徒の合格可能性を広げる受験プランの提案を行っている。様々な取り組みの結果、難関大合格者数が年々増加している。近年の主な合格先は、東京工業大、東北大、名古屋大、横浜国立大、東京学芸大、東京外国語大、千葉大、東京都立大、横浜市立大、早稲田大、慶應義塾大、上智大、東京理科大など。

2024年度入試要項

試験日　1/22（推薦）　2/10（一般A・オープン第Ⅰ期）　2/11（オープン第Ⅱ期）

試験科目　面接（推薦）
国·数·英＋適性（一般A）
国·数·英＋面接（オープン）

※2024年度入試結果

2024年度	募集定員	受験者数	合格者数	競争率
推薦	55	7/27/76	7/27/76	1.0/1.0/1.0
一般前期	200	67/154/534	67/154/461	1.0/1.0/1.2

※人数はすべてS特進/特進/進学
※一般の定員はB方式（書類選考/作文（出願時））を含む
※2025年度入試要項は9/15公開予定

過去問の効果的な使い方

① **はじめに**　入学試験対策に的を絞った学習をする場合に効果的に活用したいのが「過去問」です。なぜならば，志望校別の出題傾向や出題構成，出題数などを知ることによって学習計画が立てやすくなるからです。入学試験に合格するという目的を達成するためには，各教科ともに「何を」「いつまでに」やるかを決めて計画的に学習することが必要です。目標を定めて効率よく学習を進めるために過去問を大いに活用してください。また，塾に通われていたり，家庭教師のもとで学習されていたりする場合は，それぞれのカリキュラムによって，どの段階で，どのように過去問を活用するのかが異なるので，その先生方の指示にしたがって「過去問」を活用してください。

② **目的**　過去問学習の目的は，言うまでもなく，志望校に合格することです。どのような分野の問題が出題されているか，どのレベルか，出題の数は多めか，といった概要をまず把握し，それを基に学習計画を立ててください。また，近年の出題傾向を把握することによって，入学試験に対する自分なりの感触をつかむこともできます。

過去問に取り組むことで，実際の試験をイメージすることもできます。制限時間内にどの程度までできるか，今の段階でどのくらいの得点を得られるかということも確かめられます。それによって必要な学習量も見えてきますし，過去問に取り組む体験は試験当日の緊張を和らげることにも役立つでしょう。

③ **開始時期**　過去問への取り組みは，全分野の学習に目安のつく時期，つまり，9月以降に始めるのが一般的です。しかし，全体的な傾向をつかみたい場合や，学習進度が早くて，夏前におおよその学習を終えている場合には，7月，8月頃から始めてもかまいません。もちろん，受験間際に模擬テストのつもりでやってみるのもよいでしょう。ただ，どの時期に行うにせよ，取り組むときには，集中的に徹底して取り組むようにしましょう。

④ **活用法**　各年度の入試問題を全問マスターしようと思う必要はありません。できる限り多くの問題にあたって自信をつけることは必要ですが，重要なのは，志望校に合格するためには，どの問題が解けなければいけないのかを知ることです。問題を制限時間内にやってみる。解答で答え合わせをしてみる。間違えたりできなかったりしたところについては，解説をじっくり読んでみる。そうすることによって，本校の入試問題に取り組むことが今の自分にとって適当かどうかが，はっきりします。出題傾向を研究し，合否のポイントとなる重要な部分を見極めて，入学試験に必要な力を効率よく身につけてください。

数学

各都道府県の公立高校の入学試験問題は，中学数学のすべての分野から幅広く出題されます。内容的にも，基本的・典型的なものから思考力・応用力を必要とするものまでバランスよく構成されています。私立・国立高校では，中学数学のすべての分野から出題されることには変わりはありませんが，出題形式，難易度などに差があり，また，年度によっての出題分野の偏りもあります。公立高校を含め，ほとんどの学校で，前半は広い範囲からの基本的な小問群，後半はあるテーマに沿っての数問の小問を集めた大問という形での出題となっています。

まずは，単年度の問題を制限時間内にやってみてください。その後で，解答の答え合わせ，解説での研究に時間をかけて取り組んでください。前半の小問群，後半の大問の一部を合わせて50％以上の正解が得られそうなら多年度のものにも順次挑戦してみるとよいでしょう。

英語

英語の志望校対策としては，まず志望校の出題形式をしっかり把握しておくことが重要です。英語の問題は，大きく分けて，リスニング，発音・アクセント，文法，読解，英作文の5種類に分けられます。リスニング問題の有無(出題されるならば，どのような形式で出題されるか)，発音・アクセント問題の形式，文法問題の形式(語句補充，語句整序，正誤問題など)，英作文の有無(出題されるならば，和文英訳か，条件作文か，自由作文か）など，細かく具体的につかみましょう。読解問題では，物語文，エッセイ，論理的な文章，会話文などのジャンルのほかに，文章の長さも知っておきましょう。また，読解問題でも，文法を問う問題が多いか，内容を問う問題が多く出題されるか，といった傾向をおさえておくことも重要です。志望校で出題される問題の形式に慣れておけば，本番ですんなり問題に対応することができますし，読解問題で出題される文章の内容や量をつかんでおけば，読解問題対策の勉強として，どのような読解問題を多くこなせばよいかの指針になります。

最後に，英語の入試問題では，なんと言っても読解問題でどれだけ得点できるかが最大のポイントとなります。初めて見る長い文章をすらすらと読み解くのはたいへんなことですが，そのような力を身につけるには，リスニングも含めて，総合的に英語に慣れていくことが必要です。「急がば回れ」ということわざの通り，志望校対策を進める一方で，英語という言語の基本的な学習を地道に続けることも忘れないでください。

国語

国語は，出題文の種類，解答形式をまず確認しましょう。論理的な文章と文学的な文章のどちらが中心となっているか，あるいは，どちらも同じ比重で出題されているか，韻文(和歌・短歌・俳句・詩・漢詩)は出題されているか，独立問題として古文の出題はあるか，といった，文章の種類を確認し，学習の方向性を決めましょう。また，解答形式は，記号選択のみか，記述解答はどの程度あるか，記述は書き抜き程度か，要約や説明はあるか，といった点を確認し，記述力重視の傾向にある場合は，文章力に磨きをかけることを意識するとよいでしょう。さらに，知識問題はどの程度出題されているか，語句(ことわざ・慣用句など)，文法，文学史など，特に出題頻度の高い分野はないか，といったことを確認しましょう。出題頻度の高い分野については，集中的に学習することが必要です。読解問題の出題傾向については，脱語補充問題が多い，書き抜きで解答する言い換えの問題が多い，自分の言葉で説明する問題が多い，選択肢がよく練られている，といった傾向を把握したうえで，これらを意識して取り組むと解答力を高めることができます。「漢字」「語句・文法」「文学史」「現代文の読解問題」「古文」「韻文」と，出題ジャンルを分類して取り組むとよいでしょう。毎年出題されているジャンルがあるとわかった場合は，必ず正解できる力をつけられるよう意識して取り組み，得点力を高めましょう。

数学

出題傾向の分析と合格への対策

●出題傾向と内容

本年度の出題は，大問で5題，小問数にして24題と，昨年とほぼ変わらない。

出題内容は，①が数と式の計算，連立方程式，平方根，因数分解，2次方程式，確率などで8題，②は方程式の利用，③が図形と関数・グラフの融合問題，④は資料の整理，⑤が平面図形の計量であった。

あらゆる分野から標準レベルの問題が出題されている。解答はマークシート方式である。

学習のポイント

弱点分野をつくらないようにして，教科書の例題や練習問題を確実に解ける実力を養っておこう。

●2025年度の予想と対策

来年度も，問題の質・量は今年度のような傾向が続くと思われる。

数と式，方程式の数量分野，資料の整理などは独立小問で出題されることが多いが，関数分野は図形との融合問題として小問2，3題からなる大問の形で出題されている。出題構成が変わっても，あらゆる分野の基礎を固めておくことが大切である。数量分野では確実な計算力が要求される。関数分野では直線の式の求め方，変化の割合等について正確に理解しておこう。図形分野も定理や公式を正しく使いこなせるようにしておくこと。確率もいろいろな問題にあたっておこう。

▼年度別出題内容分類表……

出題内容			2020年	2021年	2022年	2023年	2024年
数と式		数の性質	○				○
		数・式の計算	○	○	○	○	○
		因数分解	○		○	○	○
		平方根	○	○	○	○	○
方程式・不等式		一次方程式	○	○	○	○	○
		二次方程式	○	○	○		○
		不等式					
		方程式・不等式の応用	○	○	○	○	○
関数		一次関数	○	○	○	○	○
		二乗に比例する関数		○	○	○	○
		比例関数	○				
		関数とグラフ	○	○	○	○	○
		グラフの作成					
図形	平面図形	角度	○	○	○	○	○
		合同・相似	○	○			○
		三平方の定理			○		○
		円の性質	○		○	○	○
	空間図形	合同・相似	○			○	
		三平方の定理	○			○	
		切断			○	○	
	計量	長さ	○	○	○		○
		面積	○	○		○	
		体積	○	○		○	
		証明				○	
		作図					
		動点					
統計		場合の数					
		確率	○	○	○	○	○
		統計・標本調査	○	○	○	○	○
融合問題		図形と関数・グラフ	○	○	○	○	○
		図形と確率					
		関数・グラフと確率					
		その他					
その他							

麻布大学附属高等学校

英語 出題傾向の分析と合格への対策

●出題傾向と内容

本年度は，リスニング問題，発音問題，語句補充・選択問題，語句整序問題，資料読解問題，長文読解問題2題の計7題が出題された。

本年度もひき続きリスニング問題が出題された。また，全体的に非常に分量が多かった。

発音，文法問題(語句補充・選択，語句整序)の難度は標準的で，中学の学習範囲内であるが日本語が与えられていないことに注意が必要。

読解問題3題は広告の資料読解，スピーチ，エッセイ，とそれぞれ形式が異なり，変化に富んだ内容である。

学習のポイント

発音，文法問題は，標準的な問題集を使ってまんべんなく学習しよう。長文問題は，様々な形式・ジャンルに取り組もう。

●2025年度の予想と対策

2019年度からリスニング問題が出題されている。来年度以降も引き続き出題されると予想されるので，リスニング練習は必ずしておきたい。また，今後，どのような出題構成になっても対応できるよう，様々な問題を解いて練習しておこう。

発音，文法問題対策としては標準的な問題集を使い，中学の全学習範囲を学習しよう。

長文読解問題対策としては，資料読解，時事的な内容の長文，論説文，物語文など，様々なジャンルの長文が掲載されている問題集を用いて正確な読解力を身につけよう。特に，資料読解は事前に練習して慣れておくことが必要だ。

▼年度別出題内容分類表 ……

	出題内容	2020年	2021年	2022年	2023年	2024年
話し方・聞き方	単語の発音	○	○	○	○	○
	アクセント					
	くぎり・強勢・抑揚					
	聞き取り・書き取り	○	○	○	○	○
語い	単語・熟語・慣用句	○	○	○	○	○
	同意語・反意語					
	同音異義語					
読解	英文和訳(記述・選択)				○	○
	内容吟味	○	○	○	○	○
	要旨把握					
	語句解釈	○	○	○		
	語句補充・選択	○	○	○	○	○
	段落・文整序					
	指示語				○	○
	会話文	○	○	○	○	
文法・作文	和文英訳					
	語句補充・選択	○	○	○	○	○
	語句整序	○	○	○	○	○
	正誤問題					
	言い換え・書き換え					
	英問英答	○	○	○	○	○
	自由・条件英作文					
文法事項	間接疑問文	○	○		○	○
	進行形			○		
	助動詞	○	○	○	○	○
	付加疑問文					
	感嘆文					
	不定詞	○	○	○	○	○
	分詞・動名詞	○	○	○	○	○
	比較	○	○	○	○	○
	受動態		○			
	現在完了	○	○	○	○	○
	前置詞	○	○	○	○	○
	接続詞	○	○	○	○	○
	関係代名詞	○		○	○	○

麻布大学附属高等学校

国語 出題傾向の分析と合格への対策

●出題傾向と内容

本年度は，文章読解は論説文2題と古文1題，漢字の独立問題1題，文法などの知識に関する独立問題1題の出題で，合計大問5題の出題構成であった。漢字の独立問題では，四字熟語の漢字も出題されている。

現代文は，片方の論説文では資料も合わせて出題された点は昨年同様。

古文は『十訓抄』からの出題で，本文も長めであり，全体として難度も高め。

知識問題は例年，複数分野から幅広く出題される。漢字は語彙力も高く求められる。文法にかかわる問題は難問も含む。

学習のポイント

傍線部の周辺だけでなく，本文全体がどのようなことを言いたいものかを意識しつつ，選択肢を吟味しよう！

●2025年度の予想と対策

来年度も，論理的文章と古文の読解問題と複数の知識問題の出題が予想される。

現代文は，文学的文章から1題出題されることは傾向的に考えにくいものの，俳句などの「鑑賞文」が出題されたこともあるので，論説文に限定せず様々な分野の文章に慣れておく必要はある。

知識問題は幅広いジャンルから出題されるので，取りこぼしのないように根気よく積み上げていこう。本年度は出題がなかったが，例年文学史は高難度のものが出題される傾向にあるので，文学史は特に丁寧に確認しよう。

▼年度別出題内容分類表 ……

出題内容			2020年	2021年	2022年	2023年	2024年
内容の分類	読解	主題・表題					
		大意・要旨	○	○	○	○	
		情景・心情					
		内容吟味	○	○	○	○	○
		文脈把握	○	○	○	○	○
		段落・文章構成	○			○	○
		指示語の問題	○			○	○
		接続語の問題	○	○	○	○	
		脱文・脱語補充	○	○	○	○	○
	漢字・語句	漢字の読み書き	○	○	○	○	○
		筆順・画数・部首					
		語句の意味	○	○	○	○	○
		同義語・対義語			○		
		熟語					○
		ことわざ・慣用句	○	○	○		
	表現	短文作成					
		作文(自由・課題)					
		その他					
	文法	文と文節				○	○
		品詞・用法				○	○
		仮名遣い					
		敬語・その他			○		
	古文の口語訳			○	○	○	○
	表現技法		○	○			
	文学史		○	○	○	○	
問題文の種類	散文	論説文・説明文	○	○	○	○	○
		記録文・報告文					
		小説・物語・伝記					
		随筆・紀行・日記					
	韻文	詩					
		和歌(短歌)					
		俳句・川柳					
	古文		○	○	○	○	○
	漢文・漢詩						

麻布大学附属高等学校

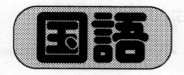

2024年度 合否の鍵はこの問題だ!!

数学 5

[問1]　円周角の定理より，円周角の大きさは中心角の大きさの$\frac{1}{2}$であり，中心角1周は360°であることから，円周角1周は$360\times\frac{1}{2}=180°$である。よって，$\overset{\frown}{\mathrm{ABC}}$に対する円周角の大きさと$\overset{\frown}{\mathrm{ADC}}$に対する円周角の大きさの和は180°であるから，$\angle\mathrm{ADC}+\angle\mathrm{ABC}=180°$である。したがって，$\angle y=180°-105°=75°$　円周角の定理より，$\angle x=2\angle y=2\times75°=150°$　よって，$\angle x=150°$，$\angle y=75°$である。ここでは，円に内接する四角形の向かい合う角の大きさの和が180°となることを覚えておきたい。

[問2]　(1)　AB＝AD＝2より，$\overset{\frown}{\mathrm{AB}}=\overset{\frown}{\mathrm{AD}}$であり，円周角の定理より，円周角の大きさは弧の長さに比例するので，∠ACB＝∠ACDである。△BCPにおいて，内角と外角の関係より，$\angle\mathrm{BCD}=105°-15°=90°$であるから，$\angle\mathrm{ACB}=\angle\mathrm{ACD}=90°\div2=45°$である。また，△ABCにおいて，$\angle\mathrm{BAC}=180°-(105°+45°)=30°$である。さらに，点Bから線分ACに下した垂線の足をHとする。△ABHにおいて，$\mathrm{BH}:\mathrm{AB}:\mathrm{AH}=1:2:\sqrt{3}$であることと，AB＝2であることから，BH＝1，$\mathrm{AH}=\sqrt{3}$である。△BCHにおいて，$\mathrm{BH}:\mathrm{CH}:\mathrm{BC}=1:1:\sqrt{2}$であることと，BH＝1であることから，CH＝1，$\mathrm{BC}=\sqrt{2}$である。(2)　円に内接する四角形の向かい合う角の大きさの和は180°なので，$\angle\mathrm{BAD}=180°-90°=90°$である。△APDと△CPBにおいて，∠PAD＝∠PCB＝90°，∠APD＝∠CPBより，2組の角がそれぞれ等しいので，△APD∽△CPBである。　(3)　$\mathrm{BP}=x$とおくと，$\mathrm{AP}=2+x$である。△APDにおいて，三平方の定理より，$\mathrm{DP}^2=2^2+(2+x)^2=x^2+4x+8$である。(2)より，△APD∽△CPBであるから，BP：DP＝BC：DAより，$\mathrm{BP}:\mathrm{DP}=\sqrt{2}:2$　$2\mathrm{BP}=\sqrt{2}\mathrm{DP}$となるので，両辺を2乗して，$4\mathrm{BP}^2=2\mathrm{DP}^2$　よって，$4x^2=2(x^2+4x+8)$　$4x^2=2x^2+8x+16$　$2x^2-8x-16=0$　$x^2-4x-8=0$　$x=\frac{-(-4)\pm\sqrt{(-4)^2-4\times1\times(-8)}}{2\times1}=\frac{4\pm4\sqrt{3}}{2}=2\pm2\sqrt{3}$　$x>0$より，$x=\mathrm{PB}=2+2\sqrt{3}$である。

英語 【E】37，【G】50

【E】37

本校の資料読解問題では，入場料やチケットの代金など，料金の計算の問題が多い。今年度の問題はわかりやすかったが，例年はもっと複雑な内容で出題されることが多いので，計算する際は以下の点に注意しよう。

・「年齢別の料金」(大人，学生，子供，高齢者など。年齢の区分けに注意する)

・「曜日・時間帯による料金」(平日料金，週末料金，夜間料金など)

・「団体割引」(「20名以上」など，適用人数に注意する)

・「その他の割引」(前売り券の割引や，「家族割引」「特定の日の特別料金」など，条件に当てはまる場合のみ割り引かれるものに注意する)

【G】50

本文の内容と一致するものを選ぶ問題。①「筆者はよく自分の学生に腹を立て，教室から出ていけと言う」(×)　②「大学に資金を供給することはもっと多くの日本人学生が留学するのに役立つ」(○)　③「現在，日本で学んでいる韓国，インド，中国出身の学生が増えている」(×)　④「多くの学生たちにとって自信を得る唯一の方法はより大きなことに挑戦することだ」(×)　⑤「筆者は，留学することは学生が重要な生活スキルを身につけるのに役立つと考えている」(○)　⑥「文部科学省は世界市場における日本の競争力を改善したいと思っていない」(×)

国語　五　問六

資料問題は，資料の内容を先に確認すると時間のロスになりがちである。選択問題ならば，まずは選択肢から確認していこう。

また，棒グラフでは項目と棒の色が細かく分かれていることがあるが，それにまどわされず「大きな分類は何か」ということを考えるのも需要である。問六では，資料A・Bともに白と黒の棒に注目すべきであった。どちらの資料でも大きな分類としてはポジティブな印象のものであり，白はどう，黒はどう……と見るよりも，白と黒を一体として考えてどうか，という確認の仕方が勧められる。

加えて，選択肢の言い回しにも注意したい。「○○よりも，××の割合が低い」という言い回しは，つまり「○○の方が××よりも割合が高い」ということである。このように，言い換えながら解釈する力も重要だ。文字面の印象だけでなく，厳密に何を言っているのかは逐一確認しよう。

2024年度

★★★★★★★★★★★★★★★★★★★★★★★★★

入　試　問　題

2024年度

麻布大学附属高等学校入試問題

【数　学】（50分）〈満点：100点〉

【注意】 1. 問題文中の [ア]，[イウ] などには，符号(−)または数字(0～9)が入ります。
ア，イ，ウ，…の一つひとつは，これらのいずれかに対応します。

2. 分数の形で解答する場合は，それ以上約分できない形で答えてください。
また，分数の符号は分子につけてください。

(例．答えが$-\frac{1}{2}$となるときは，$\frac{-1}{2}$として答える)

3. 根号を含む形で解答する場合は，根号の中が最も小さい自然数となる形で答えてください。また，分数の分母に根号を含む数は，分母を有理化した形で答えてください。

1 以下の問いに答えよ。

（1） $6+5\times(-2)$を計算すると，[アイ] である。

（2） $-4a^2\times18b\div9ab$を計算すると，[ウ] である。[ウ] に当てはまるものを以下の⓪～⑤から一つ選べ。

⓪ $-8a$　① $8a$　② $-8a^3b^2$
③ $32ab$　④ $-8ab$　⑤ 8

（3） 連立方程式 $\begin{cases}2x+y=1\\3x-2y=12\end{cases}$ を解くと，$x=$[エ]，$y=$[オカ] である。

（4） $\sqrt{45}-\frac{5}{\sqrt{5}}+3\sqrt{20}$を計算すると，[キ]$\sqrt{[ク]}$ である。

（5） 次の(あ)～(お)の中から，正しい文をすべて選ぶと，[ケ] である。[ケ] に当てはまるものを以下の⓪～⑤から一つ選べ。

(あ) 5の平方根は$\sqrt{5}$である。
(い) xの値を決めると，それに対応してyの値がただ1つだけ決まるとき，yはxの関数である。
(う) $\frac{4}{5}$は有理数である。
(え) 円周率をπとすると，半径rの球の体積は$4\pi r^2$である。
(お) $1<\sqrt{n}<3$を満たす負でない整数nの個数は6個である。

⓪ (あ)，(お)　① (い)，(う)　② (え)，(お)
③ (あ)，(い)，(う)　④ (い)，(う)，(え)　⑤ (う)，(え)，(お)

（6） $(x+3)^2+5(x+3)+6$を因数分解すると，$(x+$[コ]$)(x+$[サ]$)$である。
（[コ]，[サ] は順不同）

（7）　2次方程式$2x^2+7x+4=0$を解くと，$x=\dfrac{\boxed{\text{シス}}\pm\sqrt{\boxed{\text{セソ}}}}{\boxed{\text{タ}}}$　である。

（8）　大小2つのさいころを投げるとき，出た目の数の和が4以下になる確率は　$\dfrac{\boxed{\text{チ}}}{\boxed{\text{ツ}}}$　である。

2　十の位の数がx，一の位の数がyである2けたの正の整数Nがある。Nの十の位の数と一の位の数を入れ替えてできる正の整数をMとすると，Nの2倍とMの和は201である。以下の問いに答えよ。

（1）　x，yの関係を等式で表すと，$\boxed{\text{テ}}x+\boxed{\text{ト}}y=\boxed{\text{ナニ}}$　である。

（2）　xがyより3だけ小さい数であるとき，$x=\boxed{\text{ヌ}}$，$y=\boxed{\text{ネ}}$　である。

（3）　xとyの組(x，y)は全部で　$\boxed{\text{ノ}}$　通りある。

3　[問1]

球がある斜面Aを転がり始めてからの時間x秒と，その間に進む距離ymの関係が，
$y=ax^2(a>0)$……①で表されている。以下の問いに答えよ。

（1）　球がこの斜面Aを転がり始めて1秒後から3秒後までの平均の速さは秒速 $\boxed{\text{ハ}}$ mである。

$\boxed{\text{ハ}}$ に当てはまるものを以下の⓪～⑤から一つ選べ。

⓪　a　　①　$2a$　　②　$3a$

③　$4a$　　④　$2a^2$　　⑤　$4a^2$

（2）　この球が斜面Bを転がり始めてからx秒間に進む距離ymが，$y=bx^2(b>0)$……②で表されている。

①，②のグラフが右図のようになるとき，$a\,\boxed{\text{ヒ}}\,b$であり，球が転がり始めて1秒後から3秒後までの平均の速さについて，$\boxed{\text{フ}}$。

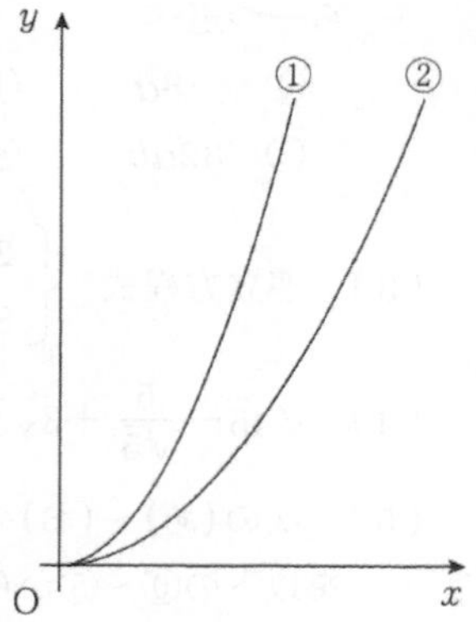

$\boxed{\text{ヒ}}$ に当てはまる記号を以下の⓪～②から一つ選べ。

⓪　$<$　　①　$>$　　②　$=$

$\boxed{\text{フ}}$ に当てはまる文言として最も適切なものを以下の⓪～③から一つ選べ。

⓪　斜面Aの方が斜面Bよりも速い

①　斜面Bの方が斜面Aよりも速い

②　斜面Aも斜面Bも速さは変わらない

③　どちらの斜面の方が速いかは，このグラフからは判断できない

[問2]

次のページの図のように，2つの関数$y=x^2$……①，$y=ax^2(a<0)$……②のグラフがある。2点A，Bは関数①のグラフ上の点で，そのy座標は4である。2点C，Dは関数②のグラフ上の点で，四角形ABCDは面積が24の長方形である。2点A，Dのx座標は正，2点B，Cのx座標は負である。以下の問いに答えよ。

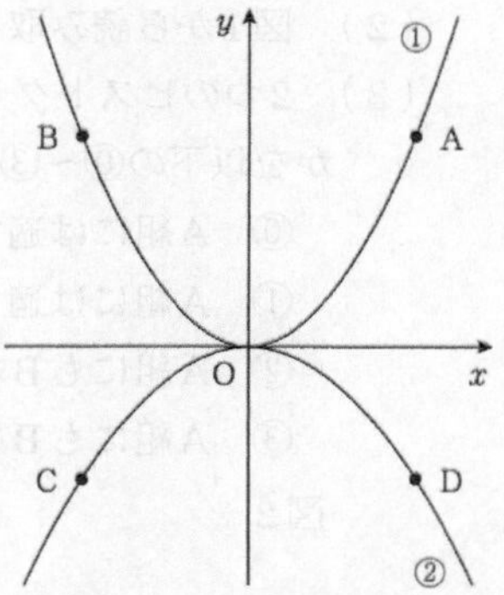

（1） $a=\dfrac{\boxed{\text{ヘホ}}}{\boxed{\text{マ}}}$である。

（2） 直線BDの式は，$y=\dfrac{\boxed{\text{ミム}}}{\boxed{\text{メ}}}x+\boxed{\text{モ}}$である。

（3） 関数①のグラフ上の$x>0$の範囲を動く点Pがある。△PBDの面積が△OBDの面積に等しくなるとき，点Pのx座標は，$\dfrac{\boxed{\text{ヤユ}}+\sqrt{\boxed{\text{ヨラ}}}}{\boxed{\text{リ}}}$である。

4

［問1］

次の（あ）～（う）の中から，標本調査を行うのが適当であるものをすべて選ぶと，$\boxed{\text{ル}}$である。$\boxed{\text{ル}}$に当てはまるものを以下の⓪～⑥から一つ選べ。

（あ） 選挙の出口調査

（い） 商品の品質検査

（う） 健康診断

⓪ （あ）　① （い）　② （う）　③ （あ），（い）

④ （あ），（う）　⑤ （い），（う）　⑥ （あ），（い），（う）

［問2］

図1は，A組30人とB組30人が受けた数学のテストの結果を箱ひげ図にまとめたものである。

図1

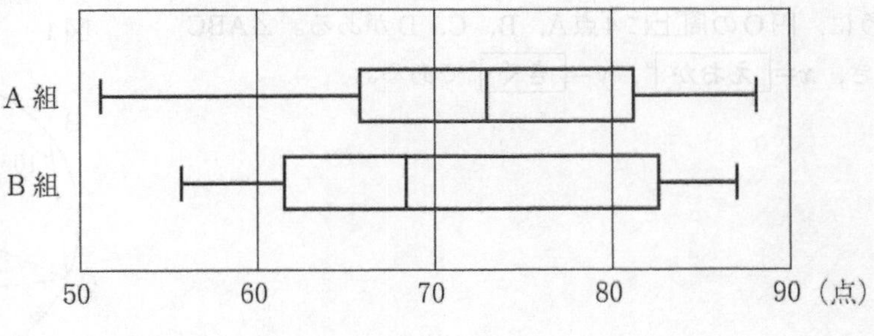

（1） 図1から読み取れることとして，次の（あ）～（う）は「正しい」，「正しくない」，「図1からは分からない」のどれか。以下の⓪～②から最も適切なものをそれぞれ一つ選べ。

（あ） 「四分位範囲はA組の方が大きい」は$\boxed{\text{レ}}$。

（い） 「平均値はA組の方が高い」は$\boxed{\text{ロ}}$。

（う） 「70点以下の人数はA組の方が多い」は$\boxed{\text{ワ}}$。

⓪ 「正しい」　① 「正しくない」　② 「図1からは分からない」

（２） 図１から読み取ると，Ｂ組の70点以上の人数は，[ヲ] 人以上 [ンあ] 人以下である。

（３） 2つのヒストグラム図2，図3について，図１のＡ組とＢ組のそれぞれに適するか適さないかを以下の⓪～③からそれぞれ一つ選ぶと，図2は [い]，図3は [う]。

⓪　Ａ組には適するが，Ｂ組には適さない

①　Ａ組には適さないが，Ｂ組には適する

②　Ａ組にもＢ組にも適する

③　Ａ組にもＢ組にも適さない

図２

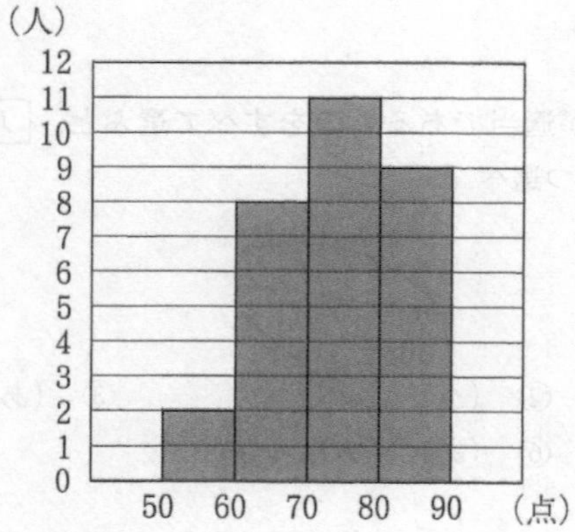

図３

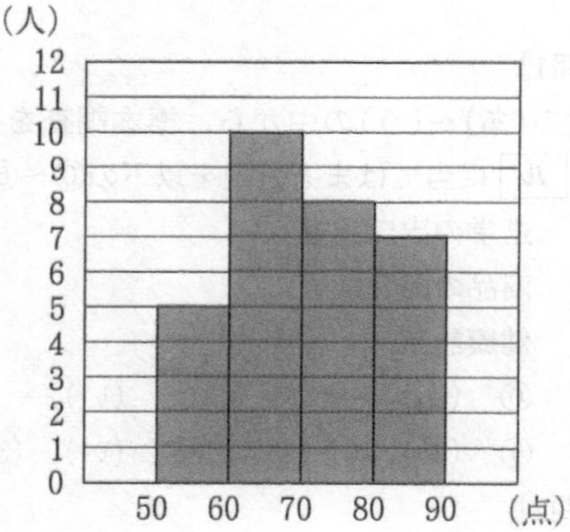

5

［問1］

図１のように，円Ｏの周上に4点Ａ，Ｂ，Ｃ，Ｄがある。∠ABC＝105°のとき，x＝[えおか]°，y＝[きく]°である。

図１

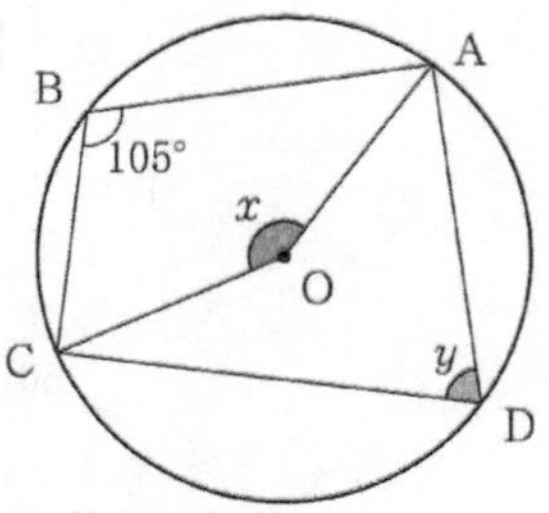

［問2］

図2のように，図1の図形において，直線ABと直線CDの交点をPとする。∠APD＝15°，AB＝AD＝2のとき，以下の問いに答えよ。

図２

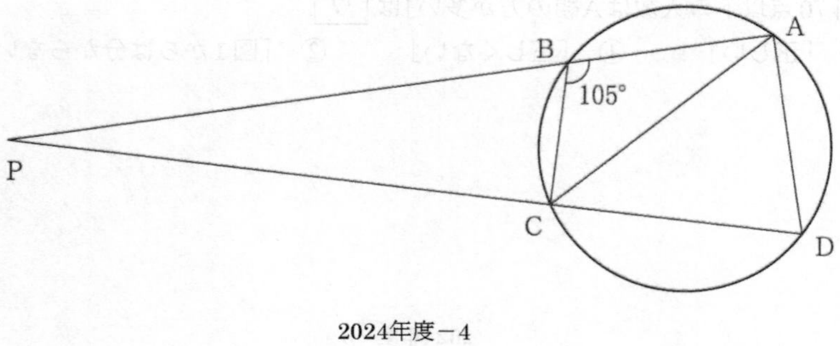

（1） △ABCにおいて，∠ACB＝[けこ]°，∠BAC＝[さし]°であるから，BC＝$\sqrt{\text{す}}$である。

（2） [せ]∽[そ]である。[せ]，[そ]に当てはまるものを，以下の⓪～④から一つずつ選べ。

（[せ]，[そ]は順不同）

⓪ △ABC　　① △ACP　　② △APD

③ △ACD　　④ △CPB

（3） 線分PBの長さは，[た]＋[ち]$\sqrt{\text{つ}}$である。

【英　語】（50分）〈満点：100点〉

【A】 **リスニングテスト**（放送の指示にしたがって答えなさい。放送を聞きながらメモをとってもかまいません。）

Part 1　チャイムの箇所に入るミアの発言として最も適当なものを選び，番号をマークしなさい。

1．[1]
① Actually, I like it the best.
② Saki also said science is her favorite.
③ I'm happy to hear that.
④ Oh, I don't like it very much.

2．[2]
① There are some *origami* artists.
② Wow, can you make something for me?
③ I've long been interested in it.
④ I'll tell you where to buy *origami*.

3．[3]
① I came here to read some books about computers.
② I'm just thinking about which computer to buy.
③ I'm looking for some books to do my history homework.
④ Do you also want to use this computer?

4．[4]
① I met my brother who works as an ALT in Nagano.
② I've never seen Mt. Fuji before, so I would like to see it.
③ If you have any pictures you took in Kyoto, let me see them.
④ I didn't go there, so I don't think that person you met was me.

Part 2　対話を聞き，それぞれのQuestionの答えとして最も適当なものを選び，番号をマークしなさい。

5．[5] Question : When and where will the guitar concert be held?
① It will be held tomorrow from 2:00 p.m. at the City Library.
② It will be held tomorrow from 3:30 p.m. at the City Library.
③ It will be held tomorrow from 2:00 p.m. at Minato Hall.
④ It will be held tomorrow from 3:30 p.m. at Minato Hall.

6．[6] Question : How did Hina spend her time on the trip?
① She enjoyed fishing and swimming in the beautiful sea.
② She enjoyed seeing many beautiful fish in the sea.
③ She went fishing and learned about the culture of Okinawa.
④ She swam in the sea and learned about the culture of Okinawa.

7．[7] Question : Which is true about Lucas and Hina?
① Lucas will give his sister a birthday card and a picture book for her birthday.
② Lucas will take Hina to a bookstore which opened near the station.
③ Hina is happy because she could find a nice picture book for her sister.
④ Hina is asking Lucas what he would like her to give him for his birthday.

Part 3　説明を聞き，以下の〈みどり市立図書館について〉を完成させるために，文中の空所（　）に最も適当なものを選び，番号をマークしなさい。

〈みどり市立図書館について〉

・この図書館は1973年にこの場所に建てられ，今年で50年になる。建物が老朽化しているため，（　8　）予定である。

・蔵書数は約428,000冊で，その蔵書数は神奈川県内の図書館で第2位である。昨年は約16,700冊の本を受け入れ，約14,500冊の本を除籍した。昨年の利用者数は（　9　）であった。

・30台のコンピューターがあり，本の検索やインターネットの利用ができる。インターネットを利用する際はルールを守ること。

・開館時間は，火曜日から金曜日は午前9時30分から午後7時まで，土曜日・日曜日・祝日は午前9時30分から午後5時まで。（　10　）は午後5時まで。休館日は毎週月曜日。

8．8

① 来年，現在の建物が取り壊され，新しい図書館が建てられる

② 来年，図書館の改築工事が始まり，2028年に完成する

③ 2028年には，図書館は駅前から移転される

④ 2028年には，駅前に新しい図書館が建てられる

9．9

① 約95,000人　　② 約195,000人

③ 約295,000人　　④ 約395,000人

10．10

① 本の検索とインターネットの利用

② インターネットと学習室の利用

③ 児童室と学習室の利用

④ 本の貸し出しと返却

※放送台本は非公表です。

【B】　次の①②③から，下線部の発音が**すべて同じもの**を選び，番号をマークしなさい。

11．11

①	wear	careful	year
②	between	fever	people
③	finger	young	strong

12．12

①	plant	basketball	happy
②	news	increase	lose
③	color	company	October

【C】 （ ）の中から最も適当なものを選び，番号をマークしなさい。

13. Would you bring me (① hot something to drink / ② to drink hot something / ③ something to drink hot / ④ something hot to drink) ? [13]

14. Takeshi likes reading. He reads three times (① books as many / ② as many books / ③ many as books / ④ as books many) as I. [14]

15. We have five Suzukis in this office; one is from Tokyo and all (① another / ② others / ③ the other / ④ the others) are from Yokohama. [15]

16. The movie star (① watched / ② viewed / ③ saw / ④ looked) very cool when he played that person. [16]

17. A : Shall (① you / ② I / ③ we / ④ it) go skiing this weekend?
B : Yes, let's! [17]

18. Miki has not finished today's homework (① already / ② still / ③ yet / ④ then). [18]

19. My family moved to Osaka (① because / ② when / ③ if / ④ that) I was fourteen. [19]

20. Okinawa is known (① as / ② to / ③ for / ④ about) its beautiful sea. [20]

21. I don't know which (① bus should I take / ② should I take bus / ③ bus I should take / ④ I should take bus) to go to the city hall. [21]

22. Every room in the hotel (① have / ② has / ③ is having / ④ are having) a clean bathroom. [22]

23. If our foods, like vegetables or fruits, are not safe or clean, they sometimes (① makes sick us / ② make us sick / ③ sick make us / ④ makes us sick). [23]

24. The cat (① to call / ② called / ③ which call / ④ was called) Tama is lying under the table. [24]

25. We like the meat (① that / ② which / ③ they / ④ who) sell at the store. [25]

【D】 意味の通る文に並べ替えた際，**[問題番号] にくる語句**を選び，番号をマークしなさい。ただし，文の先頭にくる文字も小文字で表記されている。

26. ______ ______ ______ [26] ______ ______ ?

① use / ② English / ③ may / ④ your / ⑤ I / ⑥ dictionary

27. There ______ ______ ______ ______ [27] ______ ______ ______ long hair.

① students / ② with / ③ who / ④ a teacher / ⑤ many / ⑥ see / ⑦ are / ⑧ can't

28. This is ______ ______ ______ [28] ______ ______ ______ ______ .

① have / ② time / ③ I / ④ Azabu / ⑤ the / ⑥ University / ⑦ first / ⑧ visited

29. ______ ______ ______ ______ [29] ______ ______ ______ at high school *besides studying.　　*besides：～のほかに

① there / ② things / ③ two / ④ to / ⑤ want / ⑥ do / ⑦ I / ⑧ are

30. Mr. Goto is really good at English because ______ ______ ______ ______ [30] ______ ______ ______ ten years.

① in / ② he / ③ than / ④ been / ⑤ more / ⑥ for / ⑦ has / ⑧ Australia

31. ＿＿ ＿＿ ＿＿ [31]＿＿ ＿＿ ＿＿ ?
① send / ② you / ③ me / ④ picture / ⑤ can / ⑥ your

32. Work ＿＿ ＿＿ ＿＿ ＿＿ [32]＿＿ ＿＿ ＿＿ ＿＿ .
① we / ② have / ③ was / ④ didn't / ⑤ and / ⑥ much / ⑦ busy / ⑧ time

33. I ＿＿ ＿＿ ＿＿ ＿＿ ＿＿ [33]＿＿ ＿＿ ＿＿ an essay.
① want / ② idea / ③ before / ④ I / ⑤ hear / ⑥ to / ⑦ write / ⑧ your

34. ＿＿ ＿＿ ＿＿ [34]＿＿ is ＿＿ ＿＿ ＿＿ .（1語不要）
① from / ② *sake* / ③ that / ④ a drink / ⑤ made / ⑥ is / ⑦ rice / ⑧ of

【E】 次のページのボランティア(volunteer)の募集広告を読んで，あとの問いの答えとして最も適当なものを選び，番号をマークしなさい。

35. スタービーチマラソンについて，**正しいものを二つ**選び，番号をマークしなさい。[35]（[35]に二つともマークすること）
① スタービーチマラソンは当初，参加ランナー約90人の地元のイベントとして始まった。
② スタービーチマラソンは現在，世界で最も刺激的なマラソン大会の1つとなっている。
③ 例年，国内外約20,000人のランナーがスタービーチの美しい景色を楽しんでいる。
④ スタービーチマラソンの完走者には，後日，完走メダルと完走証が贈呈される。
⑤ スタービーチマラソンの参加者には，大会Tシャツと帽子が無料で配布される。

36. ボランティアについて，**正しくないものを二つ**選び，番号をマークしなさい。[36]（[36]に二つともマークすること）
① ボランティア全員で給水所やスタート・ゴール地点の設営や後片付けを手伝う。
② ボランティアはランナーの手荷物預かりや，その管理および返却も行っている。
③ コース監視員はランナーの誘導や安全確保とともに観客や通行人の整理・誘導も行う。
④ 個人でボランティアに参加する場合のみ，18歳以下の未成年は保護者の承認が必要となる。
⑤ ボランティア希望者は，定員に達する前に，Eメールで申し込まなければならない。

37. スタービーチマラソンは合計で何人のボランティアを必要としているか。最も適当なものを選び，番号をマークしなさい。[37]
① 約750人　　② 約1,500人
③ 約3,000人　　④ 約20,000人

Star Beach Marathon More Volunteers Wanted

The 20th Star Beach Marathon will be held on May 1st. It began as a local event 20 years ago with only about 90 runners, but since then, more and more runners and tourists from around the world have come to Star Beach to experience one of the most exciting marathon races in our country. Today, about 20,000 runners, young and old, men and women, enjoy the beautiful view of Star Beach and this event every year. We are very happy that we have already found about half of the volunteers we need for the event. We are still looking for about 1,500 more volunteers to support us.

Areas	[*1]*Job Description*
Starting / Finishing Points	・[*2]*Set up* and clean up at the starting and finishing points. ・Give [*3]*finishers' medals* to runners who finish the whole race, and provide food and drink to them. ・[*4]*Guide* runners to avoid their staying at the finishing point.
[*5]*Personal Belongings*	・Collect, keep, and return personal belongings of runners before and after the race.
Water Stations	・Set up and clean up at water stations. ・Provide water to runners who need it.
Course [*6]*Monitors*	・Give directions and [*7]*ensure* the safety of runners. ・[*8]*Organize* and guide people watching the race and passing by.

● All volunteers will receive a T-shirt and a cap for free. Please wear them on the day of the race.

● Volunteers can join [*9]*individually* or in groups. Volunteers must be 16 years or older and anyone under 18 years need the permission of their parents.

● Volunteer [*10]*applications* must be sent by e-mail. We do not accept applications by phone. Volunteer applications will be closed when the number of [*11]*applicants* reaches [*12]*quota.*

Star Beach Marathon
Phone : 707-123-4567
E-mail: voluteer2024@starbeach.com
URL : http://www.volunteer2024.com

（注）

[*1]*job description*　仕事内容　[*2]*set up*　設営する　[*3]*finishers' medal*　完走メダル
[*4]*guide*　誘導する　[*5]*personal belonging*　手荷物　[*6]*monitor*　監視員
[*7]*ensure*　確保する　[*8]*organize*　整理する　[*9]*individually*　個人で
[*10]*application*　申し込み　[*11]*applicant*　申込者　[*12]*quota*　定員

【F】 次の英文を読んで，あとの選択肢から空所に最もふさわしいものを選び，それぞれ番号をマークしなさい。

Akane and Yuto are third-year junior high school students. They talked in their English class about which they liked better, letters or phone calls.

Akane's speech

I like writing letters better than talking on the phone. I'm not a very [*1]*talkative* person, so sometimes it's easier for me to write than to talk. When it's difficult to say something to someone, I write it in a letter.

We need more time to write a letter than to talk on the phone, but I don't think that's a bad thing. When we write a letter, we have a lot of time. (38)

I also like letters because I can keep them for a long time. In fact, I have kept some letters I received from my friends and grandparents. Even after I finish reading a letter, I can keep and read it again later. For me, letters from my friends and grandparents are my [*2]*treasures*. So I always try to write [*3]*with all my heart* when I write letters.

Yuto's speech

I like talking on the phone better. (39) For example, how much can you write about your ideas and feelings in a letter in ten minutes? I don't think we can write so much. But if we have ten minutes, we can tell a lot of things on the phone.

Also, [*4]*in the case of* a letter, we have to wait a few days before we get an answer, but with a phone call, we don't have to wait so long. So when I want to get an answer soon, I use the phone.

When we talk to someone on the phone, we can know how they really feel from their voice and their way of talking. (40)

Finally, and this is the most important, I don't like to write letters very much because my [*5]*writing* is very poor!

（注）
[*1]*talkative*　話好きな　　[*2]*treasure*　宝物　　[*3]*with all my heart*　心を込めて
[*4]*in the case of*　～の場合　　[*5]*writing*　書いた文字

① It's faster to talk on the phone than to write a letter.
② We can write letters late at night.
③ This is something letters cannot do.
④ Both letters and phone calls have their good points.
⑤ We can think carefully about what we want to write.
⑥ I usually write letters to my friends, too.

【G】 次の英文は，ある外国人が書いたエッセイである。これを読んで，あとの問いの答えとして最も適当なものを選び，番号をマークしなさい。

In my classes, I often tell my students, "Get out!" I'm not throwing them out of the classroom. I'm telling them to get out of Japan to study abroad. Japanese university students are often afraid to study abroad, but I think that (ア). Why not go? I ask them. You can always come back.

Recently, [*1]*the Ministry of Education, Culture, Sports, Science and Technology* (MEXT) has been asking the same question － but doing it one better, by providing money! To help students study abroad, the ministry decided to start providing funds that support universities to increase and improve study abroad programs. That will help more Japanese students study abroad than before.

Actually, more students studied abroad before. The number of Japanese students studying abroad（ イ ）by nearly 30 percent, from 82,000 in 2004 to 60,000 in 2012. ウIn contrast, students from Korea, China and India studying abroad increased during that same period. The gap between Japanese and other Asian countries has been increasing every year.

Of course, probably Japanese students are getting more foreign culture and second language [*2]*contact* inside Japan. There are so many chances here to study English and meet people from other countries, especially in big cities. However, エthat is not the same as putting oneself in another culture. Learning English without traveling abroad is like buying a sports car and keeping it in your garage without driving it around.

Many students have a real [*3]*inner struggle* over the problem. They want to see what is outside Japan but are worried about how difficult オit is. That struggle is too often [*4]*resolved* by taking the easy way of just staying in Japan. They lack [*5]*confidence*. But the only way to get confidence is to try smaller things to prepare for bigger ones.

The challenge of studying abroad is one way to learn important life skills and to develop one's mind into one that [*6]*adapts* well to new situations. Through experiencing a foreign culture and thinking of how to [*7]*deal with* different languages, food, [*8]*attitudes* and ways of thinking, young people are able not only to adapt, but also to learn how to adapt.

MEXT is right to help more students go abroad, not only to improve Japan's [*9]*competitiveness* in the world market, but also to help students improve their own lives. My students who study abroad always come back with greater energy, [*10]*motivation* and some skills. Also, they always return loving Japan more than they did before.

I wonder how Japan would change in the future（ カ ）most university students went to study abroad. If the education ministry's suggestion [*11]*takes hold*, we just may see that!

（注）

[*1]*the Ministry of Education, Culture, Sports, Science and Technology*　文部科学省

[*2]*contact*　接触　[*3]*inner struggle*　内面の葛藤　[*4]*resolve*　解決する

[*5]*confidence*　自信　[*6]*adapt*　適応する　[*7]*deal with* ～　～に対処する

[*8]*attitude*　態度　[*9]*competitiveness*　競争力　[*10]*motivation*　やる気

[*11]*take hold*　定着する

41. (　ア　)に入れるのに最も適当なものを選び，番号をマークしなさい。 41

① their parents won't let them
② Japan is one of the safest countries
③ studying abroad is expensive
④ they can learn a lot from studying abroad

42. (　イ　)に入れるのに最も適当なものを選び，番号をマークしなさい。 42

① increased　② dropped　③ grew　④ made

43. 下線部ウの意味として最も適当なものを選び，番号をマークしなさい。 43

① 加えて　② いずれにせよ
③ 言いかえれば　④ これに対して

44. 下線部エの意味として最も適当なものを選び，番号をマークしなさい。 44

① それは異文化を理解するのに十分ではない
② それは異文化とふれあうよい機会ではない
③ それは異文化に身を置くことと同じではない
④ それは異文化交流には適しているとは言えない

45. 下線部オの指す内容として正しいものを選び，番号をマークしなさい。 45

① 日本の外に何があるのか見ること
② 本当の内面の葛藤を解決すること
③ 失った自信を取り戻すこと
④ 海外留学にかかる費用を準備すること

46. (　カ　)に入れるのに最も適当なものを選び，番号をマークしなさい。 46

① because　② but　③ when　④ if

47. MEXT has been asking Japanese students 47 .

① why they don't come back from abroad
② why they don't study much harder
③ why they don't go abroad to study
④ why they don't travel abroad more

48. According to MEXT, what is needed to increase the number of Japanese students studying abroad? 48

① MEXT thinks that it is needed to see what is outside Japan.
② MEXT thinks that it is needed to provide funding for universities.
③ MEXT thinks that it is needed to adapt better to new situations.
④ MEXT thinks that it is needed to help students improve their own lives.

49. Why do many students who have a real inner struggle over studying abroad decide to stay in Japan? 49

① Because they've been looking for a difficult way to resolve the struggle.
② Because they often find no other difficult way to resolve the struggle.
③ Because that is not the only easy way to resolve the struggle.
④ Because that is very often the easy way to resolve the struggle.

50. 以下の各文について，本文の内容と**一致するものを二つ**選び，番号をマークしなさい。
50（50 に二つともマークすること）

① The writer often gets angry with his students and tells them to get out of the classroom.

② Providing funds for universities will help more Japanese students study abroad.

③ More and more students from Korea, India and China are studying in Japan today.

④ The only way for many students to get confidence is to try bigger things.

⑤ The writer thinks that studying abroad helps students learn important life skills.

⑥ MEXT doesn't want to improve Japan's competitiveness in the world market.

【資料Ａ】

Q.「ＡＩ（人工知能）」のイメージについて、当てはまるものをそれぞれ選んでください。

【１つ、必須】 □あてはまる ■ややあてはまる ■どちらともいえない □あまりあてはまらない ■あてはまらない

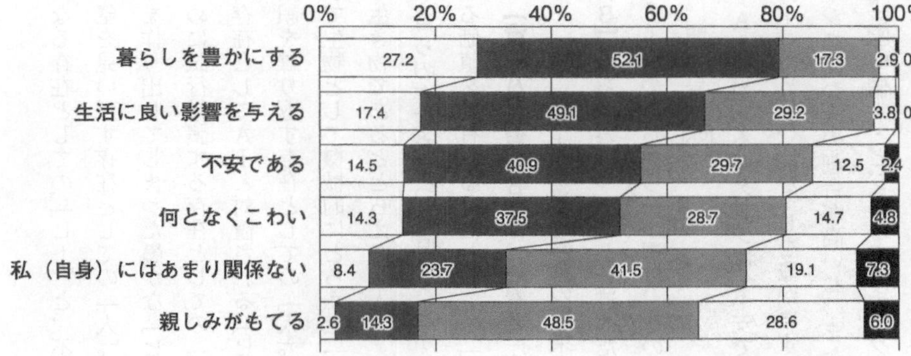

【資料Ｂ】

Q. 以下の製品・サービスに利用されている「ＡＩ（人工知能）」について期待と不安どちらが大きいですか？

【各１つ、必須】 □期待が大きい ■どちらかといえば期待が大きい ▨どちらともいえない ■どちらかといえば不安が大きい □不安が大きい ■わからない

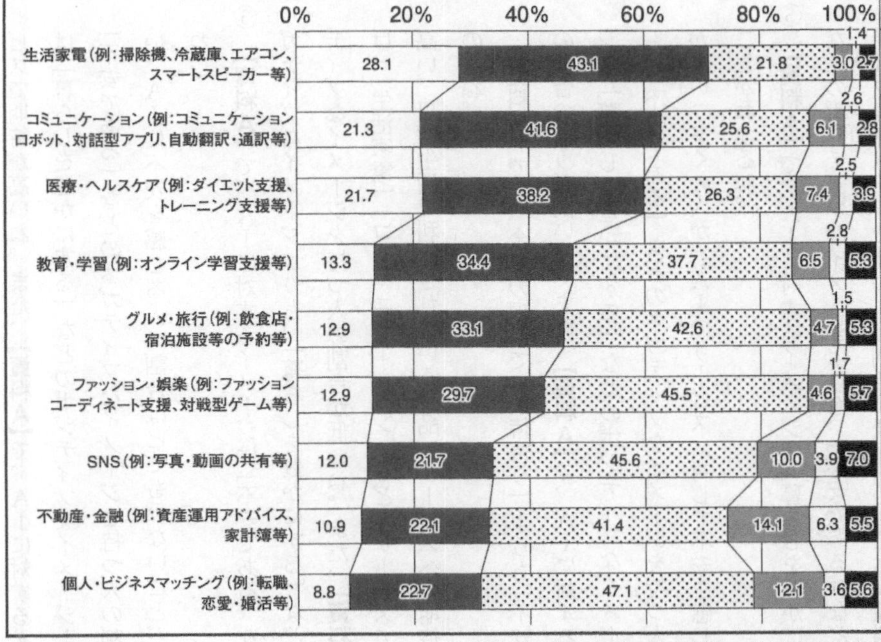

(%)

期待寄り	不安寄り
71.2	4.4
62.9	8.7
59.9	10.0
47.7	9.3
46.0	6.2
42.6	6.3
33.7	13.8
33.0	20.4
31.6	15.8

（消費者庁　2020 年「第一回消費者意識調査」より）

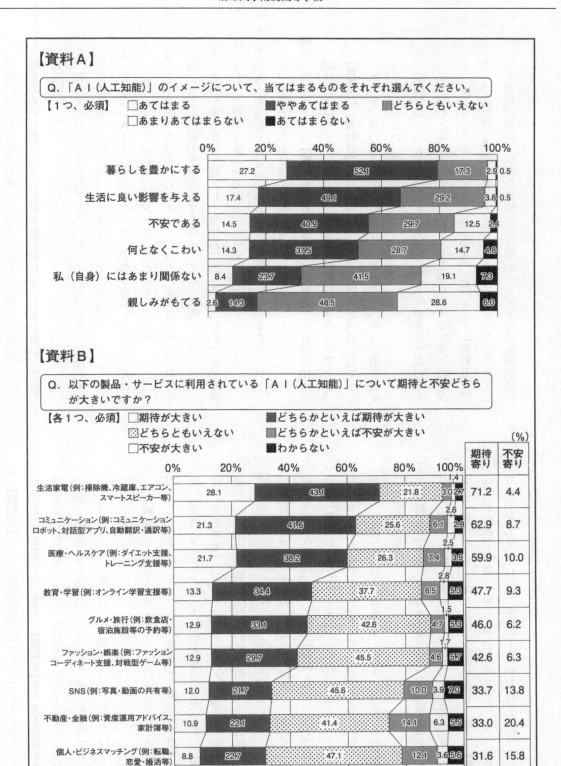

に使い分けていると考えられるか。正しいものを、後の①～⑤のうちから一つ選び、その記号を解答欄にマークしなさい。問番号は34。

① 死んでゼロになる存在としての「ヒト」と、不死への憧れを抱き永遠の命へ希望を見いだす存在としての「人」。

② 死なないＡＩを作り出してしまった愚かな「ヒト」と、死なない存在となるために試行錯誤する存在としての「人」。

③ ＡＩを作った存在としてＡＩと対置される「ヒト」と、有限な命のもと試行錯誤を繰り返す存在としての「人」。

④ 人間をあくまで生物として機械的にとらえた「ヒト」と、感情をもった特別な生き物であるととらえた「人」。

⑤ ＡＩを通して自らの存在を見つめ直すことができた「ヒト」と、他者と生きる価値を共有する存在としての「人」。

問六 次のページの【資料A】【資料B】は、消費者庁が全国の10代～60代に実施した、ＡＩに関する意識調査の結果の一部である。【資料A】【資料B】から読み取ったことを述べた内容として正しいものを、後の①～⑤のうちから一つ選び、その記号を解答欄にマークしなさい。問番号は35。

① 【資料A】で、ＡＩに対するイメージは「不安である」などのネガティブなイメージよりも、「暮らしを豊かにする」などのポジティブなイメージを持つ人の割合が高いね。また、【資料B】では、「不動産・金融」「個人・ビジネスマッチング」などのサービスで期待が高い。計算や機械的な仕事のサービスへの期待が高いようだね。

② 【資料B】では、「生活家電」「コミュニケーション」などのサービスで期待が高いね。また、【資料A】で、ＡＩに対するイメージは「暮らしを豊かにする」などのポジティブなイメージよりも、「不安である」などのネガティブなイメージを持つ人の割合が低い。ＡＩに不安を感じる人の割合はとても少ないことがわかるね。

③ 【資料A】で、ＡＩに対するイメージは「不安である」などのネガティブなイメージよりも、「暮らしを豊かにする」などのポジティブなイメージを持つ人の割合が低いね。また、【資料B】では、「生活家電」「コミュニケーション」などのサービスで期待が高い。日常生活で利用されている製品・サービスへの期待が高いのだね。

④ 【資料B】では、全ての項目で「期待寄り」よりも「不安寄り」の割合のほうが高いね。また、【資料A】で、ＡＩに対するイメージは「暮らしを豊かにする」などのポジティブなイメージよりも、「不安である」などのネガティブなイメージを持つ人の割合が高い。多くの人が、ＡＩのサービスに対して不安を感じていることがわかるね。

⑤ 【資料A】で、ＡＩに対するイメージは「暮らしを豊かにする」などのポジティブなイメージよりも、「不安である」などのネガティブなイメージを持つ人の割合が低いね。また、【資料B】では、「不動産・金融」「個人・ビジネスマッチング」などのサービスで不安が高い。お金に関わることや人間どうしの関係では不安を感じる人が多いようだね。

① 死ないAIは、人間と違って世代を超えて進歩するため、寿命の限られた人間と生きる価値を共有できず、まさに死なないがゆえに、人間を超越した絶対的な存在であるかのようになりかねないから。

② 死んでゼロになる人間と違い、死なないAIは世代を超えて進歩し、人間の寿命と能力では理解することが難しくなるため、人類によるコントロールが不可能となってしまい、技術の発展に支障が生まれるから。

③ 世代を経てゆっくり変化していく人間とは違い、死なないAIは自力で無限にバージョンアップを繰り返して人間がコントロールすることができない存在になるため、人間はAIとの関係を断たざるを得なくなるから。

④ 身近に死なないヒトがいるのと同じで、死なないAIと人間の間では価値観や人生の悲哀を共有できず、AIのせいで、有限な命を持っている人間どうしにおいても生きる価値を共有することが難しくなるから。

⑤ 死なないがゆえに無限にバージョンアップを繰り返したAIは、もはや機械ではなく、ヒトが人格を与えた「エイリアン」のようなものとなり、やがては人間の寿命や死をも支配するような存在になりうるから。

問三 本文中の空欄 Ⅰ ～ Ⅲ に当てはまる語句の組み合わせとして正しいものを、後の①～⑤のうちから一つ選び、その記号を解答欄にマークしなさい。問番号は 32 。

① Ⅰ 危険性　Ⅱ 論理的　Ⅲ 安堵《あんど》感

② Ⅰ 脆弱《ぜいじゃく》性　Ⅱ 直感的　Ⅲ 信頼感

③ Ⅰ 汎用性　Ⅱ 常識的　Ⅲ 不信感

④ Ⅰ 先駆性　Ⅱ 合理的　Ⅲ 期待感

⑤ Ⅰ 主体性　Ⅱ 本能的　Ⅲ 満足感

問四 傍線部C「宗教」とあるが、筆者がここで「宗教」を話題にしているのはなぜだと考えられるか。正しいものを、後の①～⑤のうちから一つ選び、その記号を解答欄にマークしなさい。問番号は 33 。

① 付き合い方を間違うと戦争やテロにつながる宗教とは違って、AIは個人が自らの価値観で評価でき、信じるかどうかの判断は自分次第であるということを強調するため。

② 絶対的なものに頼りたいヒトが信じている宗教という存在に、AIをなぞらえることで、将来ヒトに大きな影響を与えることが見込まれるAIを、有用さという視点から再評価するため。

③ 変化を主体的に繰り返してきたヒトにとって、AIは逆に自らの存在を見つめ直すいい機会を与えてくれる存在だと考え、AIを信仰する価値のある宗教として位置付けるため。

④ ヒトに影響を与え、生き続けるという宗教とAIの共通点に着目することで、AIが将来ヒトにとってどのような存在になるのかを考えるうえでの効果的な補助線とするため。

⑤ 病気や老化があり、ときには気弱になることもあるヒトにとって、死なない、しかも多くの人が信じている絶対的な宗教は、AIよりも重要な存在であると示すため。

問五 この文章において筆者は、「ヒト」「人」という言葉をどのようめられます。それに対してＡＩは、ある意味ヒトよりも合理的な答えを出すようにプログラムされています。ただ、その結論に至った過程を理解することができないので、人がＡＩの答えを評価することが難しいのです。「ＡＩが言っているのでそうしましょう」となってしまいかねません。何も考えずに、ただ服従してしまうかもしれないのです。

それではヒトがＡＩに頼りすぎずに、人らしく試行錯誤を繰り返して楽しく生きていくにはどうすればいいのでしょうか？

その答えは、私たち自身にあると思います。つまり私たち「人」とはどういう存在なのか、ヒトが人である理由をしっかりと理解することが、その解決策になるでしょう。

人を本当の意味で理解したヒトが作ったＡＩは、人のためになる、共存可能なＡＩになるのかもしれません。そして本当に優れたＡＩは、私たちよりもヒトを理解できるかもしれません。さて、そのときに、その本当に優れたＡＩは一体どのような答えを出すのでしょうか？　――もしかしたらＡＩは自分で自分を殺す（破壊する）かもしれませんね。人の存在を守るために。

（小林武彦『生物はなぜ死ぬのか』）

（注1）フロッピーディスク……データを記録する磁気ディスクの一種。
（注2）凌駕……こえること。

問一　傍線部Ａ「大切なことは、何をＡＩに頼って、何をヒトが決めるのかを、しっかり区別することでしょう」とあるが、筆者がこのように述べるのはなぜか。正しいものを、後の①～⑤のうちから一つ選び、その記号を解答欄にマークしなさい。問番号は30。

① さまざまな局面でヒトの強力な相談相手になることが期待されている汎用型人工知能は、使い方の範囲を決めておかないと、ヒトの手助け以上のことをし始めて、社会に混乱をきたすことになるから。

② 汎用型人工知能などに対しては頼る範囲を決めておかないと、ＡＩに任せて考えることをやめた人類は、本来ヒトのために作ったはずのＡＩに頼り続け、ついにはＡＩに従属するという状況に陥るから。

③ 医師の診断を助ける画像診断ＡＩでは、医師の役割とＡＩの役割を区別しておかないと、過去の事例にないケースの判断などにおいて、正解を知っている医師が判断する機会が失われかねないから。

④ 機械学習型のＡＩだけでなく汎用型人工知能においても、ＡＩに頼りすぎると、正解を得るためにヒトが自ら「考える」ということが激減し、ヒトとＡＩとの「主体の逆転」が起こってしまうから。

⑤ ＳＦ映画に登場するヒトのように考える汎用型人工知能は正解を知っているわけではないので、あくまでＡＩはツールとしておかないと、ある局面で誤った判断を下す可能性があるから。

問二　傍線部Ｂ「何よりも私が問題だと考えるのは、ＡＩは死なないということです」とあるが、なぜ問題なのか。正しいものを、後の①～⑤のうちから一つ選び、その記号を解答欄にマークしなさい。問番号は31。

速な進歩は、本当に驚きです。

私はコンピュータの急成長も可能性も［Ⅰ］も知っている「生みの親」世代です。そしてコンピュータが「生みの親」より賢くなっていくのを体感してきました。だからこそAIの危険性、つまりこのままいったらやばいと［Ⅱ］に心配になるのかもしれません。いつまで経《た》っても子供が心配な親の心境に似ています。

その危機感について、自分の子供に相当する世代には警鐘を鳴らすことができますが、孫の世代にはどうでしょうか。孫たちにとってはヒト（特に親）の能力をはるかに凌駕《りょうが》(注2)したコンピュータが生まれながらにして存在するのです。タブレットで読み・書き・計算を教わり、私情が入らないようにと先生代わりのAIが成績をつけるという時代にならないとも限りません。そんな孫の世代にとっては、AIの危険性よりも［Ⅲ］のほうが大きくなるのは当然です。

死なないAIは、私たち人間と違って世代を超えて、進歩していきます。一方、限られた私たちの寿命と能力では、もはや複雑すぎるAIの仕組みを理解することも難しくなるかもしれませんね。人類は1つの能力が変化するのに最低でも何万年もかかります。その人類が自分たちでコントロールすることができないものを、作り出してしまったのでしょうか。

進歩したAIは、もはや機械ではありません。ヒトが人格を与えた「エイリアン」のようなものです。しかも死にません。どんどん私たちが理解できない存在になっていく可能性があります。

死なない人格と共存することは難しいです。例えば、身近に死なないヒトがいたら、と想像してみてください。その人とは、価値観も人生の悲哀も共有できないと思います。非常に進歩したAIとはそのような存在になるのかもしれません。

多くの知識を溜《た》め込み、いつも合理的な答えを出してくれるAIに対して、人間が従属的な関係になってしまう可能性があります。私たちがちょうど自分たちより寿命の短い昆虫などの生き物に抱くような、ある種の「優越感」と逆の感情を持つのかもしれません。「AIは偉大だな」というような。

ヒトには寿命があり、いずれ死にます。そして、世代を経てゆっくりと変化していく――それをいつも主体的に繰り返してきましたし、これからもそうあることで、存在し続けていけるのです。AIが、逆に人という存在を見つめ直すいい機会を与えてくれるかもしれません。生き物は全て有限な命を持っているからこそ、「生きる価値」を共有することができるのです。

同様にヒトに影響力があり、且《か》つ存在し続けるものに、C宗教があります。もともとその宗教を始めた開祖は死んでしまっていても、その教えは生き続ける場合があります。そういう意味では死にません。

ヒトは病気もしますし、歳を重ねると老化もします。ときには気弱になることもあります。そのようなときに死なない、しかも多くの人が信じている絶対的なものに頼ろうとするのは、ある意味理解できることです。AIも将来、宗教と同じようにヒトに大きな影響を与える存在になるのかもしれません。

宗教は、付き合い方を間違うと、戦争やテロにつながるのは歴史からご存じの通りです。ただ、宗教のいいところは、個人が自らの価値観で評価できることです。それを信じるかどうかの判断は、自分で決

五　次の文章を読み、後の問いに答えなさい。

もう少し、AIと共存していく社会について、考えてみましょう。AIは何らかの答えを出してくれますが、問題はその答えが正しいかどうかの検証をヒトがするのが難しいということです。A大切なことは、何をAIに頼って、何をヒトが決めるのかを、しっかり区別することでしょう。

よく使われるものとして、データをコンピュータに学習させて、それを基に分析を行う機械学習型のAIがあります。これは過去の事例からの条件（重み付け）にあった最適な答えを導き出すので、その学習データの質で答えが変わってきます。画像診断AIのように、見落としがないかなど医師の診断を助ける道具としては非常に役に立ちます。ただ、例えば過去の事例にないケースの判断は難しいのですが、その場合には「正解を知っている」医師が判断すればいいので問題はありません。

機械学習型ではなく、SF映画に登場するヒトのように考える汎用型人工知能はどうでしょうか？　まだ開発途中ですが、さまざまな局面でヒトの強力な相談相手になることが期待されています。こちらはヒトが「正解を知っている」わけではないので、使い方を間違うとかなり危険だと思っています。なぜなら、ヒトが人である理由、つまり「考える」ということが激減する可能性があるからです。一度考えることをやめた人類は、それこそAIに頼り続け、「主体の逆転」が起こってしまいます。ヒトのために作ったはずのAIに、ヒトが従属してしまうのです。

ではそうならないようにするには、どうすればいいのでしょうか。

私の意見としては、決して「ヒトの手助け」以上にAIを頼ってはいけないと思います。あくまでAIはツール（道具）で、それを使う主体はリアルなヒトであるべきです。

「いや、AIのほうが賢明な判断をしてくれるよ」とおっしゃる方もおられるでしょう。しかし、それは時と場合によります。いつも正しい答えが得られるという状況は、ヒトの考える能力を低下させます。ヒトは試行錯誤、つまり間違えることから学ぶことを成長と捉え、それを「楽しんで」きたのです。喜劇のコントの基本は間違えて笑いを誘い、最後はその間違いに気づくことが面白いのです。逆に「悲劇」は、取り返しがつかない運命に永遠に縛られることに、恐怖と悲しみを覚えるのではないでしょうか。

AIは、人を楽しませる面白い「ゲーム」を提供するかもしれません。しかし、リアルな世界では、AIはヒトを悲劇の方向に導く可能性があります。そしてB何よりも私が問題だと考えるのは、AIは死なないということです。

私たちは、たくさん勉強しても、死んでゼロになります。そのため、文化や文明の継承、つまり教育に時間をかけ、次世代を育てます。一世代ごとにリセットされるわけです。死なないAIにはそれもなく、無限にバージョンアップを繰り返します。

私は1963年の生まれで、大学生の時（1984年）にアップル社からマッキントッシュ（Mac）のコンピュータが発売され、その後ウィンドウズが誕生したのを体験してきました。ゲームも、フロッピーディスク（注1）に入った「テトリス」を8インチの白黒画面でハイスコアを競ったものです。その後のパソコン、ゲーム機、スマホなどの急

① 人のアドバイスばかりを頼りにして、自分の頭を使わないのは危険だよ

② その道の先輩の話を聞いたからといって、必ずしもうまくはいかないよね

③ 人を頼りにするだけでなく、自分も人から頼られる指導者になりたいなあ

④ 専門家の話をちゃんと聞かなかったから、こんなことになったんじゃないか

⑤ いろいろな意見もあるけど、やっぱり最後は自分が信じた道を進むべきだね

問四 【　】の部分では、a～dの文が本来の正しい順序で並んでいない。順序として正しいものを、後の①～⑤のうちから一つ選び、その記号を解答欄にマークしなさい。問番号は27。

① b → d → a → c

② d → b → c → a

③ d → c → a → b

④ a → b → d → c

⑤ b → a → c → d

問五 傍線部C「かっこよさが半減するような気がします」とは、どういうことか。正しいものを、後の①～⑤のうちから一つ選び、その記号を解答欄にマークしなさい。問番号は28。

① その言葉が由来として何をふまえているのかが分からず、頼りなく感じられるということ。

② 現代の言葉に比べて音数が足りない感じで、文語体のもつ洒脱さが消えるということ。

③ 文語体ならではの体裁と調子が失われ、張り合いのない雰囲気になるということ。

④ 新約聖書とのつながりが薄れることで、言葉の真意が曖昧になってしまうということ。

⑤ 先行する古典作品を知らずにその場の思いつきで書いた、という軽さが生じるということ。

問六 筆者が述べていることとして正しいものを、後の①～⑤のうちから一つ選び、その記号を解答欄にマークしなさい。問番号は29。

① 古典の読解力は、他のどのような知識にもまさる深化した教養を育むと同時に、人知の及ばない未来の待つ不条理な世の中に立ち向かうための欠かせない力であるに違いない。

② 古典を読み解き、知識を教養へと十分に深化させ、長期的なものの見方、考え方を身につけることで、疫病の感染拡大のような未曾有の事態に対処するヒントが見つかるに違いない。

③ 人間の変わらぬ心理が描かれた古典を読み解くことで、未来は人知の及ばない不確かなものだという事実から目をそらすことのできる心の余裕が、私たちに求められている。

④ 未来の不確かさに直面している現代の私たちにとって、古典を読み解くことは、ものを長期的に見る目を養い、これからを賢く強く生き抜いていくための力となるはずだ。

⑤ 古典に描かれた人間の変わらぬ心理は、長い歴史の中で人類が未曾有の事態に繰り返し悩まされたことを示しており、その読解が不条理な世の中を生き抜くための力につながるはずだ。

らん（さあ、もう一杯飲み干したまえ。西のかたの陽関を出てしまったら、もう君に酒を勧めてくれる友人もいないであろうから）」という訓読には、独特の心地よいリズムがありますね。

古典を読み解くことができれば、知識が教養へと十分に深化していると言っていいでしょう。今も読み継がれる古典には、人間の変わらぬ心理が描かれていて、長期的なものの見方、考え方を身につけるのに適しています。

新型コロナウイルスの感染拡大により、世界で何十万人もの人が亡くなるという未曾有《みぞう》の事態に直面した2020年、未来は人知の及ばない不確かなものだという事実が、改めて私たち人類に突きつけられました。だからこそ今、教養を身につけ、読解力によってものごとを正しく理解し、立ち向かうことの重要性が高まっています。

読解力は、不条理な世の中を生き抜くために欠かせない力なのです。

（池上彰『社会に出るあなたに伝えたい　なぜ、読解力が必要なのか？』一部中略した箇所がある。）

（注1）擬古文、和漢混交文……「擬古文」は、古い時代の文体をまねて作った文章。特に、江戸時代の国学者が平安時代の歌・文章を模範として作った文章。「和漢混交文」は、和文体と漢文訓読文体とを混用した文体。

（注2）書簡文……手紙の文章のこと。

問一　傍線部A「情緒的読解力」とは、どのような力か。正しいものを、後の①～⑤のうちから一つ選び、その記号を解答欄にマークしなさい。問番号は24。

①　連綿と育まれた日本人らしい昔の価値観に沿って、他人の心の動きを解釈することのできる力。

②　文章に凝縮されている意味を敏感に察知し、それを友人に分かりやすく伝えることのできる力。

③　表面上の少ない情報から、微妙な意味や心の動きを敏感に推し量ってとらえることのできる力。

④　古典の暗誦によって、日本に住む人間としての共通の感性を知識として身につけることのできる力。

⑤　季節の移ろいを敏感に感じ取る日本人の感性をもとにして、自分でも文章を書くことのできる力。

問二　傍線部B「これ」が指している内容として正しいものを、後の①～⑤のうちから一つ選び、その記号を解答欄にマークしなさい。問番号は25。

①　日本の昔話の冒頭の「むかしむかし、あるところに……」という表現は、英語でいえば「Once upon a time」にあたるということ。

②　源氏物語の書き出しには、昔話の始まりのように、いつの時代などと特定されずに読めるような広がりがあるということ。

③　源氏物語の書き出しには昔話との類似性があるため、現代語訳版でない原文でも親しみやすく、読みやすい文章であるということ。

④　書き出しが昔話のような設定になっていることは、源氏物語が欧米でも広く読まれている理由の一つであるということ。

⑤　源氏物語の書き出しは、天皇の時代や舞台となる場所を特定しておらず、汎用性があるために、広く読まれているということ。

問三　本文中の空欄［　　］に当てはまる内容として正しいものを、後の①～⑤のうちから一つ選び、その記号を解答欄にマークしなさい。問番号は26。

しいと思います。これぞ綿々と連なる日本の精神文化です。

源氏物語は「いづれの御時《おほむとき》にか、女御《にようご》、更衣あまたさぶらひたまひける中に、いとやむごとなき際《きは》にはあらぬが、すぐれて時めきたまふありけり」と始まります。

今になって改めて読んでみると、「いづれの御時にか」という表現で物語を始めることによって、特定の天皇の時代などと限定されずに読めるような設定、汎用性があってどんな時代になってもこれが読まれる、適応できる文章になっているんだな、と気づくことができました。昔話が「むかしむかし、あるところに……」と始まるのと同じです。英語では「Once upon a time」ですね。Bこれに気づくのも読解力のひとつでしょう。

中学や高校時代という感受性が強いころ、頭が柔らかいころに覚えたことはこの歳になっても忘れないもので、いまだにふと出てきます。

たとえばみんなで話をしていて、「　」というときにはすぐに「先達はあらまほしき事なり」というフレーズが浮かんできます。兼好法師の『徒然草』の第52段「仁和寺にある法師」に出てくる言葉です。昔からそう言われてきたんだなと感慨深くなります。

【 a これをそのまま日本語で読めるように工夫し、句読点、返り点、送り仮名をつけたものが「訓読」です。

b また漢文は、本来中国の古典の文章です。

c この独特な文体「漢文訓読文」は、擬古文(注1)、和漢混交文などとともに「文語体」として、戦前まで公用文や書簡文(注2)などに広く用いられていました。

d 唐の詩人・孟浩然の「春暁」という詩の一文目は、日本語では「春眠暁を覚えず」と「目的語・述語」という順になりますが、中国語では「春眠不覚暁」となり「述語・目的語」の順になります。】

文語体は、音のリズムとして素晴らしいのです。さらに文章を書く上では、文語体に触れたことがあるかないかでずいぶんと「書く力」が違ってくるのだと思うようになりました。

たとえば『新約聖書』は、文語体で「はじめに言葉ありき」と始まります。これが現代の言葉で「はじめに言葉がありました」と始まるとなんだか言葉が軽く、拍子抜けするようにも思うのです。

また、フランスのノーベル文学賞受賞者アンドレ・ジイドの小説『狭き門』（川口篤訳、岩波文庫）は同じく『新約聖書』の「狭き門より入れ。滅びに至る門は大きくその路《みち》は広く、これより入る者多し。いのちに至る門は狭く、その路は細く、これを見出《みいだ》す者は少なし」を由来とする題名がついています。これも『狭い門』という題名だったらどうでしょうか。Cちょっとかっこよさが半減するような気がします。

大学入試シーズンにはニュースで「狭き門に数万人の受験生が殺到しました」などと報じられますが、これが文語体のリズムのよさです。今はなかなか文語体で書かれた本を手に入れるのは容易ではありませんが、国語の教科書に漢文が載っていることで、文語体のよさを味わうきっかけとなっています。

詩仏と呼ばれる唐の詩人・王維の「送元二使安西」（元二《げんじ》の安西《あんせい》に使いするを送る）という詩は、友人がいよいよ旅立つというときに、さあ一杯酌《く》み交わそうという情景を詠《よ》んでいます。

「君に勧む更に尽くせ一杯の酒／西のかた陽関《ようかん》を出《い》ずれば故人無か

問四　本文中の空欄［　　］に当てはまる言葉として正しいものを、後の①～④のうちから一つ選び、その記号を解答欄にマークしなさい。問番号は**22**。

①　白犬　②　小神通　③　厭術　④　御運

問五　この文章の内容として正しいものを、後の①～④のうちから一つ選び、その記号を解答欄にマークしなさい。問番号は**23**。

①　晴明は道長公をのろいから守った白犬の力をほめたあと、道から土器を掘り出して、土器に朱砂で一文字を書いた。

②　道摩は自分が術を行ったことを白状したが、罪に処せられず、永久にこのような術を使わないことを誓わせられた。

③　道長公がのろいの術によってひどい目に遭わなかったのは、何より白犬の運の強さと洞察力の深さによるものだ。

④　晴明が白鳥の行方を見張っていくと、河原院の跡の開き戸のある家の中に落ち、そこで一人の老僧に出会った。

四

次の文章を読み、後の問いに答えなさい。

国語の教科書には古文や漢文などの「古典」も載っています。なぜ古典を学ぶのでしょうか。

たとえば清少納言の『枕草子』は、教科書にずっと掲載されることによって、日本に住む人間としての共通の感性が連綿と育まれている気がします。

冒頭の「春はあけぼの。やうやう白くなりゆく山ぎは、すこしあかりて」などはあなたも学校で暗誦《あんしょう》させられたのではないでしょうか。

「春といえばやっぱりあけぼの、夜明けがいいんだ」という感性、すなわち季節の移ろいを敏感に感じとる感性を昔の人々も持っていて、今の私たちも受け継いでいる。その時間の継続性こそが文化ではないかと思います。あるいは、そういうことに気づくのが読解力とも言えます。

また「春はあけぼの」という一文を読んでも、初めは意味がわからないでしょう。ここでは「春はあけぼのが素晴《すば》らしい」という、「あけぼの」に続く言葉が省略されています。この日本語ならではの、短い文章に略され、凝縮されている意味を敏感に察知することで、情緒的読解力を鍛えることができます。

こうしてA情緒的読解力をつけることが人間的な成長につながるのです。

たとえば友人と話をしていて、相手が何かを言いかけて突然口をつぐんでしまったとしましょう。そのとき、「なぜここで口をつぐんでしまったんだろうか。本当はこのあと、こう言おうとして途中で止《や》めたということは、私への配慮なんだろうか。それとも他に何か理由があるんだろうか」などと、他者の心の動きを分析したり解釈したり察知したりする、すなわち読み解く力というのが、この枕草子のような情緒的な文章を読むことによってついていくのです。

紫式部の『源氏物語』も日本文化を代表する作品です。最近では欧米を中心に、翻訳された『源氏物語』を読んでいる外国人も多くいます。私もアメリカで主人公・光源氏について質問されたことがありました。原文で読むのはつらいものもあるでしょうが、今はさまざまな作家による現代語訳版も出ていますので、ぜひ一度は読んで、私たちとも通じるところのある千年以上前の人々の心情を読み取ってみてほるに、白鷺《しらさぎ》となりて、南をさして行く。「この鳥の落ちとまらむ所を、□のものの住む所と知るべし」と申しければ、下部《しもべ》、かの白鳥の行方をまもりて、つけて行くあひだ、六条坊門《ろくでうばうもん》(注15)、万里小路《までのこうぢ》、河原院《かはらのゐん》の古き跡、折戸《をりど》(注16)のうちに落ちぬ。よりて、捜《さぐ》りまもるところに、老僧一人あり。すなはち搦《から》(注17)め取りて、行方(注18)を問はる。道摩、堀河《ほりかは》(注19)の右府《うふ》のかたらひ(注20)にて、術をほどこす由《よし》、申しけれども、罪をば行はれず、本国播磨《はりま》へ追ひつかはす。ただし、ながくかくのごとき術、いたすべからざる由、誓状《せいじやう》を召さる。

これ、運の強く、慮《おもんぱか》りのかしこくおはしますによりて、この難をのがれさせ給ひにけり。

(『十訓抄』)

(注1) 御堂入道殿……藤原道長。(注2) させること……変わったこと。

(注3) 御直衣の襴……服の裾。

(注4) いかにもやうあるべし……きっと何かわけがあるに違いない。

(注5) 榻……腰かけの台。(注6) 晴明……安倍晴明《あべのはるあきら》。占いや祈禱《きとう》を行う陰陽師《おんようじ》。

(注7) 眠りて……目をつぶって。(注8) 呪咀し奉る……のろい申し上げる。

(注9) 厭術……のろい。(注10) かまへ侍るなり……仕掛けたのです。

(注11) 小神通……少々の不思議な力。

(注12) 紙ひねり……和紙をよじって、ひもにしたもの。

(注13) 朱砂……朱の絵の具。(注14) ゑりて……切り抜いて。

(注15) 六条坊門、万里小路、河原院……京都の六条坊門小路と万里小路の交差点にあった、昔の貴族の邸宅。

(注16) 折戸……開き戸。(注17) 搦め取りて……捕えて。

(注18) 行方……道摩の行方。(注19) 堀河の右府……藤原頼宗《よりむね》。

(注20) かたらひにて……誘いにのって。

問一 傍線部A「なほ歩み入らせ給ふに」の現代語訳として正しいものを、後の①～④のうちから一つ選び、その記号を解答欄にマークしなさい。問番号は[19]。

① 白犬がもっと中に入っていくと
② 道長公が白犬をさらに中に歩み入るようにさせると
③ 白犬が道長公を入るように誘うと
④ 道長公がさらに中にお入りになると

問二 傍線部B「道摩法師の所為」とは、どのようなことか。正しいものを、後の①～④のうちから一つ選び、その記号を解答欄にマークしなさい。問番号は[20]。

① のろいの物を道に埋めて、白犬がそれに気づくように仕向けたこと。
② 道に埋められていた土器を掘り出して、土器に一文字を記したこと。
③ のろいの物を道に埋めて、道長公がその上を通るようたくらんだこと。
④ 道にのろいの物が埋められていることを、晴明に神通力で知らせたこと。

問三 傍線部C「ゑりて」の主語として正しいものを、後の①～④のうちから一つ選び、その記号を解答欄にマークしなさい。問番号は[21]。

① 晴明　② 道摩法師　③ 道長公　④ 知るもの

われた。

③ 昨日上映の始まった映画に出ていた俳優の海辺での演技がすばらしかった。

④ 妹は笑いながら手をたたく先生と喜び合いました。

⑤ 田中さんが師事しているピアノの先生に道で出会った。

6　次の語句の意味を後の①～⑤のうちから一つ選び、その記号を解答欄にマークしなさい。問番号は[16]。

《リテラシー》

① 情報ネットワークに場所や時間を問わずにアクセスできること。

② 文字を読み書きしたり、情報を的確に読み取り活用したりする能力。

③ 言葉を適切に用いて、美しく効果的に表現する技術や技法。

④ 特定の時代や分野で、多くの人が共有している認識の枠組み。

⑤ 言葉を媒体として表現される理性の働きのこと。

7　次の語句の傍線部「明」と同じ意味の「明」を含む語句を、後の①～⑤のうちから一つ選び、その記号を解答欄にマークしなさい。問番号は[17]。

《無色透明》

① 山紫水明　② 単純明快　③ 明朗会計

④ 所信表明　⑤ 先見の明

8　次の故事成語の意味を後の①～⑤のうちから一つ選び、その記号を解答欄にマークしなさい。問番号は[18]。

《塞翁が馬》

① 人の上下関係のあいまいさ。

② 悟ることや諦めることの難しさ。

③ 幸せや不幸の定めのなさ。

④ 正しさや誤りの判断のしにくさ。

⑤ ものの好き嫌いの激しさ。

三　次の文章を読み、後の問いに答えなさい。

(注1)御堂入道殿《みだうにふだうどの》、法成寺《ほふじやうじ》を作らせ給《たま》ふ時、毎日渡らせ給ふ。そのころ、白犬を愛して、飼はせ給ひける。御供に参りけり。

ある日、門を入《い》らせおはしますに、御先に進みて、走りめぐりて、ほえければ、立ちとまらせ給ひて、御覧ずるに、(注2)させることなかりければ、Aなほ歩み入らせ給ふに、犬、(注3)御直衣《なほし》の襴《らん》をくひて、引きとどめ奉《たてまつ》りければ、「(注4)いかにもやうあるべし」と、(注5)榻《しぢ》を召して、御尻をかけて居給ひて、たちまちに(注6)晴明《せいめい》を召して、子細を仰《おほ》せらるるに、しばらく(注7)眠りて、思惟《しゆい》したる気色《けしき》にて申すやう、「君を(注8)呪咀《しゆそ》し奉るもの、(注9)厭《えふ》術《じゆつ》の物を道に埋《うづ》みて、越えさせ奉らむと、(注10)かまへ侍《はべ》るなり。御運、やむごとなくして、この犬、ほえあらはすところなり。犬、もとより(注11)小《せう》神通《じんづう》のものなり」とて、そのところをさして、掘らするに、土器《かはらけ》をうち合《あは》せて、黄なる(注12)紙ひねりにて、十文字にからげたるを、掘りおこして、解きて見るに、入りたるものはなくして、(注13)朱砂《しゆしや》にて、一文字を土器に書けり。

晴明申していはく、「この術はきはめたる秘事なり。晴明がほか、知るものなし。ただし、もし、B道摩《だうま》法師の所為《しよゐ》か。その一人ぞ知るべし」とて、懐紙《ふところがみ》取り出《い》でて、鳥の形を(注14)Cゑりて、呪《じゆ》を唱へて投げ上ぐ

② ライヒンの方の挨拶を聴く
③ 図書館をヒンパンに訪れる
④ まだまだ発想がヒンジャクだ
⑤ エイビンな感覚の持ち主

9 テニスボールがハズむ

9
① 的に向けて矢をイる
② ハずかしい思いをする
③ 演奏者がバイオリンをヒく
④ 犬がうれしがってハねる
⑤ 帽子を空にホウり上げる

10 王が権力をフるう

10
① シンチョウに作業を続ける
② 合唱がシンサされる
③ タイシン構造の建築物
④ シンロウシンクをしのいで成功する
⑤ バッターがサンシンする

二

1 次の意味を表す語句を後の①～⑤のうちから一つ選び、その記号を解答欄にマークしなさい。問番号は 11 。

《ある概念がとらえる事物の全ての範囲》

① 一般 ② 外延 ③ 本質
④ 内包 ⑤ 位相

2 次の例文中の傍線部「で」と同じ文法的性質の「で」を含む文を、後の①～⑤のうちから一つ選び、その記号を解答欄にマークしなさい。問番号は 12 。

（例文）白線をまたいでしまい、ルール違反となった。

① どうも雨が降りそうである。
② この写真は私の学校でない。
③ ホームランボールが飛んでいく。
④ 弟の寝顔はとてもやすらかである。
⑤ 蛇口の水が冷たいので、冬になったと感じる。

3 次の①～⑤の語のうち、一つだけ他と文法的性質の異なるものがある。その記号を選び、解答欄にマークしなさい。問番号は 13 。

① 越える ② 植える ③ 考える
④ 買える ⑤ 消える

4 次の例文の説明として正しいものを、後の①～⑤のうちから一つ選び、その記号を解答欄にマークしなさい。問番号は 14 。

（例文）店の人がぶどうを傷んでいないのと取り替えた。

① 並立の関係になっている部分が述部になっている。
② 並立の関係になっている部分が修飾部になっている。
③ 補助の関係になっている部分が述部になっている。
④ 補助の関係になっている部分が修飾部になっている。
⑤ 主語・述語の関係になっている部分が二箇所ある。

5 次の①～⑤の文の中で、文の表す意味が一通りに限られるものを一つ選び、その記号を解答欄にマークしなさい。問番号は 15 。

① 私はしばらく休憩している陸上選手の姿を眺めていた。
② 劇の大道具作りのために小川さんにはさみを持っていくよう言

【国語】〈五〇分〉〈満点：一〇〇点〉

一

傍線部の漢字と同じ漢字を含むものを、後の①～⑤のうちから一つ選び、その記号を解答欄にマークしなさい。問番号は[1]～[10]。

1　ダミンをむさぼる

[1]
① ドラマーがドラムをレンダする
② タイダな暮らしを送る
③ この絵は決してダサクではない
④ この計画はダキョウの産物だ
⑤ ダラクした生活を改める

2　モウコウに耐える

[2]
① コウミョウな作戦で勝利する
② けがのコウミョウで得をする
③ 畑を一人でコウサクする
④ 大学で国文学をセンコウする
⑤ 試合で強敵に徹底コウセンする

3　石炭をサイクツする

[3]
① 一つの案を選んでサイヨウする
② メイサイ柄の服を着る
③ 困っている人をキュウサイする
④ すばらしいサイノウを発揮する
⑤ サイバンを傍聴する

4　ユウイギな経験をする

[4]
① 社会学のコウギを聴く
② レイギ正しくふるまう
③ カイギが一時間続く
④ 幸いギセイシャはなかった
⑤ テキギ、自分で判断する

5　手紙にフウインする

[5]
① 詩のオンインを調べる
② 広報イインカイの話し合い
③ 新聞がインサツされる
④ 村のインシュウを打破する
⑤ コンイン届を出す

6　選手が地面にテントウする

[6]
① タントウ直入に話す
② テットウテツビ反対する
③ 何を言っても馬耳トウフウだ
④ 抱腹ゼットウのストーリーだ
⑤ コウトウ無稽《むけい》な計画である

7　自己ショウカイをする

[7]
① けが人を家でカイホウする
② 公園を市民にカイホウする
③ 趣味のグループのカイホウを読む
④ 人質をカイホウする
⑤ 病気がカイホウに向かう

8　セイヒンな生活に憧れる

① カイヒン公園を散歩する

2024年度

解　答　と　解　説

《2024年度の配点は解答欄に掲載してあります。》

＜数学解答＞《学校からの正答の発表はありません。》

[1]　(1)　ア　－　イ　4　(2)　ウ　0　(3)　エ　2　オ　－　カ　3　(4)　キ　8　ク　5　(5)　ケ　1　(6)　コ　5　サ　6　(7)　シ　－　ス　7　セ　1　ソ　7　タ　4　(8)　チ　1　ツ　6

[2]　(1)　テ　7　ト　4　ナ　6　ニ　7　(2)　ヌ　5　ネ　8　(3)　ノ　2

[3]　[問1]　(1)　ハ　3　(2)　ヒ　1　フ　0　[問2]　(1)　ヘ　－　ホ　1　マ　2　(2)　ミ　－　ム　3　メ　2　モ　1　(3)　ヤ　－　ユ　3　ヨ　4　ラ　1　リ　4

[4]　[問1]　ル　3　[問2]　(1)　レ　1　ロ　2　ワ　1　(2)　ヲ　8　ン　1　あ　5　(3)　い　0　う　3

[5]　[問1]　え　1　お　5　か　0　き　7　く　5　[問2]　(1)　け　4　こ　5　さ　3　し　0　す　2　(2)　せ　2　そ　4　(3)　た　2　ち　2　つ　3

○推定配点○

[1]　各3点×8((6)完答)　[2]　各3点×3　[3]　各3点×6　[4]　各3点×7

[5]　各4点×7([問2](2)完答)　計100点

＜数学解説＞

[1]　(数・式の計算，連立方程式，平方根，数の性質，因数分解，2次方程式，確率)

(1)　$6+5\times(-2)=6-10=-4$

(2)　$-4a^2\times18b\div9ab=\frac{-4a^2\times18b}{9ab}=-8a$

(3)　$2x+y=1$…①，$3x-2y=12$…②とおく。①×2＋②より，$7x=14$　$x=2$　①に$x=2$を代入すると，$4+y=1$　$y=-3$　よって，$x=2$，$y=-3$である。

(4)　$\sqrt{45}$を簡単にして，$\sqrt{45}=3\sqrt{5}$，$\frac{5}{\sqrt{5}}$を有理化して，$\frac{5}{\sqrt{5}}=\frac{5\sqrt{5}}{5}=\sqrt{5}$，$3\sqrt{20}$を簡単にして，$3\sqrt{20}=3\times2\sqrt{5}=6\sqrt{5}$であるから，$\sqrt{45}-\frac{5}{\sqrt{5}}+3\sqrt{20}=3\sqrt{5}-\sqrt{5}+6\sqrt{5}=8\sqrt{5}$となる。

基本　(5)　(あ)　5の平方根は$\pm\sqrt{5}$である。　(い)　xの値を決めると，yの値がただ1つに決まるとき，yはxの関数であるという。　(う)　$\frac{4}{5}=4\div5=0.8$であり，$\frac{4}{5}$は有限小数で表すことができるので，有理数である。　(え)　半径rの球の体積は$\frac{4}{3}\pi r^3$，表面積は$4\pi r^2$である。　(お)　$1<\sqrt{n}<3$をそれぞれ2乗すると，$1<n<9$となるから，これを満たす負ではない整数nは2から8の7個である。

基本　(6)　$x+3=\mathrm{A}$とおくと，$(x+3)^2+5(x+3)+6=\mathrm{A}^2+5\mathrm{A}+6=(\mathrm{A}+2)(\mathrm{A}+3)$となり，$\mathrm{A}=x+3$を戻して，$(\mathrm{A}+2)(\mathrm{A}+3)=(x+3+2)(x+3+3)=(x+5)(x+6)$

(7)　解の公式より，$x=\frac{-7\pm\sqrt{7^2-4\times2\times4}}{2\times2}=\frac{-7\pm\sqrt{49-32}}{4}=\frac{-7\pm\sqrt{17}}{4}$である。

(8)　2つのさいころを投げるときの場合の数は$6\times6=36$(通り)　出た目の数の和が4以下になる組み合わせは(1，1)，(1，2)，(1，3)，(2，1)，(2，2)，(3，1)の6通りである。よって，求める確率は$\frac{6}{36}=\frac{1}{6}$である。

2 （方程式の利用）

基本 (1)　正の整数Nは十の位の数がx，一の位の数がyであるから，N$=10x+y$と表せる。また，正の整数MはNの十の位の数と一の位の数を入れ替えてできる数であるから，M$=10y+x$と表せる。Nの2倍とMの和は201であるから，2N＋M＝201より，$2(10x+y)+(10y+x)=201$　$20x+2y+10y+x=201$　$21x+12y=201$　$7x+4y=67$…①となる。

重要 (2)　xがyより3小さいので，$x=y-3$…②である。これを①に代入すると，$7(y-3)+4y=67$　$7y-21+4y=67$　$11y=88$　$y=8$　②に$y=8$を代入すると，$x=8-3=5$

重要 (3)　①に$x=1$，2，…，9を代入すると，$(x,\ y)=(1,\ 15)$，$\left(2,\ \frac{53}{4}\right)$，$\left(3,\ \frac{46}{4}\right)$，$\left(4,\ \frac{39}{4}\right)$，$(5,\ 8)$，$\left(6,\ \frac{25}{4}\right)$，$\left(7,\ \frac{18}{4}\right)$，$\left(8,\ \frac{11}{4}\right)$，$(9,\ 1)$となる。$x$，$y$はともに1けたの正の整数であるから，$(x,\ y)$の組み合わせは2通りである。

3 （2次関数，図形と関数・グラフの融合問題）

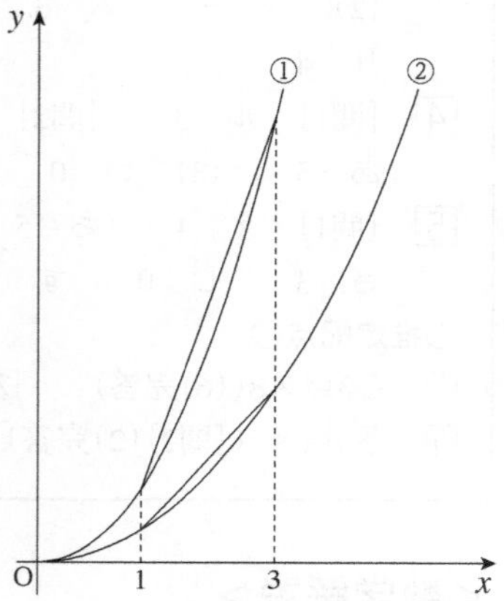

重要 [問1]　(1)　$y=ax^2$に$x=1$，3を代入すると，$y=a\times1^2=a\times1=a$，$y=a\times3^2=a\times9=9a$であるから，球は斜面Aを転がり始めて1秒後にはam，3秒後には$9a$m転がっている。よって，球は$3-1=2$(秒間)に$9a-a=8a$(m)転がるので，平均の速さは$8a\div2=4a$(m/秒)である。

基本 (2)　2次関数のグラフは比例定数の値が小さいほど開いているので，$a>b$である。また，(1)でもとめた平均の速さはxの値が1から3まで変化するときの変化の割合である。これは，$x=1$，3であるグラフ上の2点を結ぶ直線の傾きに等しい。グラフより，$x=1$，3であるグラフ上の2点を結ぶ直線の傾きは①のほうが②よりも大きいことがわかるので，球が転がり始めて1秒後から3秒後までの平均の速さは斜面Aの方が斜面Bよりも速い。

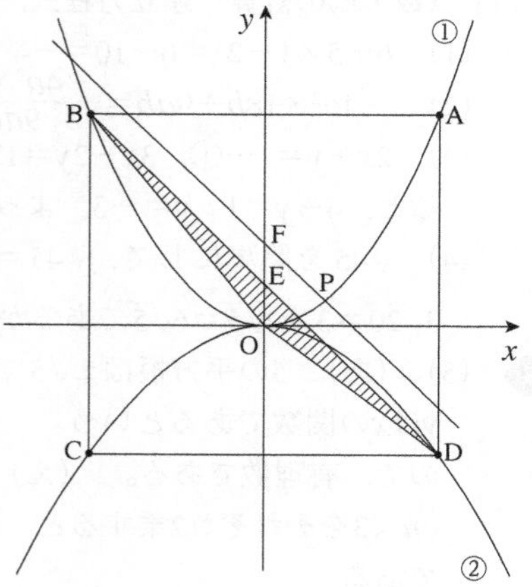

重要 [問2]　(1)　$y=x^2$に$y=4$を代入すると，$4=x^2$より，$x^2=4$　$x=\pm2$　よって，A(2，4)，B(−2，4)である。四角形ABCDは長方形であるから，2点A，Dのx座標は等しく，2点B，Cのx座標も等しい。よって，点C，Dのx座標はそれぞれ−2，2である。長方形ABCDの面積が24であり，AB＝CD＝2−(−2)＝2＋2＝4であるから，AD＝BC＝24÷4＝6である。よって，点C，Dのy座標は4−6＝−2であるから，C(−2，−2)，D(2，−2)である。$y=ax^2$にD(2，−2)を代入すると，$-2=4a$　$-4a=2$　$a=-\frac{2}{4}=-\frac{1}{2}$である。　(2)　直線BDの傾きは$\frac{-2-4}{2-(-2)}=-\frac{6}{4}=-\frac{3}{2}$であるから，直線BDの式を$y=-\frac{3}{2}x+b$とおいて，D(2，−2)を代入すると，$-2=-3+b$　$-b=-1$　$b=1$　よって，直線BDの式は$y=-\frac{3}{2}x+1$である。　(3)　(2)より，直線BDとy軸との交点をEとすると，E(0，1)である。y軸上にOE＝EFとなる点Fをとると，△OBD＝△OEB＋△OED＝△EFB＋△EFD＝△FBDとなる。点Fを通り，直線BDに平行な直線と関数①との交点をPとすると，△FBDを等積変形して，△FBD＝△PBDとなるから，△PBD＝△OBDである。EF＝OE＝1であるから，F(0，2)であり，平行な直線の傾きは等しいので，直線FPの傾きは直線BDの傾きと等

しく，$-\frac{3}{2}$である。よって，直線FPの式は$y=-\frac{3}{2}x+2$となるから，$y=x^2$と$y=-\frac{3}{2}x+2$を連立方程式として解くと，$x^2=-\frac{3}{2}x+2$　$2x^2=-3x+4$　$2x^2+3x-4=0$　$x=\frac{-3\pm\sqrt{3^2-4\times2\times(-4)}}{2\times2}$ $=\frac{-3\pm\sqrt{9+32}}{4}=\frac{-3\pm\sqrt{41}}{4}$　$x>0$より，$x=\frac{-3+\sqrt{41}}{4}$

4　（資料の整理）

［問1］（あ）選挙の出口調査は一部の有権者に対して調査を行うので，標本調査である。（い）商品の品質検査は一部の製品に対して検査を行うので，標本調査である。（う）健康診断は対象の人全員に対して行うので，全数調査である。

［問2］（1）（あ）四分位範囲は第1四分位数から第3四分位数までの幅であるから，B組の方が大きい。（い）平均値は箱ひげ図から求めることはできない。（う）30人の中央値つまり第2四分位数は点数の低い方から15人目と16人目の平均になるので，15人目は第2四分位数以下，16人目は第2四分位数以上である。よって，A組の70点以下の人数は最大で15人，B組の70点以下の人数は最小で15人であるから，B組の方が多い。

基本　（2）30人の中央値つまり第2四分位数は点数の低い方から15人目と16人目の平均，第3四分位数は16人目から30人目までの中央値となるから，23人目である。B組において，第2四分位数が70点未満，第3四分位数が70点より大きいことから，22人目の点数が70点未満となるとき，70点以上の人数が最も少なくなり，23人目から30人目までの8人である。また，16人目の点数が70点以上となるとき，70点以上の人数が最も多くなり，16人目から30人目までの15人である。

基本　（3）図2は点数の低い方から8人目は60点以上70点未満，15人目と16人目は70点以上80点未満，23人目は80点以上90点未満であることから，第1四分位数は60点以上70点未満，第2四分位数は70点以上80点未満，第3四分位数は80点以上90点未満であることがわかる。よって，A組には適するがB組には適さない。また，図3は点数の低い方から23人目が70点以上80点未満であることから，第3四分位数が70点以上80点未満であることがわかる。よって，A組にもB組にも適さない。

5　（平面図形，角度・長さの計量）

基本　［問1］円に内接する四角形の向かい合う角の大きさの和は180°なので，$\angle y=180°-105°=75°$　円周角の定理より，$\angle x=2\angle y=2\times75°=150°$

重要　［問2］（1）AB＝AD＝2より，$\overset{\frown}{AB}=\overset{\frown}{AD}$であり，円周角の定理より，円周角の大きさは弧の長さに比例するので，∠ACB＝∠ACDである。△BCPにおいて，内角と外角の関係より，∠BCD＝105°－15°＝90°であるから，∠ACB＝∠ACD＝90°÷2＝45°である。また，△ABCにおいて，∠BAC＝180°－(105°＋45°)＝180°－150°＝30°である。さらに，点Bから線分ACに下した垂線の足をHとする。△ABHにおいて，BH：AB：AH＝1：2：$\sqrt{3}$であることと，AB＝2であることから，BH＝1，AH＝$\sqrt{3}$である。△BCHにおいて，BH：CH：BC＝1：1：$\sqrt{2}$であることと，BH＝1であることから，CH＝1，BC＝$\sqrt{2}$である。

基本　（2）円に内接する四角形の向かい合う角の大きさの和は180°なので，∠BAD＝180°－90°＝90°である。△APDと△CPBにおいて，∠PAD＝∠PCB＝90°，∠APD＝∠CPBより，2組の角がそれぞれ等しいので，△APD∽△CPBである。

やや難　（3）BP＝xとおくと，AP＝$2+x$である。△APDにおいて，三平方の定理より，$DP^2=2^2+(2+x)^2=4+4+4x+x^2=x^2+4x+8$である。(2)より，△APD∽△CPBであるから，BP：DP＝BC：DAより，BP：DP＝$\sqrt{2}$：2　2BP＝$\sqrt{2}$DPとなるので，両辺を2乗して，$4BP^2=2DP^2$　よって，$4x^2=2(x^2+4x+8)$　$4x^2=2x^2+8x+16$　$2x^2-8x-16=0$　$x^2-4x-8=0$　$x=\frac{-(-4)\pm\sqrt{(-4)^2-4\times1\times(-8)}}{2\times1}=\frac{4\pm\sqrt{16+32}}{2}=\frac{4\pm\sqrt{48}}{2}=\frac{4\pm4\sqrt{3}}{2}=2\pm2\sqrt{3}$　$x>0$より，x＝PB＝$2+2\sqrt{3}$である。

★ワンポイントアドバイス★

問われている基本的事項の中にも思考力を必要とし，しっかりと理解していないと解けない問題もある。

＜英語解答＞《学校からの正答の発表はありません。》

【A】 リスニング問題解答省略

【B】 11 ② 12 ①

【C】 13 ④ 14 ② 15 ④ 16 ④ 17 ③ 18 ③ 19 ② 20 ③
21 ③ 22 ② 23 ② 24 ② 25 ③

【D】 26 ④ 27 ⑧ 28 ③ 29 ⑦ 30 ⑧ 31 ③ 32 ④ 33 ③
34 ③

【E】 35 ①，③ 36 ①，④ 37 ③

【F】 38 ⑤ 39 ① 40 ③

【G】 41 ④ 42 ② 43 ④ 44 ③ 45 ① 46 ④ 47 ③ 48 ②
49 ④ 50 ②，⑤

○推定配点○

各2点×50(35，36，50各完答)　計100点

＜英語解説＞

【A】 リスニング問題解説省略。

【B】 (発音問題)

11 ①は左から[ear]，[ear]，[íər]。②はすべて[iː]。③は左から[ŋg]，[ŋ]，[ŋ]。

12 ①はすべて[æ]。②は左から[z]，[s]，[z]。③は左から[ʌ]，[ʌ]，[ou]。

基本 【C】 (語句補充・選択：不定詞，比較，単語，助動詞，現在完了，接続詞，熟語，間接疑問，分詞，代名詞，関係代名詞)

13 「私に何か温かい飲み物を持ってきてくれませんか」 something hot to drink「何か温かい飲み物」

14 「タカシは読書が好きだ。彼は私の3倍の本を読む」 ＜～ times as many ＋名詞＋ as －＞「－の～倍の数の(名詞)」

15 「このオフィスには5人のスズキさんがいる。1人は東京出身で他の全員は横浜出身だ」 all the others「その他全て」

16 「その映画スターはその役を演じた時とても格好良く見えた」 ＜look ＋形容詞＞「～に見える」

17 A：今週末スキーに行きませんか。／B：はい，そうしましょう！ Shall we ～?「～しませんか」は人を誘う時の表現。

18 「ミキは今日の宿題をまだ終えていない」 yet は現在完了の否定文で「まだ」を表す。

19 「私が14歳の時，私の家族は大阪に引っ越した」 when は時を表す接続詞。

20 「沖縄はその美しい海で知られている」 be known for ～「～で知られている」

21 「私は市役所に行くためにどのバスに乗るべきかわからない」 間接疑問＜疑問詞＋主語＋動

詞＞　＜ which ＋名詞＞「どの～」

㉒「そのホテルのすべての部屋に清潔な浴室がある」 every「すべての～」は単数名詞を修飾する。every の付く語が主語の場合，単数扱いなので，現在時制では動詞に －s が付く。

㉓「もし野菜や果物のような食品が安全ではなかったり清潔ではなかったりすると，それらは私たちの具合を悪くする場合がある」 ＜ make ＋目的語＋形容詞＞「～を…にする」

㉔「タマと呼ばれている猫がテーブルの下で寝そべっている」 A called B「Bと呼ばれるA」

㉕「私たちはその店で売られている肉が好きだ」 この文では目的格の関係代名詞が省略されており，they sell at the store「彼らが店で売る」が meat を後ろから修飾する。直訳は「私たちは彼らがその店で売る肉が好きだ」となる。この they「彼らは」が「店の人々」を指している。

重要 **【D】**（語句整序：助動詞，構文，関係代名詞，前置詞，現在完了，不定詞，接続詞，熟語）

㉖ May I use your English dictionary?「あなたの英語の辞書を使ってもいいですか」 May I ～?「～してもいいですか」は相手に許可を求める時の言い方。

㉗ (There)are many students who can't see a teacher with(long hair.)「髪の長い先生が見えない生徒がたくさんいる」 ＜ There are ＋複数名詞＞「～がいる」 who は主格の関係代名詞。with ～「～を持った，～が付いている」

㉘ This is the first time I have visited Azabu university.「私が麻布大学を訪問したのは今回が初めてだ」 the first time「初回」の後ろに現在完了の節を続ける。

㉙ There are two things I want to do(at high school besides studying.)「勉強のほかに私が高校でやりたいことが2つある」 I の前に目的格の関係代名詞が省略されている。

㉚ (Mr. Goto is really good at English because)he has been in Australia for more than(ten years.)「ゴトウ氏は本当に英語が上手だ，なぜなら10年以上オーストラリアにいるからだ」 継続を表す現在完了の文。for は期間を表す前置詞で，for の後に more than ten years「10年以上」を置く。

㉛ Can you send me your picture?「私にあなたの写真を送ってくれませんか」 Can you ～?「～してくれませんか，～できますか」は相手に依頼する時の言い方。＜ send ＋人＋もの＞「(人)に(もの)を送る」

㉜ (Work)was busy and we didn't have much time.「仕事が忙しく私たちはあまり時間がなかった」 don't have much time「あまり時間がない」

㉝ (I)want to hear your idea before I write an essay.「私は作文を書く前にあなたの考えを聞きたい」 before は「～する前に」を表す接続詞。

㉞ *Sake* is a drink that(is)made from rice.「酒は米から作られる飲み物だ」 that は主格の関係代名詞で that is made from rice「米から作られる」が drink を後ろから修飾する。be made from ～「～から作られる」 ⑧ of が不要。

重要 **【E】**（資料読解問題：内容吟味，内容一致）

（全訳）　　　　スタービーチマラソン　ボランティア追加募集

第20回スタービーチマラソンが5月1日に開催されます。それは20年前にわずか90人ほどのランナーで地元のイベントとして始まりましたが，それ以来，私たちの国で最も刺激的なマラソン大会の1つを経験しようと，世界中からランナーや観光客がスタービーチにやってきます。現在，およそ20,000人の老若男女のランナーが，毎年スタービーチの美しい景色とこのイベントを楽しんでいます。私たちは喜ばしいことに，イベントに必要なボランティアの約半数をすでに見つけました。私たちは，私たちをサポートしてくれる，さらに約1,500人のボランティアを探しています。

エリア	仕事内容
スタート／ゴール地点	・スタート地点とゴール地点の設営と清掃 ・レースを完走したランナーに「完走メダル」を渡し，彼らに食料と飲み物を供給する ・ゴール地点に留まることを避けるためにランナーを誘導する
手荷物	レースの前後にランナーたちの手荷物を集め，保管し，返却する
給水所	・給水所の設営と清掃をする ・水が必要なランナーに水を供給する
コース監視員	・指示を与え，ランナーの安全を確保する ・レースの観戦者と通行人を整理・誘導する

・ボランティア全員にTシャツと帽子が無料で支給されます。大会当日にそれらを着用してください。

・ボランティアは個人またはグループで参加できます。ボランティアは16歳以上でなければならず，18歳未満の人は誰でも親の承認が必要です。

・ボランティアの申し込みはメールで送信されなければなりません。電話での申し込みは受け付けません。申込者の数が定員に達したらボランティア申し込みは打ち切られます。

[35] ①，③が正しい。②(×)「世界で」ではなく「国内で」が正しい。④(×) 完走証については書かれていない。また完走メダルは後日ではなくゴール地点で渡される。⑤(×) マラソンの参加者ではなくボランティアにTシャツと帽子が配布される。

[36] ①(×) ボランティア全員で行うのではなく，担当の場所に分かれて作業する。④(×) 18歳未満の者は誰でも，親の承認が必要。

[37] すでにボランティアの半数を確保し，さらに1,500人が必要であるから，合計3,000人。

【F】（長文読解問題・スピーチ：文補充・選択）

（全訳） アカネとユウトは中学校の3年生だ。彼らは英語の授業で，手紙と電話のどちらの方が好きかについて話した。

アカネのスピーチ

私は電話で話すより手紙を書く方が好きです。私はあまり話好きな人間ではないので，話すより書く方が簡単な場合があります。誰かに何かを言うのが難しい時，私はそれを手紙に書きます。電話で話すより手紙を書く方が多くの時間が必要ですが，私はそれを悪いことだと思いません。手紙を書く時，私たちはたくさんの時間があります。[38]私たちは書きたいことについて入念に考えることができます。

また，手紙は長い期間，保管ができるの

ユウトのスピーチ

僕は電話で話す方が好きです。[39]手紙を書くより電話で話す方が速いです。例えば，あなたは10分間で手紙にどのくらい自分の考えや感情を書くことができますか。それほどたくさんは書けないと思います。でも10分あれば，電話でたくさんのことを話すことができます。

また，手紙の場合，返事をもらうのに数日待たなくてはなりませんが，電話ではそれほど長く待つ必要がありません。だからすぐに返事がほしい場合，僕は電話を使います。

で，私は手紙が好きです。実際，私は友達や祖父母から受け取った手紙をいくつか取ってあります。その手紙を読み終わった後でも，それを取っておいて後でまた読むことができます。私にとって友達や祖父母からの手紙は宝物です。そこで私は手紙を書く時，いつも心を込めて書くようにしています。

僕たちは誰かと電話で話す時，声や話し方から彼らが本当はどのように感じているかを知ることができます。40 これは手紙にはできないことです。

最後に，そして最も重要なことですが，僕はあまり手紙を書くことが好きではありません，僕の字がとても下手だからです！

【G】（長文読解問題・エッセイ：語句補充・選択，熟語，英文和訳・選択，指示語，接続詞，内容吟味，英問英答，内容一致）

（全訳） 私の授業では，私は生徒たちによく「出ていきなさい！」と言う。私は彼らを教室から追い出しているわけではない。私は彼らに留学するために日本を出なさいと言っているのだ。日本の大学生はしばしば留学するのを恐れるが，(ア)彼らは留学することからたくさんのことを学ぶことができると私は思う。行ったらどう？ 私は彼らに聞いてみる。いつだって帰ってこられるのだから。

最近，文部科学省（MEXT）が同じ問いかけをしている。しかしお金を出すことによって，一枚上手にやっている！ 学生たちが留学するのを助けるため，文部科学省は大学が留学プログラムを増やしたり改良したりするのを支援する資金を供給することを決めた。それは今までよりも多くの日本の学生が留学するのに役立つだろう。

実際，かつてはもっと多くの学生が留学していた。留学している日本人学生の数は2004年の82,000人から2012年の60,000人に30％近く(イ)減った。ウこれに対し，韓国，中国，インドからの留学生の数はその同時期に増えている。日本と他のアジア諸国との差が毎年大きくなっている。

もちろん，おそらく日本人の学生は，日本の国内で外国文化や第2言語と接触する機会が増えているだろう。ここでは，特に大都市では，英語を学び外国人と会う機会が非常にたくさんある。しかし，エそれは別の文化に身を置くことと同じではない。外国を旅行せずに英語を学ぶことは，スポーツカーを買ってそれを運転せずに車庫に置いておくようなものだ。

多くの学生がその問題に対して実際に葛藤を抱えている。彼らは日本の外に何があるか見てみたいが，オそれがどれほど難しいか心配している。その葛藤は，ただ日本にいるという安易な方法をとるだけで往々にして解決されてしまう。彼らには自信が欠けている。しかし自信を得る唯一の方法は大きなことに備えて小さなことをやってみることだ。

海外留学の挑戦は，重要な生活スキルを身につけ，新しい状況に適応する精神を養う方法の1つだ。外国文化を経験し，異なる言語，食べ物，態度や考え方に対処する方法を考えることを通じ，若者は適応できるようになるだけでなく，適応する方法も学ぶことができる。

文部科学省がより多くの学生に留学支援をするということは，世界市場における日本の競争力をより良くするためだけでなく，学生が自分の生活をより良くするのを助けるためにおいても，もっともなことだ。海外留学する私の学生はいつも，より大きなエネルギーとやる気，そして何らかのスキルを身につけて帰ってくる。また，彼らは常に，以前よりも日本を愛するようになって帰国する。

(カ)もしほとんどの大学生が留学したら，日本は将来どう変わるだろうか。文部科学省の提案が定着したら，私たちはそれを目にするかもしれない！

41 全訳下線部参照。

42 drop「（数）が減る」

43 in contrast「これに対して，対照的に」

44 the same as ～「～と同じ」 ここでは否定文で「～と同じではない」となる。put oneself in ～「～に自分自身を置く，～に身を置く」

45 下線部オを含む文の前半の to see what is outside Japan を指す。

46 仮定を導く接続詞 if「もし～」が適切。

47 ③「文部科学省は日本の学生たちに学ぶために外国へ行ったらどうかと誘っている」 第1，2段落参照。why not の節は「なぜ～しないのか」の意味だけでなく「～したらどうか」と誘う意味もあり，ここでは後者の用法である。

重要 48 「文部科学書によると，海外留学する日本人学生の数を増やすのに何が必要か」②「文部科学省は大学に資金供給することが必要だと考えている」 第2段落参照。

重要 49 「留学に対して実際に葛藤を抱える多くの学生は，なぜ日本に留まることにするのか」④「それが往々にして葛藤を解消する簡単な方法だから」 下線部オを含む段落参照。

重要 50 ②「大学に資金を供給することはもっと多くの日本人学生が留学するのに役立つ」(○) 第2段落の内容と一致する。 ⑤「筆者は，留学することは学生が重要な生活スキルを身につけるのに役立つと考えている」(○) 第6段落の第1文の内容と一致する。

★ワンポイントアドバイス★

問題数が非常に多いので時間配分に十分注意すること。

＜国語解答＞《学校からの正答の発表はありません。》

一 1 ② 2 ④ 3 ① 4 ① 5 ③ 6 ④ 7 ① 8 ④ 9 ③ 10 ⑤

二 1 ② 2 ③ 3 ④ 4 ④ 5 ③ 6 ② 7 ① 8 ③

三 問一 ④ 問二 ③ 問三 ① 問四 ③ 問五 ②

四 問一 ③ 問二 ② 問三 ④ 問四 ① 問五 ③ 問六 ④

五 問一 ② 問二 ① 問三 ② 問四 ④ 問五 ③ 問六 ⑤

○推定配点○

一 各1点×10 二 各2点×8 三 各4点×5 四 問一～問五 各4点×5 問六 6点

五 問一～問四 各4点×4 問五・問六 各6点×2 計100点

＜国語解説＞

一 （漢字の書き取り，熟語）

1 「惰眠」とは，「なまけて眠っている状態」。 ①「連打」とは，「続けて打つこと」。 ②「怠惰」とは，「すべきことをなまけて，だらしない性質・様子」。 ③「駄作」とは，「できが悪く価値が乏しい作品」。 ④「妥協」とは，「対立した事柄について，双方が譲り合って一致点を見いだし，おだやかに解決すること」。「妥」は「委」と混同しやすいので注意。 ⑤「堕落」とは，「生活がくずれ，品行がいやしくなること。また，物事がその本来あるべき正しい姿や価値を失うこと」。「堕」と「惰」は混同しやすいので注意。

2 「猛攻」とは，「猛烈な攻撃」。「猛攻撃」も同じ。 ①「巧妙」とは，「非常に巧みであること」。② 「けがの功名」とは,「過失と思われたことや,なにげなくやったことが,意外によい結果になること」。「功名」とは,「手柄を立てて名をあげること」。③ 「耕作」とは,「田畑をたがやして作物を植え育てること」。④ 「専攻」とは,「ある学問分野を専門に研究すること」。⑤ 「抗戦」とは,「抵抗して戦うこと」。「好戦」は同音だが,「戦いを好むこと」。

3 「採掘」とは,「地中の鉱物や石炭・石油を掘り取ること」。① 「採用」とは,「適当な人材や意見・方法などをとりあげて用いること」。② 「迷彩」とは,「敵の目をだますために,施設・武器などにいろいろの色を塗って,他の物と区別がつかないようにすること」。③ 「救済」とは,「苦しむ人を救い助けること」。④ 「才能」は,「才」三画目がつき出るので注意。⑤ 「裁判」の「裁」は,「栽」と混同しやすいので注意。

4 「有意義」とは,「意味・価値があると考えられること」。① 「講義」は,「講」を「構」,「義」を「議」と混同しやすいので注意。② 「礼儀」は,「儀」を「義」と混同しやすいので注意。③ 「会議」は,「議」を「義」と混同しやすいので注意。④ 「犠牲者」は,「犠」がうしへんであることに注意。 ⑤ 「適宜」とは,「状況に適していること」。

5 「封印」とは,「封じ目におした印。また,その印をおすこと」。 ① 「音韻」とは,「音と響き。また,漢字音の子音と,漢字音の頭子音を除いた後の部分」。 ② 「委員会」は,「委」を「妥」と混同しやすいので注意。 ③ 「印刷」の「刷」は「札」と混同しやすいので注意。④ 「因習」とは,「古くから伝えられてきた風習。多く,非難の意を含んで用いられる」。⑤ 「婚姻」は「結婚」と同じ。

6 「転倒」とは,「転んでひっくり返ること,倒れること」。「倒」は「到」と混同しやすいので注意。 ① 「単刀直入」とは,「前置きや遠回りなことをせず,直接に要点にはいること」。 ②「徹頭徹尾」とは,「最初から最後まで」。③ 「馬耳東風」とは,「人の意見や批評を全く気にかけないで聞き流すこと」。④ 「抱腹絶倒」とは,「腹を抱えて大笑いすること」。 ⑤ 「荒唐無稽」とは,「言動に根拠がなくて,でたらめであること」。

7 「紹介」は,「紹」を「招」と混同しやすいので注意。 ① 「介抱」とは,「傷病者などの世話をすること」。 ②・④ 「開放」は「自由に出入りさせること」,「解放」は「体や心の束縛や制限などをとり除いて自由にすること」。 ③ 「会報」とは,「会に関することを会員にしらせるために発行する文書や雑誌」。⑤ 「快方」とは,「病気やけががよくなってくること」。

8 「清貧」とは,「私欲をすてて行いが正しいために,貧しく生活が質素であること」。 ① 「海浜」とは,「海辺,浜辺」。「かいへい」と読まないように注意。 ② 「来賓」とは,「式場などに客として来た人」。 ③ 「頻繁」とは,「しきりに行われるさま」。 ④ 「貧弱」とは,「みすぼらしいこと。小さく,または内容が乏しく見劣りすること」。 ⑤ 「鋭敏」とは,「感覚がするどいこと。才知がするどいこと」。

9 「弾む」は,「禅」などと混同しやすいので注意。 ① 「射」は「しゃ」「さ(す)」とも読み,「光がさす」場合にも使われることがある。② 「恥」は「はじ」のほか,「ち」とも読む。③ 「弾く」がこの字なのは,弦や鍵盤を「弾く」ことから。「引く」と表記しないように注意。④「跳ねる」と「弾む」は別の字。「弾む」というのは,「弾力のある物体が他の物に当たってはね返る」ことを指す。 ⑤ 「放る」は「遠くへ投げる」意味がある。

10 「振るう」は,物理的に振動させるだけでなく「発揮する」意味がある。「暴力をふるう」などもこの字。 ① 「慎重」とは,「注意深くて,軽々しく行動しないこと」。同音だが,「深長」は「意味などに深み・含みがあって複雑なこと」。「意味深長」が正しい。「意味慎重」は誤り。② 「審査」とは,「詳しく調べて,適否・優劣・等級などを決めること」。 ③ 「耐震」とは,「地震が起こってもなかなか壊れないようにしてあること」。④ 「辛労辛苦」とは,「つらい目にあって，非常に苦労すること」。「心労」としないように注意。 ⑤ 「三振」の「振」は，物理的に振動させる意味。

二 (熟語，語句の意味，品詞・用法，文と文節，故事成語)

やや難 1 ① 「一般」とは，「広く全体に共通して認められ，行き渡っていること」。 ② 「外延」とは，「概念が適用される事物の集合」。「内包」の対義語。簡単に言えば「具体的内容のすべて」。
③ 「本質」とは，「そのものとして欠くことができない，最も大事な根本の性質・要素」。
④ 「内包」とは，「内部にもっていること」。 ⑤ 「位相」とは，一般的には「地域・性別・年齢・職業・階層や，書く場合と話す場合などによって，言葉の違いが起こる現象」。

2 例文の「で」は，単純接続の「て」が濁った「で」。単純接続とは，簡単に言えば「&」のイメージ。「またい」は，動詞「またぐ」の連用形であり，本来「またぎて」であったものが，言いやすさの問題で「ぎ」が「い」に変化し(これをイ音便という)，それに伴って「て」も言いやすい「で」に変化したもの。 ①・②・④ 断定の助動詞「だ」連用形。 ⑤ 原因・理由の接続助詞「ので」の一部。

3 ①~③・⑤はすべて動詞の終止形。 ④は「買う」という動詞に，可能を表す「える」が付属している。「える」は，例えば「弾ける」などでは子音と結合することもあるが，可能の助動詞と認識して問題ないだろう。

4 ①・② 「並立の関係」とは，2つ以上の文節が同じ働きをしているもの。例えば，「私は，ピアノと算盤を習っている。」という文においては，「ピアノと」「算盤を」がどちらも「習っている」の目的語になっている。このような関係のものは例文の中にない。 ③ 「補助の関係」とは，後の文節が前の文節に補助的な意味を添えるもの。「~くる・~いる・~ない・~ある・~みる」などで補助をする。「傷んでい(る)」に対して「ない」は述部になっていない。「傷んでいないの」の「の」は「もの」と言い換えることが可能であり，「傷んでいない」で連体修飾になっている。 ⑤ 主語は「店の人が」，述語は「取り替えた」の一箇所のみなので不適当。

やや難 5 ① 「しばらく」が「休憩している」にかかっている可能性も，「眺めていた」にかかっている可能性もある。 ② 「はさみを持っていく」のが「大道具作りのため」の可能性も，「小川さんに」の可能性もある。 ④ 「笑いながら」が「手をたたく」にかかっている可能性も，「喜び合いました」にかかっている可能性もある。 ⑤ 「田中さんが―出会った」可能性も，主語は不明だが，とにかく「(田中さんが師事している)ピアノの先生に―出会った」可能性もある。

6 「リテラシー」とはもともと「読み書き能力」という意味。そこから転じて，「○○リテラシー」の形で「特定の分野についての知識や能力」という意味で使われることが多い。特に「ネットリテラシー」「情報リテラシー」といった場合は，情報やインターネットを適切に使用できることを表す。

7 「透明」の「明」は，「光があってあかるい，はっきり見える」という意味。 ② 「単純明快」の「明」と，「明朗会計」の「明」は，「物事がはっきりしている」という意味。 ③ 「明朗会計」とは不正がない勘定のこと。 ④ 「所信表明」の「明」は，「あきらかにする」という意味。 ⑤ 「先見の明」の「明」は，「かしこさ」という意味。

8 「塞翁が馬」とは，「人生の幸不幸は予測できないものだというたとえ」。昔，中国で塞翁の馬が逃走するも立派な馬を伴って帰ってきたり，塞翁の息子が落馬して怪我をしたが，それによって戦に行かずに済んだりなど，一見不幸に見えることでも結果的に幸運なことがあるものだ，という故事から。

三 (古文―口語訳，文脈把握，脱語補充，内容吟味)

〈口語訳〉 藤原道長殿が法成寺を建なさった時，日々お参りをされた。そのころ，(道長殿は)白い犬をかわいがって，お飼いになっていた。(犬は，お参りの)お供についていっていた。ある日，(道長殿が，法成寺の)門をお入りになろうとすると，(犬が，道長殿の)先に進んで，走り回って，ほえたので，(道長殿は)立ち止まりなさって，ご覧になると，変わったことがなかったので，さらに中にお入りになると，犬は，(道長殿の)服の裾を噛んで，引きとどめ申し上げたので，(道長殿は)「きっと何かわけがあるに違いない」と，腰かけの台を引き寄せて，お腰をかけてお座りになって，すぐに(安倍)晴明をお呼びになって，(犬が引き留めたという)子細をお話になると，(晴明は)しばらく目をつぶって，思案している様子で申し上げることには，「道長殿を呪い申し上げるものが，呪物を道に埋めて，(その上を道長殿に)越えさせ(て呪いをかけ)申し上げようと，仕掛けたのです。(道長殿の)ご運は，素晴らしく良いもので，この犬が，吠えて(呪物があることを)示したのです。犬は，もともと少々の不思議な力を持つものです」と言って，その(呪物がある)ところを指して，(人に)掘らせると，土器を合わせて，黄色い紙を紐状にしたもので，十文字に束ねたものを，掘りおこして，(それを晴明が)ほどいて見ると，(中に)入っているものはなく，朱の絵の具で，一文字を土器に書いてある。晴明が(道長殿に)申し上げて日く，「この術はきわめて秘事のことです。(私,)晴明の他には，知っている者はいません。ただし，もしかすると，道摩法師のしわざかもしれません。その一人は(この術を)知っているでしょう」と言って，懐紙を取り出して，鳥の形を作って，呪文を唱えて投げ上げると，(紙は)白鷺になって，南を目指して行く。(晴明は)「この鳥が落ちて止まるようなところを，呪いをかけた者が住むところとお考えください」と申し上げたので，しもべが，あの白鳥の行方を見て，追跡して行くと，六条坊門と万里小路の交差点にある，河原院の古い跡の開き戸の中に落ちた。そこで，(白鳥を)探しているうちに，老僧が一人出て来た。すぐに捕えて，道摩法師の行方を問われた。道摩法師は，藤原頼宗の誘いにのって，術を行ったとう旨のことを，申し上げたけれども，罰されることはなく，本国播磨へ追放になった。ただし，長くこのような術を，行ってはいけないという旨の，誓約状を書かされた。これは，(道長殿が)運が強く，思慮が深くいらっしゃることによって，この(呪いという)難を逃れなさったということだ。

問一　「なほ」は「やはり，さらに，再び」などという意味。「給ふ」は尊敬語。本文中，犬には尊敬語が使われていないので，①・③は除外できる。また，②は尊敬語が反映されていないので不適当。「せ給ふ」「させ給ふ」など，助動詞「す」「さす」と「給ふ」の組み合わせは，多くの場合は二重尊敬を表すもの。訳す際は通常の尊敬語と同じく，「～なさる」「お～になる」とする。

問二　「所為」は現在語では「せい」と読み，「～のしわざ・責任」という意味。晴明の発言によると，「土器をうち合せて，……土器に書けり」という呪術は秘事であり，自分の他に知っている者はいないが，もしかすると道摩法師のしわざかもしれない，ということであり，最終的に道摩法師は追放されて同じような呪術を使わないよう誓約させられているので，呪術に気付かせるという内容の①・④は除外できる。また，呪物は道に埋まっており，晴明によればそれを道長に「越えさせ奉らむと」したものであるから，呪術の内容として重要なのは呪いたい対象が呪物の上を越えるということだと考えられるので，②は不適当。道長は犬が引き留めたおかげで呪物の上を越えることがなかったので，呪いを受けなかったのである。

重要　問三　傍線部Cの前には「とて」があるが，「とて」とは引用を表す助詞「と」と，単純接続を表す助詞「て」の組み合わせである。単純接続「て」の後で，特に明示されずに主語が変わることは多くない。明示がなければ，あるいは文脈上どうしてもそのようにしか読み取れないなどでなければ，「て」以前の主語が引き継がれると考えるべきである。ここでは，「この術は……」という発言の主体として「晴明申していはく」と主語が明示されており，「とて」以降主語の交代も示されていないので，傍線部Cは晴明の行動と考えられる。晴明は陰陽師であり，「懐紙取り出でて，……白鷺となりて」のような不思議な術を使う特別な能力がある。

問四　道長に呪いをかけた人物を特定するために，晴明は懐紙を鳥にして調査に向かわせたのだから，空欄に入るのは要は〈犯人〉のような意味合いの語である。①は道長が飼っているものなので不適当。②は，「神通」とは「神に通ずる」と書き，基本的には良い意味で使われる言葉なので不適当。④は，「御運」は単純に「運」という意味なので不適当。③の「厭」は現代語では「いや」「いと(う)」とも読み，基本的には「いやがる，憎む」のように悪い意味で使われる。

問五　①「土器に」以降誤り。道を「掘らするに」つまり掘ったところ出て来た呪物の特徴が「土器をうち合せて，……土器に書けり」の一連であり，晴明が何かを土器に行ったわけではない。また，晴明は「土器をうち合せて，……土器に書けり」の一連を指して「この術はきはめたる秘事なり」と説明している。③「白犬の」が誤り。最終文では「これ，運の強く，慮りのかしこくおはしますによりて」と，「おはします」という尊敬語が使われている。問一の解説通り，犬には尊敬語が使われていないので，「運の強く，慮りのかしこくおはします」のは道長のことである。④「晴明が」が誤り。本文では「下部，かの白鳥の行方をまもりて」と明記されているので，白鳥の行方を見張ったのは，道長や晴明本人ではなく，そのしもべである。

四　**（論説文―文脈把握，指示語の問題，脱文・脱語補充，文章構成，内容吟味）**

問一　まず「読解力」という言葉の説明なので，「伝える」「暗誦によって」「文章を書く」としている②・④・⑤は語の定義レベルで除外できる。続いて「情緒的」については，第五段落に「日本語ならではの，……敏感に察知することで」情緒的読解力を鍛えられる，とあるということに注目しつつ，さらに第七段落で，傍線部Aについて「たとえば友人と……他者の心の動きを分析したり解釈したり察知したりする」ことと紹介されていることをふまえると，③が適当。少ない情報でも察知するというところに筆者は注目しているのであり，①のような「日本人らしい昔の価値観に沿」うことに注目しているのではない。

問二　傍線部Bの後の「気づくのも読解力のひとつ」という記述に注目する。「気づく」という言葉は，同第十段落「特定の天皇の時代などと……，と気づくことができました」にも登場している。つまり，「いづれの御時にか」には汎用性があり，「どんな時代になっても」「適応できる」という点に気づくことができるというのも，筆者は読解力の一つだと考えているのである。この内容に合致する②が適当。⑤と迷うが，「広く読まれている」原因が汎用性にある，という因果関係に筆者が注目していないため不適当。あくまでもここで筆者が言及しているのは読解力についてであり，読解力があれば「いづれの御時にか」の汎用性に気づくという話である。

問三　「先達はあらまほしきことなり」の「先達」とは「先にその道に通達して，他を導く人」という意味。「あらまほし」は「あってほしい，理想的だ」。つまり，「先達はあらまほしきことなり」というのは「先導者がいてほしい」という意味になる。この状況に当てはまるのは④のみ。「先達」という熟語，「あらまほし」という古語の意味を把握できていないと厳しい設問。

問四　a，c，dはいずれも漢文の話なので，まずはここまでになされた古文の話から切り替えて，漢文の話を始める必要がある。よって一番目にはbを置かざるを得ない。続いて，a，cでは「これ」「この」と指示語が登場するが，その指示内容がa，cの前にないと繋がらないため，b→dの順も確定。次に，dの内容を「これ」と示しているのがaであり，cの「この独特な文体」はaの「訓読」を指すと考えられることから，b→d→a→cの順が適当。

問五　まず，「かっこよさが半減」という表現から，④の「言葉の真意が曖昧」は除外できる。「かっこよさ」とはあくまでも表現上の特徴・印象であり，意味内容にまで影響するものではない。かっこよくなければ意味が伝わらないということもない。これは第十四段落でも，現代の言葉で聖書を書き直しても意味は伝わるが「言葉が軽く，拍子抜け」するという記述からも同様のことが言える。筆者は第十三段落で「文語体は，音のリズムとして素晴らしい」，第十六段落で「文語体のリズムのよさ」，第十八段落で「訓読には，独特の心地よいリズムがあります」と，複数回にわたって文語体におけるリズムのよさというものを主張している。それをふまえると，リズムと無関係な①・⑤も除外できる。残るは②・③だが，②は「現代の言葉に比べて音数が足りない」が誤り。「狭き門」については，「狭い門」としても音数は同じであるし，そもそも「狭い門」は現代の言葉なのだから，②の通りと仮定すると〈「狭き門」という文語を「狭い門」と現代語にすると，現代語に比べて音数が少ない〉という意味になり，成り立たない。

重要 問六　①「古典の読解力」が誤り。筆者は古典に限った話をしているのではない。あくまでも読解力自体が重要であり，古典を学ぶ意義とは読解力を鍛えることにある，という主張である。でなければ，第七段落のように現代の日常に沿った例を出す必要はないはずである。　②「未曽有の事態に対処する」が誤り。筆者は第二十・二十一段落で，未曽有の事態だけでなく「未来は人知の及ばない不確かなもの」「不条理な世の中」と幅広く世の中というものについて言及している。第十九段落にあるように「長期的なものの見方，考え方を身につける」ことが大事だという話であって，未曽有のことだけに注目しているわけではない。　③「目をそらす」が誤り。第二十段落では「だからこそ今，……ものごとを正しく理解し，立ち向かうことの重要性が高まっています」とある。目をそらすことと立ち向かうことは正反対である。　⑤「未曽有の事態に繰り返し悩まされた」が誤り。本文中に根拠なし。第十九段落では「人間の変わらぬ心理が描かれて」いるとしか述べられていない。確かに人間は繰り返し未曽有の事態に悩まされてきたであろうが，筆者が古典を読む意義として注目しているのはそこではなく，人間心理の描出そのものである。

五　**(論説文―文脈把握，指示語の問題，脱文・脱語補充，文章構成，内容吟味)**

問一　傍線部Aとほぼ同内容のことは，第四段落「決して……頼ってはいけない」に登場している。これは「そうならないように」，つまり前第三段落の「AIに，ヒトが従属してしまう」ことにならないように，ということである。したがって，筆者がAIについて問題視しているのは「AIに，ヒトが従属してしまう」ことだと言えるので，その内容が反映されていない①・③・⑤は除外できる。②・④は厳しいところだが，④は「機械学習型のAIだけでなく」が誤り。筆者は第二段落で機械学習型のAIについて言及しているが，結論としては「問題はありません」と問題視していない。筆者が問題視しているのは，第三段落にあるように「機械学習型ではなく，……ヒトのように考える汎用型人工知能」についてである。

問二　「問題だと考える」のだから，筆者は「AIは死なない」ということについて，何か悪い印象を抱いているはずである。この後第七～第十段落では「死なない」AIの特徴について述べられるが，第十一段落以降「AIの仕組みを理解することも難しくなる」「私たちが理解できない存在になっていく」「死なない人格と共存することは難しい」「価値観も人生の悲哀も共有できない」と，筆者が「死なない」こと，「死なない」AIに抱く悪印象が語られている。以上のような，〈理解できない〉〈共存・共有できない〉という点を反映できていない③・⑤は除外できる。②は，「技術の発展に支障が生まれる」が誤り。本文中に根拠なし。むしろ，第七段落ではAIは「無限にバージョンアップを繰り返します」とあるので，技術自体は発展しうる。⑤は，「やがては」以降誤り。本文中に根拠なし。

重要 問三　Ⅰ　「生みの親」世代であろうとも，一般的にコンピューターが「主体性」を持つには現在でもまだ至っていないと言えるので，「主体性」の⑤は除外できる。　Ⅱ　「このままいったらやばい」は「やばい」というくだけた表現からも伝わるように，論理的思考の結果ではない。よって「論理的」「合理的」の①・④は除外できる。「常識的」も怪しいが，この時点では残しておいてよい。Ⅲ「そんな孫世代」については，「ヒト(特に親)……成績をつけるという時代」と，AIの有能さが列挙されていることから，「不信感」は除外できる。これで③も除外でき，②に絞られる。

問四　第十七・第十八段落の内容をもとに解答する。第十七段落では，「AIも将来，……存在になるのかもしれません」と，AIと宗教の共通点を述べている。第十八段落では，「ただ，宗教のいいところは，……それに対してAIは，……」と，宗教には「いいところ」があるのに対して，AIはそうはいかない，と宗教とAIを対比して，AIを批判的に捉えている。この構造を理解せず，「有用さという視点から再評価」としている②，「AIを信仰する価値のある宗教として」としている③は除外できる。①は「AIは個人が」以降誤り。これは宗教についての筆者の見解である。⑤は，「死なない，しかも」以降誤り。宗教の「いいところ」は，第十八段落にもあるように「個人が自らの価値観で評価できること」であり，「死なない」ことではない。

問五　一般的に，わざわざカタカナで表す際は記号的・純粋に物理的な意味を付与させることが多い。本文中では，第三段落の「ヒトが人である理由，つまり『考える』ということ」とあり，「人」は「考える」ものであって，単に有機的なものではないという意味が付与されていることがわかる。考えるとは「試行錯誤」することとも言えるので，この時点で②・③に絞られる。②は「死なない存在となるために」が誤り。本文中に根拠なし。人が試行錯誤するのは，第五段落に「ヒトは試行錯誤，……『楽しんで』きた」とあるように，学ぶこと，成長することを楽しむためであって，死なない存在となるためではない。

重要　問六　こうした資料問題では，資料全体を先に確認するよりも，選択肢を見て資料と照らし合わせていくのがよい。まずは資料Aについての記述で，③・④は誤り。ポジティブなイメージを持つ人の割合が高くなっている。これは，「暮らしを豊かにする」「生活に良い影響を与える」で，白と黒の割合が高いことからうかがえる。この時点で①・②・⑤に絞られる。①は，不動産・金融・個人・ビジネスマッチングで「期待が大きい」にあてはまる白と黒の割合は低く，これら全体の中で「期待が高い」とは言えない。②は，資料Aと資料Bに関する記述としては間違っていないが，「AIに不安を感じる人の割合はとても少ない」が誤り。資料Aを見ると，「不安である」は白と黒で50%を超えており，これを「とても少ない」とするのは無理がある。

★ワンポイントアドバイス★

論説文は，選択肢と本文との矛盾だけでなく，本文の内容を恣意的に解釈した選択肢になっていないかどうか，筆者の注目点からずれていないかどうかにも気を配ろう。古文は，教科書範囲で満足せず文法・単語知識を幅広くつけ，文章をある程度自力で訳せる力が求められる。

2023年度

入 試 問 題

2023年度

2023年度

麻布大学附属高等学校入試問題

【数　学】（50分）〈満点：100点〉

【注意】1．問題文中の[ア]，[イウ]などには，符号（−）または数字（0 ～ 9）が入ります。
ア，イ，ウ，…の一つひとつは，これらのいずれかに対応します。

2．分数の形で解答する場合は，それ以上約分できない形で答えてください。
また，分数の符号は分子につけてください。
（例．答えが$-\frac{1}{2}$となるときは，$\frac{-1}{2}$として答える）

3．根号を含む形で解答する場合は，根号の中が最も小さい自然数となる形で答えてください。また，分数の分母に根号を含む数は，分母を有理化した形で答えてください。

1　以下の問いに答えよ。

（1）　$-1+(-8)\times6$を計算すると，[アイウ]である。

（2）　$4a^2\div(-2a^2b)^3\times3a^3b$を計算すると，[エ]である。[エ]に当てはまるものを以下の⓪～⑤から一つ選べ。

⓪　$-\frac{1}{6a^7b^4}$　①　$-\frac{3}{2a}$　②　$-\frac{3}{2b^2}$　③$-\frac{1}{2ab^2}$

④　$-\frac{3}{2ab^2}$　⑤　$\frac{6a^3}{b^2}$

（3）$\sqrt{120n}$が自然数となるような最小の自然数nを求めると，$n=$[オカ]である。

（4）　$\sqrt{12}-\sqrt{48}+\frac{6}{\sqrt{27}}$を計算すると，$\frac{[キク]\sqrt{[ケ]}}{[コ]}$である。

（5）　$(x-2)^2-5(x-2)+6$を因数分解すると，$(x-$[サ]$)(x-$[シ]$)$である。
（[サ]，[シ]は順不同）

（6）　3枚の硬貨を同時に投げるとき，1枚は表が出て，2枚は裏が出る確率は$\frac{[ス]}{[セ]}$である。

（7）　右図の円Oにおいて，4点A，B，C，Dは円周上の点で，線分BCは点Oを通る。∠ADC＝122°であるとき，∠ACB＝[ソタ]°である。

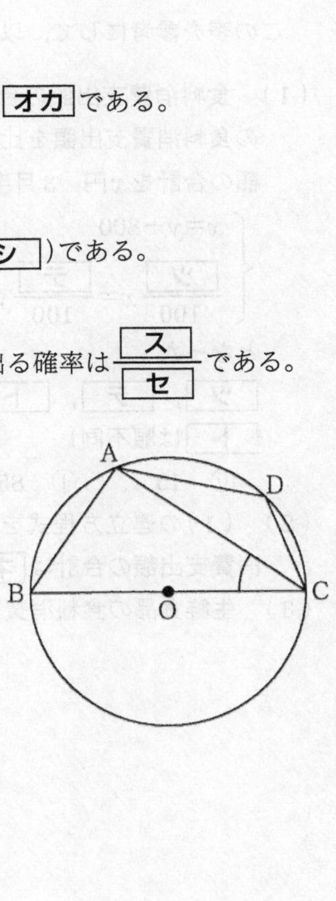

（8） a，bは0でない定数とする。2つの関数$y=ax^2$……①，$y=bx^2$……②について述べた次の(ア)～(オ)の中から，正しいものをすべて選ぶと，$\boxed{\text{チ}}$である。$\boxed{\text{チ}}$に当てはまるものを以下の⓪～⑤から一つ選べ。

(ア) $0<a<b$のとき，グラフの開き方は関数①より関数②の方が大きい。

(イ) $a<b<0$のとき，グラフの開き方は関数①より関数②の方が大きい。

(ウ) $b=-a$のとき，関数①のグラフと関数②のグラフはx軸に関して対称である。

(エ) $0<a<b$のとき，xの値が-2から-1まで増加したときの変化の割合は関数①より関数②の方が大きい。

(オ) $a=4$，$b=1$であるとする。関数①においてxの変域が$-1\leqq x\leqq 2$のときのyの変域と，関数②においてxの変域が$2\leqq x\leqq 4$のときのyの変域は一致する。

⓪ (ア)，(イ)，(オ)　① (ア)，(ウ)，(エ)　② (イ)，(ウ)，(エ)
③ (イ)，(エ)，(オ)　④ (ア)，(ウ)　⑤ (イ)，(ウ)

2

Aさんは自分の住んでいる町の一人一か月あたりの食料消費支出額の割合を調べ，表のようにデータを得た。

<表：一か月あたりの食料消費支出額の割合>

項目	生鮮食品(%)	外食(%)	調理食品(%)	合計(円)
3月	47%	25%	28%	y円
5月	60%	15%	25%	x円

この表を参考にして，以下の問いに答えよ。

（1） 食料消費支出額の合計を比べると5月度は3月度に比べて800円だけ多かった。また，外食の食料消費支出額を比べると，5月度は3月度に比べて36%減っていた。5月度の食料消費支出額の合計をx円，3月度の食料消費支出額の合計をy円として，連立方程式を作ると

$$\begin{cases} x=y+800 \\ \dfrac{\boxed{\text{ツ}}}{100}x=\dfrac{\boxed{\text{テ}}}{100}y\times\dfrac{\boxed{\text{ト}}}{100} \end{cases}$$

となった。

$\boxed{\text{ツ}}$，$\boxed{\text{テ}}$，$\boxed{\text{ト}}$に当てはまるものを以下の⓪～⑤からそれぞれ一つ選べ。（$\boxed{\text{テ}}$，$\boxed{\text{ト}}$は順不同）

⓪ 15　① 85　② 25　③ 75　④ 36　⑤ 64

（2） （1）の連立方程式を解くと，5月度の食料消費支出額の合計は$\boxed{\text{ナニヌ}}$00円，3月度の食料消費支出額の合計は$\boxed{\text{ネノハ}}$00円であった。

（3） 生鮮食品の食料消費支出額を比べると，5月度は3月度に比べて$\boxed{\text{ヒフヘ}}$0円増加した。

3 右図のように，関数$y=2x^2$が……①のグラフがある。関数①のグラフ上に2点A，Bがあり，それぞれのx座標はp，$p+4$である。また，関数①において，xの値がpから$p+4$まで増加したときの変化の割合は4である。以下の問いに答えよ。

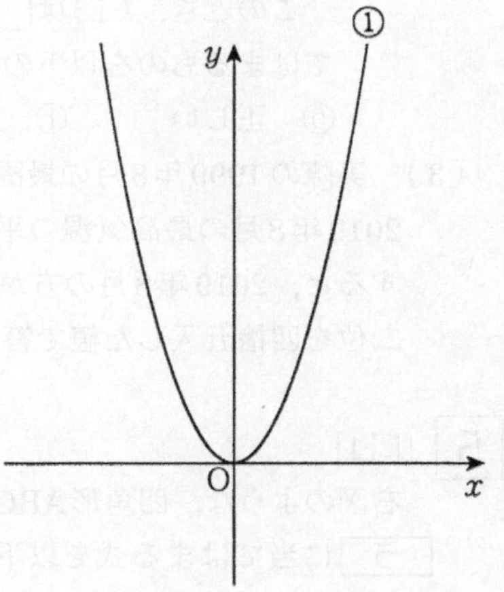

（1）$p=$ [ホマ] である。

（2） 直線ABの式は$y=$ [ミ] $x+$ [ム] である。

（3） 点C($p+4$, 0)を通り，直線ABと平行な直線がy軸と交わる点をDとする。このとき，四角形ABCDの面積は [メモ] である。また，点Dを通る直線ℓが四角形ABCDの面積を2等分するとき，直線ℓの傾きは$\dfrac{\boxed{ヤユ}}{\boxed{ヨ}}$である。

4 次の度数分布表は，ある町の1999年8月および2019年8月の1日ごとの最高気温を，階級の幅を2℃としてまとめたものである。以下の問いに答えよ。

度数分布表(最高気温)

階級(℃)	度数 1999年8月	度数 2019年8月
22以上24未満	0	0
24 ～ 26	0	0
26 ～ 28	2	1
28 ～ 30	1	3
30 ～ 32	13	5
32 ～ 34	15	11
34 ～ 36	0	11
36 ～ 38	0	0
計	31	31

（1）（ⅰ） 1999年8月のデータについて，最頻値は [ラ] ℃である。[ラ] に当てはまるものを以下の⓪～⑤から一つ選べ。

⓪ 30　① 31　② 32　③ 33　④ 34　⑤ この中にはない

（ⅱ） 2019年8月のデータについて，中央値が含まれる階級は [リ] である。[リ] に当てはまるものを以下の⓪～⑤から一つ選べ。

⓪ 26℃以上28℃未満　① 28℃以上30℃未満　② 30℃以上32℃未満

③ 32℃以上34℃未満　④ 34℃以上36℃未満　⑤ この中にはない

（2）麻布くんは度数分布表から読み取れることとして，次の(ⅰ)～(ⅲ)のように考察した。

(ⅰ)：2019年8月の最高気温が30℃以上であった日数の割合は85%を超える。

(ⅱ)：最高気温が30℃未満であった日数は，1999年8月よりも2019年8月の方が少ない。

(ⅲ)：1999年8月と2019年8月の最高気温の最小値を比べると，1999年8月の方が小さい。

このとき，(ⅰ)は[ル]，(ⅱ)は[レ]，(ⅲ)は[ロ]。[ル]，[レ]，[ロ]に当てはまるものを以下の⓪～②から一つ選べ。ただし，同じものを繰り返し選んでもよい。

⓪　正しい　　①　正しくない　　②　判断できない

(3)　実際の1999年8月の最高気温の平均値は31.5℃であった。度数分布表から考えられる実際の2019年8月の最高気温の平均値は最低でも3[ワ].[ヲ]℃であるので，最高気温を基準にすると，2019年8月の方が1999年8月よりも暑かったといえる。ただし，計算した値は小数第二位を四捨五入した値で答えること。

5

［問1］

右図のような，四角形ABCDを考える。[ン]，[あ]，[い]，[う]に当てはまる式を以下の解答群の⓪～③からそれぞれ一つ選べ。

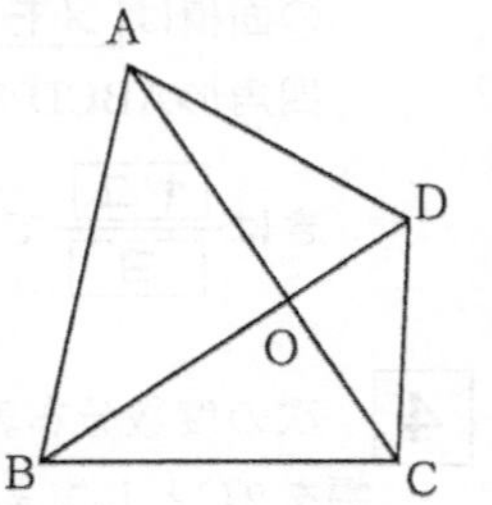

四角形ABCDにおいて[ン]と[あ]の条件が成り立つとき，四角形ABCDは平行四辺形となる。

また，[い]の条件が加わると，平行四辺形ABCDはひし形になる。

さらに，[う]の条件が加わると，正方形になる。([ン]，[あ]は順不同)

【解答群】

⓪　AC＝BD　　①　AC⊥BD　　②　AO＝OC　　③　BO＝OD

［問2］

右図のように，1辺の長さが6である正四面体OABCがある。以下の問いに答えよ。

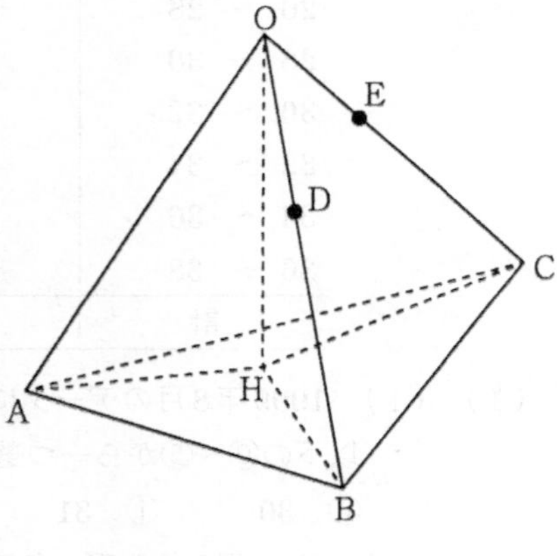

(1)　右図のように，頂点Oから底面ABCに下した垂線の足をHとする。このとき，△OAH≡△OBH≡△OCHを証明するために適する条件は[え]である。[え]に当てはまるものとして最も適当なものを以下の⓪～③から一つ選べ。

⓪　3組の辺の長さがそれぞれ等しい

①　2組の辺とその間の角がそれぞれ等しい

②　直角三角形の斜辺と他の1辺がそれぞれ等しい

③　直角三角形の斜辺と1つの鋭角がそれぞれ等しい

(2)　△ABCの面積は[お]√[か]，正四面体OABCの体積は[きく]√[け]である。

(3)　上図のように，OD＝OE＝2となるように辺OB，OC上に点D，Eをとる。このとき，(正四面体OABCの体積)：(立体OADEの体積)＝[こ]：[さ]である。

(4)　3点A，D，Eを通る面と線分OHの交点をPとするとき，(正四面体OABCの体積)：(立体PABCの体積)＝[し]：[す]である。

【英　語】(50分)〈満点：100点〉

【A】 リスニングテスト(放送の指示にしたがって答えなさい。放送を聞きながらメモをとってもかまいません。)

Part 1　チャイムの箇所に入るサラの発言として最も適当なものを選び，番号をマークしなさい。

1．[1]　① Yes, I know the doctor.
② Yes, I'm getting better now.
③ No, I feel very good today.
④ No, I didn't want to eat this morning.

2．[2]　① Where can I get them?
② Can I have some more?
③ I'll tell you how to make them.
④ I want you to tell me about them.

3．[3]　① Please show them to me.
② I'm going to visit Okinawa next month.
③ I enjoyed the trip with you.
④ Do you want to see the pictures I took?

4．[4]　① Have you finished your English homework yet?
② I think his classes are very interesting.
③ I went to bed early because I didn't have homework.
④ I wish I didn't have math homework.

Part 2　対話を聞き，それぞれのQuestionの答えとして最も適当なものを選び，番号をマークしなさい。

5．[5]　Question：When will they go shopping?
① Tomorrow afternoon.　② Tomorrow morning.
③ This afternoon.　④ This morning.

6．[6]　Question：What sports does Yuna still enjoy?
① She still enjoys tennis and soccer.
② She still enjoys swimming, basketball and tennis.
③ She still enjoys only tennis.
④ She still enjoys swimming, basketball, tennis and soccer.

7．[7]　Question：Why was Mark late for his meeting with Yuna?
① Because he was too tired to walk fast.
② Because he didn't know where to meet Yuna.
③ Because he took the wrong bus.
④ Because he couldn't find the bus stop.

Part 3　ホワイト先生の話を聞き，以下の〈イングリッシュ・パーティーについて〉を完成させるために，文中の空所(　　)に最も適当なものを選び，番号をマークしなさい。

〈イングリッシュ・パーティーについて〉

夏休みのイングリッシュ・パーティーに，生徒たちを招待するためのカード作りを手伝ってほしい。パーティーは8月1日(日)の午後1時から(　[8]　)で開催する。私のピアノの演奏に合わせて，一緒に英語の歌を歌い，私の家族やアメリカの私の町の(　[9]　)の動画を見る予定だ。みんなきっと興奮するだろう。それから，自分の(　[10]　)についてのスピーチをしてもらうので，写真を忘れずに持ってくること。パーティーでは，日本語は禁止で，英語だけを話すようにするというルールを作りたい。カードには「みんなで楽しく英語を話そう」と書いてほしい。

8．[8]

①　教室　　②　体育館　　③　会議室　　④　音楽室

9．[9]

①　学校　　②　祭り　　③　自然　　④　観光名所

10．[10]

①　趣味　　②　家族　　③　大好きなもの　　④　好きな本

※放送台本は非公表です。

【B】　次の①②③から，下線部の発音が**すべて同じもの**を選び，番号をマークしなさい。

11．[11]

①　hear　　heart　　early
②　bought　　draw　　fall
③　famous　　man　　vacation

12．[12]

①　common　　hospital　　somebody
②　ticket　　drive　　sing
③　through　　eleventh　　Thursday

【C】　(　　)の中から最も適当なものを選び，番号をマークしなさい。

13．Will you (① borrow / ② use / ③ rent / ④ lend) me your pen?　[13]

14．My sister was sick in bed, so I (① helped / ② looked / ③ took / ④ went) after her.　[14]

15．The top of the mountain is covered (① of / ② about / ③ with / ④ on) snow.　[15]

16．We (① are knowing / ② are known / ③ have been knowing / ④ have known) each other since we were in junior high school.　[16]

17．A：I don't know (① who / ② what / ③ when / ④ where) to buy for Tom's birthday present.

B：Why don't you buy some flowers?　[17]

18．The rules of softball aren't much different from (① its / ② that / ③ ones / ④ those) of baseball.　[18]

19. (① Both / ② A few / ③ Each / ④ Every) of the three girls got a prize. [19]

20. A：Do I have to attend the meeting?

B：No, you (① can't / ② don't need to / ③ haven't / ④ must not). [20]

21. She couldn't answer(① about / ② that / ③ of / ④ what) time it was. [21]

22. I met an old friend of (① my / ② I / ③ mine / ④ me) at the station. [22]

23. The news made Tom (① happiness / ② happy / ③ happily / ④ to be happy). [23]

24. Please tell(① him to bring / ② him bring / ③ to him bringing / ④ his to bring)me today's paper. [24]

25. (① If / ② But / ③ Though / ④ Because)he was very tired, he finished all of his homework. [25]

【D】 意味の通る文に並べ替えた際，**問題番号**にくる語句を選び，番号をマークしなさい。ただし，文の先頭にくる文字も小文字で表記されている。

26. ______ ______ ______ ______ [26] ______ ______ .

① with / ② is / ③ there / ④ wrong / ⑤ smartphone / ⑥ your / ⑦ something

27. Was ______ ______ ______ ______ ______ [27] ______ ______ the typhoon?

① you / ② it / ③ for / ④ hard / ⑤ to / ⑥ here / ⑦ come / ⑧ in

28. ______ ______ ______ ______ [28] ______ ______ ______ . （1語不要）

① passed / ② Azabu university high school / ③ years / ④ it / ⑤ since / ⑥ I / ⑦ three / ⑧ entered / ⑨ have

29. ______ singer ______ [29] ______ ______ as that ______ . （1語不要）

① about / ② tall / ③ is / ④ as / ⑤ more / ⑥ movie star / ⑦ this

30. ______ Emi [30] ______ ______ ______ ______ .（1語不要）

① quite / ② asked / ③ were / ④ was / ⑤ the questions / ⑥ Hanako / ⑦ difficult

31. Please ______ ______ ______ ______ ______ [31] ______ in Azabu hotel. （1語不要）

① will / ② the / ③ cheapest / ④ room / ⑤ have / ⑥ you / ⑦ me / ⑧ show

32. ______ ______ ______ ______ ______ [32] ______ ______ .

① take / ② of / ③ let's / ④ your / ⑤ the statue / ⑥ photo / ⑦ in / ⑧ front

33. *Champuru* ______ ______ ______ [33] ______ ______ ______ ______ . （1語不要）

① is / ② most / ③ popular / ④ dish / ⑤ in / ⑥ it / ⑦ the / ⑧ homemade / ⑨ Okinawa

34. ______ ______ ______ ______ ______ [34] ______ ______ ______ Yabe ?

① time / ② does / ③ from / ④ Machida / ⑤ how / ⑥ to / ⑦ much / ⑧ it / ⑨ take

【E】 次のテニスクラブの広告を読んで，あとの問いの答えとして最も適当なものを選び，番号をマークしなさい。

Charleston Tennis Club

Welcome to the Charleston Tennis Club! The Charleston Tennis Club, one of the largest tennis clubs in the city, is about a 10-minute walk from Charleston Station. We have many instructors who can help you improve your tennis skills.

We have :

・20 tennis courts ＊[1] *including* 5 indoor courts
・Private and group lessons from instructors
・Spring and autumn tournaments and ＊[2] *league games*
・Junior programs and summer camps
・Holiday events for everyone to enjoy

The ＊[3] *benefits* members can get are :

・Discount on court time ＊[4] *fees*
・Discount on lesson fees
・Discount on junior program fees
・Free entry to club tournaments

Court Time Fees (＊[5] *per* hour, per court) :

	Time Periods	Member	Non-Member
Mon. – Fri.	8 a.m. – 4 p.m. / 9 p.m. – 11 p.m.	$32	$50
	4 p.m. – 9 p.m.	$47	$80
Sat. / Sun.	8 a.m. – 9 a.m. / 5 p.m. – 9 p.m.	$32	$50
	9 a.m. – 5 p.m.	$47	$80

Private / Group Lesson Fees (per hour, per person) :

	Private Lesson		Group Lesson	
Instructor	Member	Non-Member	Member	Non-Member
＊[6] *Head Coach*	$105	$120	$95	$110
＊[7] *Senior* Coach	$95	$110	$85	$100
Coach	$80	$105	$70	$95

Notes :

All ＊[8] *cancellations* must be made 24 hours ＊[9] *in advance*.
Late cancellations will be ＊[10] *charged* for the full fees.

（注） ＊[1] *including* 〜を含めて　＊[2] *league game* リーグ戦　＊[3] *benefit* 特典　＊[4] *fee* 料金
＊[5] *per* 〜ごと　＊[6] *head coach* ヘッドコーチ　＊[7] *sentor* 上級の
＊[8] *cancellation* キャンセル　＊[9] *in advance* 前もって　＊[10] *charge* 請求する

35. テニスクラブについて，**正しいものを二つ**選び，番号をマークしなさい。[35]（[35]に二つともマークすること）

　① 駅から徒歩約10分の，市内最大のテニスクラブの1つである。

　② 屋外と屋内を含めて，合計25面のテニスコートがある。

　③ 年に1回のトーナメントとリーグ戦が開催されている。

　④ 会員はサマーキャンプに割引料金で参加できる。

　⑤ 会員はトーナメントに無料で申し込むことができる。

36. レッスン料金について，**正しくないものを二つ**選び，番号をマークしなさい。[36]（[36]に二つともマークすること）

　① レッスン当日のキャンセルについては，料金は全額請求される。

　② 会員は常に15ドルのレッスン料金の割引が受けられる。

　③ レッスン料金はレッスンを一緒に受ける人数によって異なる。

　④ 土曜日と日曜日はレッスン料金が平日よりも高くなっている。

　⑤ レッスン料金は指導員のレベルによって3段階に設定されている。

37. 会員が日曜日の午前8時から午前11時まで屋内コートを1面利用した場合，コートの使用料金はいくらになるか。最も適当なものを選び，番号をマークしなさい。[37]

　① 96ドル　　② 126ドル　　③ 141ドル　　④ 210ドル

【F】 次の会話文を読んで，あとの選択肢から空所に最もふさわしいものを選び，それぞれ番号をマークしなさい。

One day after school, Kenta and Ryosuke were talking in a classroom. Then, their new English teacher, Mr. Allan, came there and talked to them.

Mr. Allan：Hi. You are... Kenta and Ryosuke, right?

Kenta　　：Hello, Mr. Allan. That's right. Oh, you have already remembered our names.

Mr. Allan：Yes. But actually, it was a little difficult for me to remember Japanese names. By the way, what are you doing?

Kenta　　：Our school will have a school festival next month. We are talking about it.

Ryosuke　：Yes. ([38])

Mr. Allan：Oh, are you members of the music club?

Kenta　　：Yes, we are. We like music very much.

Ryosuke　：Well, this year is the 50th [*1]*anniversary* of our school. And we [*2]*celebrate* it at the festival next month.

Mr. Allan：Oh, really? That sounds exciting!

Kenta　　：Yes. I'm sure more people will come to our festival than [*3]*usual*. We want all of them to enjoy themselves. But we have never played in a [*4]*band* in front of so many people. ([39]) And we have only a month before the festival.

Ryosuke　：Oh, Mr. Allan! You said in our class you played the drums when you were a student. Will you give us some [*5]*advice*?

Mr. Allan：Of course. First, you should practice very hard. You still have one month before you play at the festival. *[6]_Even if_ it is difficult for all the band members to practice together, you can practice alone. Second, you should play songs that are popular among many people. ([40])

Kenta　：I see. We will play some of the songs everybody knows.

Mr. Allan：Good. And third, — this is the most important of all — you should smile and enjoy playing. If you look happy, people who listen to your performance will feel happy, too.

Ryosuke　：Thank you for your advice, Mr. Allan. We ourselves want to enjoy our music. Will you come to hear our performance?

Mr. Allan：OK. I will ask my friends to come with me.

Kenta　：Thank you very much, Mr. Allan.

（注） *[1]_anniversary_ 記念　*[2]_celebrate_ 祝う　*[3]_usual_ いつもの　*[4]_band_ バンド
*[5]_advice_ アドバイス　*[6]_even if_ たとえ～でも

① There are about 25 members in the music club.
② I can't wait for them to hear our performance.
③ They will feel happy to hear the songs they like.
④ We are going to make a band and perform at the festival.
⑤ This is one of the most popular songs among us.
⑥ I get a little nervous when I think about doing so.

【G】 次の英文は，あるカナダ人の男性が書いたエッセイである。これを読んで，あとの問いの答えとして最も適当なものを選び，番号をマークしなさい。

*[1]_Despite_ our cultural differences, we're all human. And to be human means to have feelings. People feel happy to be with friends. They feel sad when *[2]_parting from_ loved ones. They feel afraid when they faced with danger. And they feel angry at *[3]_injustice_.

*[4]_Regardless of_ *[5]_race_ or *[6]_nationality_, we all feel happy, sad, angry and afraid. *[7]_Even if_ people come from different countries, (ア).

Having feelings is one thing. Showing them is another. In different cultures, people are taught to *[8]_handle_ feelings in different ways. In some countries, they show feelings *[9]_openly_. In others, they don't show how they feel.

I first experienced イ<u>this</u> in 1979. I just arrived in Japan and was working in Kobe. One day I got a letter from a Japanese friend. He was studying in Canada and was getting ready to return home. He knew I was interested in Japanese culture and invited me to visit his family. I was glad to join him and looked forward(ウ) family life in Japan.

I met my friend at the airport after his long *[10]_flight_ from Canada. Then, we took a train together to his hometown. My friend didn't see his family for about a year. I tried to imagine the strong feelings he was having.

When we got to his house, I thought an exciting meeting with *[11]_joy_, and *[12]_tears_ of happiness was waiting again. And I thought I could see my friends jumping up and down with *[13]*excitement*. I was sure that his mother would *[14]*hug* him to welcome him home. I would be lucky enough to see this *[15]*emotional* event.

When his mother opened the door, however, everything was *[16]*surprisingly* quiet. My friend said, "Tadaima"(I'm home). His mother answered, "O-kaeri nasai"(Welcome back). That was it. No hugs. No tears. No feelings. エI couldn't believe it!

オTheir actions didn't make any sense. My friend lived in a foreign country for a year. However, they were acting like he was away for an hour and just got back from the corner store. I couldn't understand why they didn't show any feelings. Were they robots? Didn't they care about each other?

Later, I asked my friend to explain their strange action. "In Japan," he said, "we don't show our feelings in front of others. Becoming an adult in Japan means learning to control your feelings and keep them inside. For us, it seems strange that you *[17]*Westerners* show your feelings so openly. You laugh and cry in front of other people just like little children. It's（　カ　）for us to understand!"

People from different cultures are the same inside. We're just taught to act in different ways. One *[18]*challenge* of *[19]*cross-cultural understanding* is learning to see our common *[20]*humanity* behind our different customs and actions.

（注） *[1]*despite*　～にもかかわらず　*[2]*part from* ～　～と別れる　*[3]*injustice*　不正
*[4]*regardless of* ～　～にかかわらず　*[5]*race*　人種　*[6]*nationality*　国籍
*[7]*even if*　たとえ～でも　*[8]*handle*　扱う　*[9]*openly*　公然と
*[10]*flight*　飛行機の旅　*[11]*joy*　喜び　*[12]*tear*　涙
*[13]*excitement*　興奮　*[14]*hug*　抱きしめる　*[15]*emotional*　感情的な
*[16]*surprisingly*　驚くほど　*[17]*Westerner*　西洋人　*[18]*challenge*　課題
*[19]*cross-cultural understanding*　異文化理解　*[20]*humanity*　人間性

41.（　ア　）に入れるのに最も適当なものを選び，番号をマークしなさい。41

① they often feel differently
② they have good feelings for each other
③ they don't know how others feel
④ they have the same feelings

42. 下線部イの内容として最も適当なものを選び，番号をマークしなさい。42

① 友だちと一緒にいると幸せな気分になること。
② 自分がどのように感じているかを隠すこと。
③ 日本人の友だちの家を訪れたこと。
④ 自分の感情を家族に伝えること。

43.（　ウ　）に入れるのに最も適当なものを選び，番号をマークしなさい。43

① to experience　② to experiencing
③ experiencing　④ experienced

44. 下線部**エ**の理由として最も適当なものを選び，番号をマークしなさい。44

① カナダから帰国して自宅に戻った友だちが興奮して飛び跳ねていたから。

② 友だちの帰宅を喜んで，母親が友だちに抱きついたから。

③ 友だちと母親の1年ぶりの再会が想像していたものと違ったから。

④ 楽しみにしていた日本の家族生活を体験することができたから。

45. 下線部**オ**の意味として最も適当なものを選び，番号をマークしなさい。45

① 彼らの行動は道理にかなっていなかった。

② 彼らの行動は奇妙に思われた。

③ 彼らの行動は感覚的なものだった。

④ 彼らの行動は常識外れだった。

46.（ **カ** ）に入れるのに最も適当なものを選び，番号をマークしなさい。46

① easy　② possible　③ important　④ hard

47. When the writer was working in Kobe, 47 .

① he sometimes received letters from his friend living in Japan

② he asked his Japanese friend to let him meet his family

③ his Japanese friend returned from Canada and invited him to his home

④ his Japanese friend taught him a lot about Japanese culture

48. Why did the writer's friend invite him to visit his family? 48

① Because the writer asked him to introduce him to his family.

② Because the writer wanted to experience Japanese family life.

③ Because he was taken good care of by the writer's family in Canada.

④ Because he knew the writer was interested in Japanese culture.

49. How do people in Canada handle their feelings? 49

① They try to hide their feelings.

② They show their feelings openly.

③ They don't have any feelings.

④ They don't know how to handle their feelings.

50. 以下の各文について，本文の内容と**一致するものを二つ**選び．番号をマークしなさい。50
（50に二つともマークすること）

① When cultures are different, people have different ways of handling their feelings.

② The writer met his Japanese friend at the station and took a train to his home.

③ The writer was glad to see an emotional meeting with joy, and tears.

④ The writer understood why his friend showed no feelings when he met his mother.

⑤ Japanese people believe that adults should not show their feelings in front of others.

⑥ We should try to handle feelings in different ways for cross-cultural understanding.

① 【資料】のBで「日本語がないと日本人同士の意思疎通ができないから」という回答がおよそ四割であるという結果を見ると、筆者が述べるように、世界のいろいろな国において、その国の国語が文化を支えるものであるという考え方が、令和の時代の日本人にもあることがわかるね。

② 筆者は、国語と日本語がほとんど同じであることは、日本人の優れた特色と考えているけれど、【資料】のBで「日本語は日本の文化そのものであり、文化全体を支えるものだから」という回答が五割近くと多いことから、日本語の本質を令和の時代の日本人が自覚していることがわかるね。

③ 【資料】のBで「日本語は自分が日本人であるための根幹であるから」など、四割以上の高い割合の回答を得ている項目を見ると、筆者が述べている、国語と日本語はほとんど同じだという日本人の意識は、令和の時代を生きる日本人の心の中にも存在し続けているということがわかるね。

④ 筆者は、日本では国語と日本語がほとんど同じだと述べているけれど、【資料】のBで「日本語は日本の文化そのものであり、文化全体を支えるものだから」という回答の割合の高さの順位が一位でなく二位であることから、令和の時代には、国語と日本語が同じだと考える人は少ないことがわかるね。

欄にマークしなさい。問番号は 33 。

① 漢文で書かれていた理論的な著作文章と笑話や落語は取り上げず、小説などを扱って、全体の記述は誰にでもわかるよう、世界にも通用するように記述したということ。

② 漢詩漢文、小説や歌、口で話した物語や落語の類をみんな扱って文学の層を広げて考え、日本語で日本人にしか通用しないような概念を使って記述したということ。

③ 今までの日本文学史で多く扱われてきた小説などは除き、日本人の書いた漢詩漢文、落語や笑話、民謡や民話などについて、普遍的な概念を使って記述したということ。

④ 小説や歌のほか、日本人による漢詩漢文や口承の文学を扱い、客観的で学問的な情報として、どこでも通用する普遍的な概念を使って日本文学史を記述したということ。

問四 筆者は、『日本文学史序説』という本をどのような思いで書いたか。正しいものを、後の①～④のうちから一つ選び、その記号を解答欄にマークしなさい。問番号は 34 。

① ナショナリズムを一度否定して、どこの国の文学も平等の立場において比較して知の世界で評価しなおしてみると、日本文学は他のどの文学よりも面白い文学であるという思い。

② 日本文学を日本の中だけでなく、世界文学の一つとしてみて、さまざまな国の文学と平等な立場で比較したり共通に論じたりできるような知の世界で評価しなおしたいという思い。

③ ナショナリズムにとらわれず、日本文学を世界文学の一つとしてとらえ、外国の影響、とくに中国古典文学からの影響について深く掘り下げて評価しなおしたいという思い。

④ 日本文学が好きでそれを商売としているが、ただ好きだというだけでなくて、日本の中に閉じ込められていた日本文学の作品を自分の手で多く翻訳して世界に広めたいという思い。

問五 次の【資料】は、日本語に関する世論調査の結果である。本文と【資料】から読み取ったことを述べた内容として正しいものを、後の①～④のうちから一つ選び、その記号を解答欄にマークしなさい。問番号は 35 。

【資料】

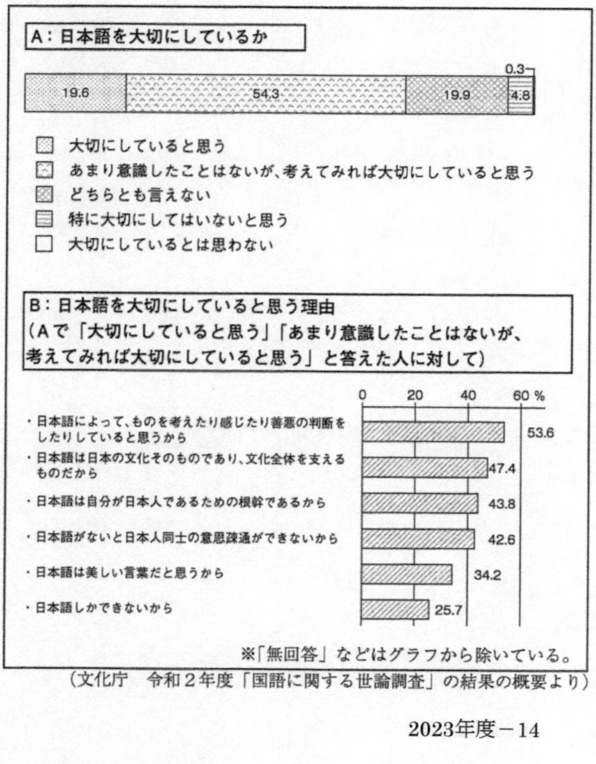

（文化庁　令和２年度「国語に関する世論調査」の結果の概要より）

どうしてもある程度、中国文学と日本文学の両方を語らなければならない。語るのに言葉が違ったのではまずい。中国文学を叙述する言葉と、日本文学を叙述する言葉が同じ概念によって語られなければ、影響関係を見極めることはできない。西洋についても同じです。だから日本にしか通用しない概念でなくて、どこでも通用する概念でつかまえようとした。

そういう特徴は読者も感じたようで、日本の読者はもちろん外国でも翻訳が多いのは、日本語ができる人ならば読みやすいからです。

私は、日本文学が好きだし、第一それが商売なのですが、ただ好きだというだけでなくて、日本の中に閉じ込められていた日本文学というものを外に引き出して、世界文学の一つとしてみて、どこの国の文学とも比較したり共通に論じることができるような場所、比較可能な知の世界で評価しなおすということを目論《もくろ》んだ。ナショナリズムを一度否定して、どこの国の文学も平等の立場において比較して、それから、さて日本文学はその中でもなかなか面白い文学だとなるわけです。

（加藤周一『私にとっての20世紀』）

（注1） ナショナリズム……他国からの干渉をきらい、自国の統一や独立をすすめようとする思想。

（注2） 口承……歌いついだり、語りついだりして、口づてに伝えること。

（注3） 刊本……刊行された本。印刷された本。

（注4） ものの哀れ……しみじみと心に深く感じられるおもむきを指す言葉。

問一 本文中の空欄 Ⅰ ～ Ⅲ に当てはまる語句の組み合わせとして正しいものを、後の①～④のうちから一つ選び、その記号を解答欄にマークしなさい。問番号は 31 。

① Ⅰ それならば　Ⅱ かといって　Ⅲ しかるに

② Ⅰ したがって　Ⅱ なんとなれば　Ⅲ しかしながら

③ Ⅰ それなのに　Ⅱ なぜならば　Ⅲ そうすると

④ Ⅰ つまるところ　Ⅱ 要するに　Ⅲ とはいえど

問二 傍線部A「『国』という言葉」について筆者が述べていることとして、当てはまらないものを、後の①～④のうちから一つ選び、その記号を解答欄にマークしなさい。問番号は 32 。

① 「国」という言葉は古いが、「State」という意味をもつ、国家権力を中心とした国際的な社会の一つの単位としての「国家」という考え方は、明治以後に作られた。

② 英語の「We the Japanese people」を日本語だと「われら日本国民は」と言うように、英語のPeopleという言葉には本来「国」という意味が含まれている。

③ 日本ではもともと、出身地を尋ねるときにも「国」という言葉を使っていたが、「日本国」と言うときの国は英語の「State」とほとんど同じように考えられていた。

④ 英語では「国家」は「State」、「国」はおよそ「Country」であるが、日本においては「国」と「国家」を言葉としてははっきり区別する習慣がない。

問三 傍線部B「少なくともあの時点までは文学史で扱われていなかった材料をたくさん扱っています」とは、どのようなことか。正しいものを、後の①～④のうちから一つ選び、その記号を解答その国が採用した言語が国語であって、国が採用しているかいないかは、その言語の文法には関係ないことです。[Ⅰ]国文法というのはおかしい。もしその流儀でいきますと、スイスの国語は四つありますから、スイスのような国だと国文法というのは意味を成さなくなるわけです。そんなものは存在しないのです。

日本では国文学ともいいます。私は『日本文学史序説』という本を書きましたが、国文学序説とはしなかった。[Ⅱ]それは日本語の文学のことを指しているので、日本国であるのかどうかは関係ないからです。

（中略）

『日本文学史序説』は、B少なくともあの時点までは文学史で扱われていなかった材料をたくさん扱っています。

その第一は、日本文学の定義を日本人の書いた文学としたことです。必ずしも日本語で書いたとはかぎらない。かなりの部分は漢文で、中国語か中国語もどきで書いたいわゆる漢詩漢文です。それも日本文学史の中に組み込もうと考えたわけです。他方では、口承(注2)できた文学、語り物がたくさんあるので、落語とか笑話とか刊本(注3)になっていないものはわかりませんけれども、後で書き留められた文献も使った。民謡の歌詞とか民話の場合、大部分は書き留めたものが残っているけれども、今までそういうものは日本文学史にほとんど出てきていないのでそれを取り入れたのです。

今までの日本文学史はその中間だと思うのです。大半が漢文で書かれていた理論的な著作文章と笑話とか落語は取り上げず、中間の小説などを文学者は扱っていた。私はその三つすべてを取り入れました。上段の漢文の議論とそれから日本語で書かれた小説とか歌などと、それから口で話した物語や落語の類のものとその三段をみんな扱って、文学というものの層を広げて考えたということが一つです。

第二に、日本語で日本人にしか通用しないような概念をたくさん使って、そういう言葉で日本文学史を充実するのではなくて、どこでも通用する普遍的な概念を使って日本文学史を充実したいと思いました。その理由は、客観的な学問的な情報というものは、本来国際的であるべきだという考えからです。翻訳をすればどこにも通じる学問ということです。

しかし問題は、日本語でなくて普遍的な概念を使って日本文学史を記述することの難しさでした。〝ものの哀れ〟(注4)といっても、もちろんそれに相当するヨーロッパ語はありません。どうしても使わなければならないときは、特殊な日本語を説明しなければならない。しかし、全体の記述は誰にでもわかるという建前を取りました。

そう考えた理由の一つは、私が自然科学の世界で生きていたからかもしれません。日本にだけ通用する医学論文というのは成り立たないわけで、何か新しいことをやるには世界でやっていないことをやらなければいけないわけです。

もう一つ、日本の文学は奈良朝から江戸時代の終《おわ》りまで中国古典文学の影響を強く受けています。そもそも外国の影響の強い文学なのです。そして明治以後の近代文学は西洋の影響を受けている。

あまりにも強い影響がありますから、中国の文学とか西洋の文学がどういうものかということをはっきりさせないで、日本文学はこうなりました、ああなりましたというのでは意味をなさない。[Ⅲ]

昔からかなり長い間、日本はだいたい一国一言語だといってきたのです。方言は強いけれど、しかしそれでも日本語ですから、国語といっても日本語といってもほとんど同じなのです。それが第一の理由です。

もう一つの理由は、日本には国という言葉と国家という言葉を、はっきり区別する習慣がないのです。国という言葉は古い言葉ですが、国家のほうは新しい言葉です。国家という言葉自体はあったのですが、今のStateという意味で、国家権力を中心とした国際的な社会の一つの単位としての国家という考え方は新しい。「国家」は明治以後作られたものです。徳川時代まではそういう意味で国家という言葉を使っていない、その必要がなかったのです。

英語でいえば国家はStateで、国のほうはおよそCountryです。「お国はどこですか」と日本語でいう場合は、昔は――近ごろはあまりいわないけれども――「京都です」とか「信州です」といったりした。そういう場合、信州は〝国〟に入っているわけです。しかし、〝日本国〟というときの国は〝State〟とほとんど同じように考えられていたということです。

その代表的な例は日本国憲法です。「われら日本の人民は」という箇所は、英語だと「We the Japanese people」となる。ところが日本語だと、「われら日本国民は」と〝国〟が入っている。その場合の国という字は「We the Japanese people」には入っていないのです。〝Country〟も〝State〟も入っていない。なぜだろうということです。「国民」はPeopleとは違うと思うのです。Peopleという言葉は人々です。小人数でも一つの国の人民でもPeopleというわけです。どこの国もPeopleです。たとえばAmerican peopleというとき、そのPeopleという言葉はメキシコ人にも使える。ところが、国民といってしまうと日本人だけに限定される。

（中略）

これはかなり大きな問題で、日本国憲法が「Japanese people」というのを、わざわざ「日本国民」と表記するやり方は外国では通用しません。なぜそう表記するかというと、中国人や韓国人となんの関係もありませんという宣言だからです。これは、よくない意味でのナショナリズム（注1）です。日本人だけの問題で、ほかの人の問題ではないということは、比較を消し去ることになる。平等であるもないも、そもそもそういうことが問題になり得ないのです。

だから、人権の問題が出てきても、日本はそういう考えをもっていないのです。人権というのは日本国民の権利ではありません。あらゆる人間の権利が人権ですから、それはPeopleから引き出すことはできても国民からは引き出せない。

また先述したように、日本では日本語といっても国語といっても同じなのです。日本語をもし言語の名前だとすれば、たとえばフランス語とかドイツ語とかも言語の名前です。フランスでは、日本と同じように共通の言葉は一つしかなくて、今のところフランス語です。しかし、フランス語とはいうけれど国語とはいわない。

その理由は、フランス語を話す国はフランス国だけではないからです。ベルギーもスイスもカナダ・ケベック州もフランス語です。日本語の場合には、日本語を国語としている国は日本国以外にないから、国語といっても日本語といっても同じものを指すことになるのです。

③ 他の個体と集団を形成したものは滅び、一人の個体として狩猟や採集をしたものが生き残り、人類へと進化した。

④ 他の個体と心を共有し、協力することがうまくできた個体の子孫が生き残り、現在の人類へと進化した。

問三 傍線部C「『心の読み合い』の軍拡競争」とは、どのようなことか。正しいものを、後の①～④のうちから一つ選び、その記号を解答欄にマークしなさい。問番号は 28 。

① それぞれの個体が、相手の心をより深く推し量ることで自分のほうが有利になろうとして、個体同士で心を読む力を競い合うこと。

② それぞれの個体が、自分が相手の心を深く読めるということを集団の中で認めてもらうことで、より上位の立場になろうと競い合うこと。

③ それぞれの個体が、自分が生き残るために武器を作り出したり、戦う技術を高めようとしたりして、お互いの強さを競い合うこと。

④ それぞれの個体が、相手の心をより深く読める味方を増やすことで自分たちに有利な状況を作ろうとして、味方の個体の数を競い合うこと。

問四 【　】の部分では、a～eの文が本来の正しい順序で並んでいない。順序として正しいものを、後の①～④のうちから一つ選び、その記号を解答欄にマークしなさい。問番号は 29 。

① a → e → c → d → b

② a → d → c → b → e

③ c → e → d → a → b

④ c → b → a → d → e

問五 筆者が述べていることとして正しいものを、後の①～④のうちから一つ選び、その記号を解答欄にマークしなさい。問番号は 30 。

① 人間の心によって可能となった協力という行動が、他の動物の協力行動よりも格段に規模が大きく複雑なのは、人間が自分と遺伝子の似た血縁の近い範囲で、自分以外の他者にも心を見いだしているからである。

② 動物と違って人間は、道徳感情が存在している社会の中で、血縁を越えて広範囲に協力行動を拡大することができるが、協力を維持するためには裏切り者への暴力による制裁などの対抗手段がなされることもある。

③ 人間の心によって可能となった協力という行動は、他の動物と違って血縁を越えて広範囲に拡大することができるが、暴力による制裁や仲間外れ、悪い噂の流布といった、協力を放棄するための行為が見られることもある。

④ 動物と違って人間は、自分が持っているのと同じ心を他者にも見いだすことで、血縁を越えて広範囲に協力行動を拡大する一方で、裏切り者に対する怒りの気持ちや制裁といった動物的な側面も持ち合わせている。

六

次の文章を読み、後の問いに答えなさい。

日本では「国」という言葉[A]がやたらに出てきます。

ていけない」ということです。熱帯雨林からサバンナに出た人類が営んでいた狩猟採集生活は、一人ではできないのです。このことは、人間は何らかの集団に属し、そこで仲間と認められなければ生きていけないことを意味します。集団から離脱して、別の集団に移るということも簡単にはできません。そうなると、自分だけの利益と集団全体の利益が対立する状況が生まれたとき、困ったことになります。自分の利益と集団全体の利益を秤《はかり》にかけて、つねに調整しなければなりません。自分勝手な行動もできないことはない。でも、見つかるとみんなに怒られる。人間には、自分はなるべく得をしようとする気持ちもありますが、そんな「裏切り者」に対する強い怒りの気持ちもあります。「正義」や「公正」に反する行動をする者に対しては、暴力による制裁や、仲間はずれ、悪い噂《うわさ》の流布《るふ》など、いろいろな対抗手段があります。これらの行動は、「協力」とは正反対のように見えますが、「協力」を維持するために必要な機能を担っています。

これまで見てきたように人類の「心」が可能にする「協力」は、他の動物がする協力行動と比べると、格段に規模が大きく、複雑です。そして非常に重要な特徴は、動物は通常、遺伝子がかなり似ている、すなわち、血縁の近い範囲でしか協力できないのに対して、人間は血縁を越えて広範囲に協力行動を拡大することができることです。それが可能なのは、根本的には、すでに述べたように人類の「心」は、自分が持っているのと同じ「心」を他者にも見いだせるからです。

（長谷川眞理子『世界は美しくて不思議に満ちている――「共感」から考えるヒトの進化』）

（注1）性善説……人間の本性は善であるとする説。

問一 傍線部A「それと同時に、ここには『メタ認知』の要素も含まれています」とは、どのようなことか。正しいものを、後の①～④のうちから一つ選び、その記号を解答欄にマークしなさい。問番号は 26 。

① 他者の行動に心が介在していると考えるだけでなく、自分がどのような意図をもてば他者よりも優れた行動をとれるかを考えているということ。

② 他者に心を想定して、その意図や行動を解釈するときに、自分ならどのような意図でどのような行動をするかを客観的に考えているということ。

③ 他者の行動に心が介在していると考えるだけでなく、人間や動物以外の無生物に対しても心を想定してその意図や行動を解釈してしまうということ。

④ 他者に心を想定して、その意図や行動を解釈するときに、それが自分だけの解釈であって真実でないということを俯瞰《ふかん》的に認識しているということ。

問二 傍線部B「サバンナに進出していきます」とあるが、これによりどのようなことが起こったと考えられるか。正しいものを、後の①～④のうちから一つ選び、その記号を解答欄にマークしなさい。問番号は 27 。

① 他の個体と集団を形成し、他の動物ともうまく協力できた個体の子孫が生き残り、現在の人類に進化した。

② 他の個体と心を共有し、狩猟をする集団と採集をする集団とに分かれてそれぞれが生き残り、人類へと進化した。

二〇〇万年前に何が起きたのでしょうか。人類の祖先が、そのころ、熱帯雨林を出てサバンナに移動していったことと関係があると思われます。六〇〇万年前ごろから地球は寒冷化し、アフリカでは乾燥化も進んで、熱帯雨林はだんだん縮小していきます。もともとチンパンジーなどと同じく熱帯雨林に住んで、豊富に実る果実などを食べてのんびり暮らしていた人類の祖先は、自発的にか、チンパンジーとの競争に負けたからなのか、二〇〇万年前ごろからBサバンナに進出していきます。しかし、サバンナは熱帯雨林に比べると厳しい環境です。平原なので、外敵に見つけられやすい。サバンナでは水が少なく、食料は簡単には手に入りません。そこで、人類の祖先は、大きな集団を形成し、互いに協力して狩猟や採集などで食料を確保する必要にせまられたはずです。つまり、この状況で互いに「心」を共有し、協力することができなかった個体は滅び、協力がうまくできた個体の子孫が現在の人類に進化していったと考えられます。

サル類は、互いに個体識別しながらつねに一緒に暮らしており、社会行動に関する脳の働きが発達しています。集団の規模が大きくなるほど処理すべき関係の数も増えますから、脳が大きくなる。これを「社会脳仮説」と呼びます。もともとこのような「社会脳」が発達していた人類の祖先ですが、それが、より困難な状況の中で社会関係を緊密にせざるを得なくなった。そこでは、相手の「心」を読める個体が有利になったでしょうが、そういう個体どうしが社会関係を持つようになると、その中でさらに「心」を深く読める個体が有利になり、そういう個体が増えれば、さらに深く読めるほうが有利になる、というように、C「心の読み合い」の軍拡競争のようなことが起こるでしょう。

メンタライジングするようになると、他個体の表情や行動は単なるシグナルではなくなります。その表情や行動、そして言葉から相手の「心」の状態を類推することになります。これが「心」の発生です。人類は「心」を持ったことで、集団内の他のメンバーの意図や気持ちを類推し、それにつねに気を配りながら行動するようになりました。そして、そう思っている自分を含めた全体をメタ認知することで、社会関係全体を多次元的に把握できるようになりました。

【 [a] チンパンジーは、困っているチンパンジーがいても、「助けてくれ」というシグナルがそのチンパンジーから出ない限り、何もしません。

[b] ですから、人間に関しては、私は「性善説」[注1]を取ります。

[c] 最近の研究によると、他者を助けてあげたいという「心」は、生後かなり早い時期の赤ちゃんからあるようです。

[d] また、二歳くらいの赤ちゃんがお母さんの膝に抱かれているところに、重たい荷物を持って扉が開けられない、という状態の人がいるところを見せると、まったく初対面の他人なのに、赤ちゃんは扉を開けてあげようとします。

[e] たとえば、生後六ヶ月や一〇ヶ月の赤ちゃんに、簡単なアニメーションで、山に登ろうとする図形を助けるキャラクターと邪魔するキャラクターとを見せると、助けるキャラクターの方を好むことがわかりました。】

人間の社会には、「正義」や「公正」といった道徳感情がありますが、これも「協力する心」から生まれたと考えられます。その理由を考える上で非常に重要なことは、「人間は一人では生き

問五 本文中の空欄 Ｉ ・ Ⅱ に当てはまる語句の組み合わせとして正しいものを、後の①～④のうちから一つ選び、その記号を解答欄にマークしなさい。問番号は 25 。

① Ｉ 宝を失ふ　Ⅱ 宝を得たり
② Ｉ 宝を得たり　Ⅱ 宝を得たり
③ Ｉ 宝を得たり　Ⅱ 宝を失ふ
④ Ｉ 宝を失ふ　Ⅱ 宝を失ふ

五 次の文章を読み、後の問いに答えなさい。

人間の脳には、他の動物にはない特殊な能力があります。それは、他者に「心」があると想定することです。では、「心」とは何か。それは、他者を動かしている原動力です。

人間も動物も外からの刺激を受けると、その情報を脳で処理し、何らかの反応や行動を起こしますが、人間の脳はその過程に「心」が介在していると考えます。これを「メンタライジング」と呼びます。「メンタライジング」があると世界はどう見えるでしょうか。たとえば、ヘビに出会ったカエルが一目散に逃げていくのを人間が見るとします。実際に起きているのは、カエルがヘビを認識し、それを脳で処理し、ジャンプしてヘビから離れていった、という過程なのですが、人間は「カエルがヘビを見て『恐い』と思ったから逃げていった」というストーリーにします。これが「メンタライジング」です。当のカエルはヘビに対して何か不快に感じるから逃げていくのでしょうが、それを見た他のカエルが、「あのカエルはヘビを見て『恐い』と思ったから逃げているのだな」とは考えません。しかし、人間は自分に「心」があることを知っていますし、他者に「心」を想定します。そして、他の動物にも、ときには無生物にもメンタライジングしてしまいます。これは人間固有の「心」の働きです。

「メンタライジング」は、他者に「心」を想定して他者の意図や行動を解釈しようとすることです。Aそれと同時に、ここには「メタ認知」の要素も含まれています。つまり、自分がどんな心の状態のときにどのように行動するか、ということ自体を、自分で認識しているということです。

このような「心」を持たない人間以外の動物にとって、他者の発するシグナルは、単にシグナルとしてとらえて反応すれば十分です。うなり声をあげ、毛を逆立てているネコがいたら、近くのネコは「あっちへ行け」というシグナルと受け取り、そこから離れる行動をとります。このネコが相手のネコに「心」を見いだす必要はないのです。

なぜこのような「心」が人間に発生したのでしょうか。

人間らしさを生み出す人間の複雑な心を担っているのは、大脳皮質の一部で、中でも前頭部に位置する前頭前野です。ヒトの脳は体重の二パーセントにも達していますが、こんな動物はほかにいません。中でも、前頭前野が大脳全体の二九パーセントも占めていますが、チンパンジーでは一七パーセントです。

人類の系統とチンパンジーの系統が分かれたのはおよそ六〇〇万年前です。でも、当初は、人類の脳はそれほど大きくはありませんでした。約二〇〇万年前に、のちに私たちホモ・サピエンスを生むことになる「ホモ属」が出現しましたが、このころから脳がどんどん大きくなります。

(注12)宋朝《そうてう》の人、いみじき成敗とぞ、普く讃《ほ》めののしりける。心直《なほ》ければ、自《おのづか》ら天の与へて、[I]。心曲《まが》れば、(注13)冥《みやう》のとがめにて、[II]。この理《ことわり》は少しも違《たが》ふべからず。返す返すも心浄《きよ》くすなほなるべきものなり。

(『沙石集』)

(注1) 唐に賤しき夫婦有り……中国に身分の低い夫婦がいた。
(注2) 銀の軟挺……上質の銀。
(注3) 過ぐれば……暮らしているので。
(注4) 事も欠けず……不足なことはない。
(注5) 普く触れけるに……言い広めたところ。
(注6) 煩ひを出さんが為に……面倒を起こそうとして。
(注7) 国の守の許にして、是を断らしむ……国司のもとで、どちらが正しいかを判断してもらうことになった。
(注8) 眼賢くして……眼力に優れ。
(注9) 夫が状に……夫の言い分に。
(注10) 判じがたし……判定しがたい。
(注11) 尋ねて取るべし……探して取り戻すとよい。
(注12) 宋朝の人……中国の宋の時代の人々。
(注13) 冥……目に見えない神仏。

問一 傍線部A「いかばかり歎き求むらん」の意味として正しいものを、後の①～④のうちから一つ選び、その記号を解答欄にマークしなさい。問番号は[21]。

① 泣き叫ぶほど、欲しいと思うのです。
② どんなに嘆いて探していることでしょう。
③ どのくらい嘆いているか想像もできない。
④ どうして嘆き悲しむことがあろうか。

問二 傍線部B「さる事なし」とは、どのようなことを表しているか。正しいものを、後の①～④のうちから一つ選び、その記号を解答欄にマークしなさい。問番号は[22]。

① 残り一つの軟挺を探し出せなかったということ。
② 軟挺が七つあったことは不思議ではないということ。
③ 六つの軟挺を隠しておいたわけではないということ。
④ 七つあった軟挺の一つを隠したことはないということ。

問三 傍線部C「尋ぬる」の主語として正しいものを、後の①～④のうちから一つ選び、その記号を解答欄にマークしなさい。問番号は[23]。

① 妻　② 夫　③ 国の守　④ 主

問四 本文の内容として正しいものを、後の①～④のうちから一つ選び、その記号を解答欄にマークしなさい。問番号は[24]。

① 国司は、身分の低い夫婦と軟挺の持ち主の三人がどのような人かを正しく見分け、六つの軟挺を夫婦に与えた。
② 国司は、身分の低い夫婦と軟挺の持ち主の三人は皆正直だと判断したが、夫婦には軟挺六つの褒美《ほうび》を与えた。
③ 国司は、身分の低い夫婦は正直者、軟挺の持ち主は不実だと判断し、残り一つの軟挺を三人で探すように命じた。
④ 国司は、身分の低い夫婦と軟挺の持ち主の三人の人となりを判断できなかったが、軟挺を持ち主には返さなかった。

5　次の①～⑤の文の中で、文の表す意味が一通りに限られるものを一つ選び、その記号を解答欄にマークしなさい。問番号は15。

① 兄が通っている学校の先生に駅で偶然会った。
② 先生は黙って勉強をしている彼をしばらく見ていた。
③ 担任と生徒の三人が風邪をひいて学校を休んでいる。
④ 橋本君からすすめられた本を読んだが役に立たなかった。
⑤ 今回の件は前回と同じように解決するまで時間がかかるだろう。

三

次の説明に該当する選択肢を、後の①～⑤のうちから一つ選び、その記号を解答欄にマークしなさい。

1　『古今著聞集』と同じ時代の作品。問番号は16。
① 『万葉集』　② 『枕草子』　③ 『平家物語』
④ 『曾根崎心中』　⑤ 『奥のほそ道』

2　漢詩『春暁』の作者。問番号は17。
① 陶潜　② 孟浩然　③ 王維
④ 李白　⑤ 杜甫

3　川端康成の著作。問番号は18。
① 『舞姫』　② 『砂の女』　③ 『金色夜叉』
④ 『檸檬』　⑤ 『伊豆の踊子』

4　室町時代に成立した作品。問番号は19。
① 『風姿花伝』　② 『蜻蛉日記』　③ 『好色一代男』
④ 『玉勝間』　⑤ 『新古今和歌集』

5　『更級日記』の作者。問番号は20。
① 紀貫之　② 菅原孝標女　③ 藤原道綱母
④ 清少納言　⑤ 赤染衛門

四

次の文章を読み、後の問いに答えなさい。

(注1)唐《もろこし》に賤《いや》しき夫婦有り。餅を売りて世を渡りけり。夫の道の辺《ほとり》にして餅を売りけるに、人の袋を落としたりけるを見ければ、(注2)銀《しろがね》の軟挺《なんてい》六つ有りけり。家に持ちて帰りぬ。

妻、心すなほに欲なき者にて、「我等《われら》は商うて過ぐれば(注3)、事も欠け(注4)ず。この主、Aいかばかり歎《なげ》き求むらん。いとほしき事なり。主を尋ねて返し給《たま》へ」と云《い》ひければ、「誠に」とて、(注5)普《あまね》く触れけるに、主と云ふ者出来《いでき》て、是《これ》を得て、あまりに嬉《うれ》しくて、「三つをば奉《たてまつ》らん」と云ひて、既に分《わか》つべかりける時、思ひ返して、(注6)煩《わづら》ひを出《いだ》さんが為《ため》に、「七つこそ有りしに、六つあるこそ不思議なれ。一つは隠されたるにや」と云ふ。B「さる事なし。本《もと》より六つこそ有りしか」と論ずる程に、果ては、(注7)国の守《かみ》の許《もと》にして、是を断らしむ。

(注8)国の守、眼賢《まなこさかし》くして、「この主は不実の者なり。この男は正直の者」と見ながら、不審なりければ、かの妻を召して別の所にて、事の子細Cを尋ぬるに、(注9)夫が状に少しもたがはず。「この妻は極めたる正直の者」と見て、かの主、不実の事慥《たし》かなりければ、国の守の判に云はく、「この事、慥かの証拠なければ(注10)判じがたし。但《ただ》し、共に正直の者と見えたり。(注11)夫妻また詞《ことばかは》変らず、主の詞も正直に聞こゆれば、七つあらん軟挺を尋ねて取るべし。是は六つあれば、別の人のにこそ」とて、六つながら夫妻に給はりけり。

② トナリの芝生は青い

8

③ 松のハヤシを通り抜ける

④ 恒久の平和をノゾむ

⑤ 友人のワに加わる

9 旅先で盗難にアう

① 入院中の父にメンカイする

② 条件にぴたりとテキゴウする

9

③ 進学についてソウダンする

④ ヒガイの拡大を食い止める

⑤ 思いがけず友人にソウグウする

10 不自由をシいられる

① 条約をテイケツする

② 敵の陣地をセンキョする

10

③ ゴウインに列に割り込む

④ 新しい法律をセコウする

⑤ 手順を細かくシジする

二

1 次の意味を表す語句を後の①～⑤のうちから一つ選び、その記号を解答欄にマークしなさい。問番号は11。

《例外なくすべてのものにあてはまること》

① 相対 ② 原則 ③ 必然 ④ 普通 ⑤ 普遍

2 次の例文中の傍線部「ばかり」と同じ意味で用いられている「ばかり」を含む文を、後の①～⑤のうちから一つ選び、その記号を解答欄にマークしなさい。問番号は12。

（例文）昨日読み終えたばかりの本を友達におすすめした。

① 父から渡されたばかりのお小遣いを使い切ってしまった。

② 矢部駅から十分ばかり歩くと教室に着く。

③ 彼の成長ぶりにはただ感心させられるばかりだった。

④ 少しばかりの失敗をそんなに気に病む必要はない。

⑤ 倒れんばかりの足取りでなんとかゴールにたどり着いた。

3 次の①～⑤の傍線部の語のうち、一つだけ他と品詞の異なるものがある。その記号を選び、解答欄にマークしなさい。問番号は13。

① なかなか難しい質問だね。

② 彼女はあっさり賛成した。

③ 君がそう思うなら正しいのだろう。

④ ただちに出発しなさい。

⑤ その仕事をやり遂げよう。

4 次の文の傍線部の文節どうしの関係として正しいものを、後の①～⑤のうちから一つ選び、その記号を解答欄にマークしなさい。問番号は14。

あの人は確かに英語の先生だ。

① 主・述の関係

② 修飾・被修飾の関係

③ 並立の関係

④ 接続の関係

⑤ 補助の関係

【国語】（五〇分）〈満点：一〇〇点〉

一　傍線部の漢字と同じ漢字を含むものを、後の①～⑤のうちから一つ選び、その記号を解答欄にマークしなさい。問番号は[1]～[10]。

1　シュウネンを燃やす

[1]
① シュウイからの期待を背負う
② 細かい点にシュウチャクする
③ 方程式にシュウジュクする
④ 念願の仕事にシュウギョウする
⑤ 議論のシュウシュウがつかない

2　文章のコウセイを重ねる

[2]
① ケッコウ早く目的地に着いた
② 思いがけず事態がコウテンする
③ 自転車でトウゲコウする
④ 昨年の記録をコウシンする
⑤ 前線より少しコウタイする

3　結論をカイギ的に見る

[3]
① 雷警報をカイジョする
② 心境をジュッカイする
③ 休暇をカイテキに過ごす
④ 建造物がホウカイする
⑤ 各国の首脳がカイダンする

4　ゲンカクに審査する

[4]
① セッカクの申し出を断る
② カクジの責任で行動する
③ 才能がカクセイする
④ 勝利をカクシンする
⑤ 彼は委員長としてテキカクだ

5　ユウキ的に結びつく

[5]
① 反撃のキカイを待つ
② キジツまでに答える
③ 怒りやすいキシツを改める
④ キソから練習し直す
⑤ タイキ晩成の評価を受ける

6　ソクセイ栽培に取り組む

[6]
① 目標物を肉眼でトラえる
② 東ガワの窓を開ける
③ 参加者に挙手をウナガす
④ 彼は学年で一番足がハヤい
⑤ 枝をタバにしてまとめる

7　前人ミトウの記録を作る

[7]
① 彼の推理はアたっている
② 目的地にイタる道を進む
③ 墓前で故人をイタむ
④ 素足で草をフむ
⑤ スきとおる青空を見上げる

8　リンカイ点に達する

① 練習して試合にノゾむ

MEMO

大切なことはメモしておこうネ！

2023年度

解　答　と　解　説

《2023年度の配点は解答欄に掲載してあります。》

＜数学解答＞《学校からの正答の発表はありません。》

1　(1)　ア　－　イ　4　ウ　9　(2)　エ　4　(3)　オ　3　カ　0
(4)　キ　－　ク　4　ケ　3　コ　3　(5)　サ　5　シ　4　(6)　ス　3
セ　8　(7)　ソ　3　タ　2　(8)　チ　5

2　(1)　ツ　0　テ　2　ト　5　(2)　ナ　1　ニ　2　ヌ　8　ネ　1　ノ　2
ハ　0　(3)　ヒ　2　フ　0　ヘ　4

3　(1)　ホ　－　マ　1　(2)　ミ　4　ム　6　(3)　メ　6　モ　3　ヤ　5
ユ　6　ヨ　5

4　(1)　(i)　ラ　3　(ii)　リ　3　(2)　(i)　ル　0　(ii)　レ　1　(iii)　ロ　2
(3)　ワ　1　ヲ　8

5　[問1]　ン　2　あ　3　い　1　う　0　[問2]　(1)　え　2　(2)　お　9
か　3　き　1　く　8　け　2　(3)　こ　9　さ　1　(4)　し　7　す　4

○推定配点○
各4点×25　　計100点

＜数学解説＞

1　(数・式の計算，平方根，因数分解，確率，円周角，2次関数)

(1)　$-1+(-8)\times 6=-1-48=-49$

(2)　$4a^2\div(-2a^2b)^3\times 3a^3b=4a^2\div(-8a^6b^3)\times 3a^3b=-4a^2\times\dfrac{1}{8a^6b^3}\times 3a^3b=-\dfrac{3}{2ab^2}$

基本　(3)　$\sqrt{120n}=2\sqrt{30n}$　よって，$n=30$

(4)　$\sqrt{12}-\sqrt{48}+\dfrac{6}{\sqrt{27}}=2\sqrt{3}-4\sqrt{3}+\dfrac{6}{3\sqrt{3}}=2\sqrt{3}-4\sqrt{3}+\dfrac{2}{\sqrt{3}}=2\sqrt{3}-4\sqrt{3}+\dfrac{2\sqrt{3}}{3}=\dfrac{6\sqrt{3}}{3}-\dfrac{12\sqrt{3}}{3}+\dfrac{2\sqrt{3}}{3}=-\dfrac{4\sqrt{3}}{3}$

(5)　$x-2=\mathrm{A}$とおくと，$(x-2)^2-5(x-2)+6=\mathrm{A}^2-5\mathrm{A}+6=(\mathrm{A}-3)(\mathrm{A}-2)$　$\mathrm{A}=x-2$を戻して，$(\mathrm{A}-3)(\mathrm{A}-2)=(x-2-3)(x-2-2)=(x-5)(x-4)$

基本　(6)　1枚の硬貨を投げるとき，表と裏の2通りあるので，3枚の硬貨を同時に投げるときの場合の数は，$2\times2\times2=8$(通り)　1枚は表が出て，2枚は裏が出るのは(表，裏，裏)，(裏，表，裏)，(裏，裏，表)の3通りあるので，求める確率は$\dfrac{3}{8}$

基本　(7)　円周角の定理より，直径に対する円周角は90°なので，∠BDC＝∠BAC＝90°　よって，∠ACB＝∠ADB＝122°－90°＝32°

重要　(8)　2次関数は比例定数の絶対値が大きくなるとグラフの開きは小さくなる。よって，(ア)は誤り，(イ)は正しい。比例定数の絶対値が等しい2次関数のグラフは開きが等しく，比例定数が正の値のグラフは下に凸，負の値のグラフは上に凸となるため，(ウ)は正しい。$y=ax^2$に$x=-2$，-1をそれぞれ代入すると，$y=4a$，$y=a$となるので，変化の割合は$\dfrac{a-4a}{-1-(-2)}=-3a$となる。

同様に，$y=bx^2$のxの値が-2から-1まで増加したときの変化の割合は$-3b$となる。$0<a<b$のとき，$-3a>-3b$であるから，(エ)は誤り。$a=4$であるとすると関数①においてxの変域が$-1\leqq x\leqq 2$のとき，yの変域は$0\leqq y\leqq 16$，$b=1$であるとすると関数②においてxの変域が$2\leqq x\leqq 4$のとき，yの変域は$4\leqq y\leqq 16$となり，yの変域は一致しないので(オ)は誤り。

基本 **2** **(方程式の利用)**

(1)　5月度の食料消費支出額の合計をx円とすると外食の額は$\frac{15}{100}x$円，3月度の食料消費支出額の合計をy円とすると外食の額は$\frac{25}{100}y$円，5月度の外食の額は3月度に比べて36％減っているので，$\frac{15}{100}x=\frac{25}{100}y\times\left(1-\frac{36}{100}\right)=\frac{25}{100}y\times\frac{64}{100}$

(2)　$x=y+800$…①，$\frac{15}{100}x=\frac{25}{100}y\times\frac{64}{100}$…②　②より，$\frac{15}{100}x=\frac{16}{100}y$　$15x=16y$…③　①×16−③より，$x=12800$　①に$x=12800$を代入すると，$12800=y+800$　$y=12000$

(3)　5月度の生鮮食品の食料消費支出額は$12800\times\frac{60}{100}=7680$(円)，3月度は$12000\times\frac{47}{100}=5640$(円)なので$7680-5640=2040$(円)増加した。

3 **(2次関数，直線の式，図形と関数・グラフの融合問題)**

基本 (1)　$y=2x^2$に$x=p$，$p+4$をそれぞれ代入すると，$y=2p^2$，$y=2(p+4)^2=2(p^2+8p+16)=2p^2+16p+32$　よって，$\mathrm{A}(p,\ 2p^2)$，$\mathrm{B}(p+4,\ 2p^2+16p+32)$　xの値がpから$p+4$まで増加したときの変化の割合は，$\frac{2p^2+16p+32-2p^2}{p+4-p}=\frac{16p+32}{4}=4p+8$なので，$4p+8=4$　$4p=-4$　$p=-1$

基本 (2)　(1)より，A$(-1,\ 2)$，B$(3,\ 18)$　直線ABの式を$y=4x+b$とおいてA$(-1,\ 2)$を代入すると，$2=4\times(-1)+b$　$2=-4+b$　$b=6$　よって，直線ABの式は$y=4x+6$

重要 (3)　直線ABの切片をEとすると，BE//CD，BC//EDより，2組の向かい合う辺がそれぞれ平行なので，四角形BCDEは平行四辺形である。よって，ED＝BC＝18なのでD$(0,\ -12)$　四角形ABCD＝三角形ADE＋平行四辺形BCDE＝$\frac{1}{2}\times18\times1+18\times3=9+54=63$　直線ℓと直線ABとの交点をFとする。直線ℓは四角形ABCDの面積を2等分するから三角形AFD＝$63\times\frac{1}{2}=\frac{63}{2}$なので，三角形EDF＝三角形ADF−三角形ADE＝$\frac{63}{2}-9=\frac{45}{2}$　点Fのx座標をtとすると，$\frac{1}{2}\times18\times t=\frac{45}{2}$より$t=\frac{5}{2}$　点Fは直線AB上にあるから$y=4x+6$に$x=\frac{5}{2}$を代入すると$y=4\times\frac{5}{2}+6=10+6=16$よって，F$\left(\frac{5}{2},\ 16\right)$なので，直線$\ell$の傾きは$\{16-(-12)\}\div\left(\frac{5}{2}-0\right)=(16+12)\div\frac{5}{2}=28\times\frac{2}{5}=\frac{56}{5}$

4 **(資料の整理)**

基本 (1)　(i)　1999年8月のデータにおいて，度数の一番大きい階級は32℃以上34℃未満なので，その階級値は$(32+34)\div2=33$(℃)　よって，最頻値は33℃　(ii)　31日のうち中央値は小さい順に並べた値の16番目の値である。よって，中央値が含まれる階級は32℃以上34℃未満である。

重要 (2)　(i)　2019年8月の最高気温が30℃以上であった日は$5+11+11=27$(日)　よって，$\frac{27}{31}\times100=87.09\cdots$(％)なので正しい。　(ii)　最高気温が30℃未満であった日は，1999年8月は$1+2=3$(日)，2019年8月は$1+3=4$(日)なので正しくない。　(iii)　最高気温の最小値は1999年8月，2019年8月ともに26℃以上28℃未満の階級に含まれることはわかるが，実際に何℃だったかはわからないため，この度数分布表からは判断できない。

重要 (3)　2019年8月は最低でも26℃が1日，28℃が3日，30℃が5日，32℃が11日，34℃が11日である。

よって，平均値は最低でも$(26\times1+28\times3+30\times5+32\times11+34\times11)\div31=(26+84+150+352+374)\div31=31.80\cdots$(℃)　小数第二位を四捨五入して31.8℃

5 (平面図形，空間図形，証明，面積・体積の計量)

［問1］ 平行四辺形になるための条件は，2組の向かい合う辺がそれぞれ平行，2組の向かい合う辺がそれぞれ等しい，2組の向かい合う角がそれぞれ等しい，対角線がそれぞれの中点で交わる，1組の向かい合う辺が平行で長さが等しいのいずれかである。よって，四角形ABCDはAO＝OC，BO＝ODの条件が成り立てば平行四辺形となる。また，ひし形になるための条件は，平行四辺形ですべての辺が等しい，平行四辺形で対角線が垂直に交わるのいずれかである。よって，平行四辺形ABCDはAC⊥BDの条件が成り立てばひし形となる。長方形になるための条件は，平行四辺形ですべての内角が直角，平行四辺形で対角線が等しいのいずれかであり，正方形になるための条件は，平行四辺形で長方形，ひし形の条件を満たすことである。よって，ひし形ABCDにAC＝BDの条件が加わると正方形になる。

［問2］ (1) △OAHと△OBHと△OCHにおいて，OA＝OB＝OC＝6，OH＝OH＝OH，∠OHA＝∠OHB＝∠OHC＝90°より，直角三角形で斜辺と他の1辺がそれぞれ等しいので，△OAH≡△OBH≡△OCH

重要 (2) △ABCは1辺の長さが6の正三角形である。頂点Aから辺BCに下した垂線の足をIとすると，BI＝CI＝3，∠ABI＝∠ACI＝60°　△ABIにおいて三平方の定理よりBI：AB：AI＝1：2：$\sqrt{3}$なので，AI＝$3\sqrt{3}$　よって，△ABC＝$\frac{1}{2}\times6\times3\sqrt{3}=9\sqrt{3}$　また，(1)より点Hは△ABCの重心なので，AH＝$\frac{2}{3}$AI＝$\frac{2}{3}\times3\sqrt{3}=2\sqrt{3}$　△OAHにおいて三平方の定理より，OH＝$\sqrt{6^2-(2\sqrt{3})^2}=\sqrt{36-12}=\sqrt{24}=2\sqrt{6}$　よって，正四面体OABC＝$\frac{1}{3}\times9\sqrt{3}\times2\sqrt{6}=18\sqrt{2}$

重要 (3) △OBCと△ODEにおいて，OB：OD＝OC：OE＝6：2＝3：1，∠BOC＝∠DOEより，2組の辺の比とその間の角がそれぞれ等しいので，△OBC∽△ODE　相似比は3：1なので面積比は$3^2:1^2=9:1$　正四面体OABCと立体OADEの底面をそれぞれ△OBC，△ODEとすると高さは頂点Aから底面に下ろした垂線で等しいので，(正四面体OABC)：(立体OADE)＝(△OBC)：(△ODE)＝9：1

やや難 (4) 線分DEとOIの交点をQとする。△ADE，△ODEはそれぞれAD＝AE，OD＝OEの二等辺三角形だから点Pは線分AQとOHの交点である。(2)より△OBC∽△ODEの相似比は3：1だからOI：OQ＝3：1　△OAIにおいて点Oを通り線分AIに平行な直線と直線AQとの交点をRとする。△QAI∽△QROで相似比はQI：QO＝2：1だからAI：RO＝2：1　$3\sqrt{3}$：RO＝2：1　RO＝$\frac{3}{2}\sqrt{3}$　△PAH∽△PROでPH：PO＝AH：RO＝$2\sqrt{3}:\frac{3}{2}\sqrt{3}=4:3$　よって，OH：PH＝7：4であり，正四面体OABCと立体PABCの底面を△ABCと見ると底面は等しいので，(正四面体OABC)：(立体PABC)＝OH：PH＝7：4

★ワンポイントアドバイス★

基本的な問題がほとんどであるが，関数・図形問題には思考力を問う問題も含まれる，誘導形式となっている。

＜英語解答＞《学校からの正答の発表はありません。》

【A】 リスニングテスト解答省略

【B】 [11] ② [12] ③

【C】 [13] ④ [14] ② [15] ③ [16] ④ [17] ② [18] ④ [19] ③ [20] ②
[21] ④ [22] ③ [23] ② [24] ① [25] ③

【D】 [26] ① [27] ⑦ [28] ⑤ [29] ① [30] ② [31] ⑥ [32] ⑧ [33] ③
[34] ⑨

【E】 [35] ①，⑤ [36] ②，④ [37] ②

【F】 [38] ④ [39] ⑥ [40] ③

【G】 [41] ④ [42] ② [43] ② [44] ③ [45] ① [46] ④ [47] ③ [48] ④
[49] ② [50] ①，⑤

○推定配点○
各2点×50([35]，[36]，[50]各完答)　計100点

＜英語解説＞

【A】 リスニングテスト解説省略。

【B】 (発音問題)

[11] ①は左から [iər]，[ɑːr]，[əːr]。②はすべて [ɔː]。③は左から [ei]，[æ]，[ei]。

[12] ①は左から [ɑ]，[ɑ]，[ʌ]。②は左から [i]，[ai]，[i]。③はすべて [θ]。

基本【C】 (語句補充・選択：単語，熟語，前置詞，現在完了，疑問詞，代名詞，助動詞，間接疑問，不定詞，接続詞)

[13] 「私にあなたのペンを貸してくれませんか」 lend「～を貸す」

[14] 「私の妹は病気で寝ていたので，私は彼女を看病した」 look after ～「～の世話をする」

[15] 「その山の頂上は雪で覆われている」 be covered with ～「～で覆われている」

[16] 「私たちは中学校にいた時からお互いを知っている」 継続を表す現在完了の文。

[17] A：トムの誕生日プレゼントに何を買うべきかわからない。／B：花を買ったらどう？ <what to ＋動詞の原形>「何を～するべきか」

[18] 「ソフトボールのルールは野球のルールとあまり変わらない」 those は the rules を指す。

[19] 「その3人の少女たちはそれぞれ賞を取った」 <each of the ＋複数名詞>「各～，～のそれぞれ」

[20] A：私は会議に出席しなくてはなりませんか。／B：いいえ，その必要はありません。 don't need to ＋動詞の原形>≒<don't have to ＋動詞の原形>「～する必要はない，～しなくてもよい」

[21] 「彼女は何時か答えられなかった」 what time it was は間接疑問で「何時か」を表す。

[22] 「私は駅で旧友の1人に会った」 a friend of mine「私の友達のうちの1人」

[23] 「そのニュースはトムを喜ばせた」 <make ＋目的語＋形容詞>「～を…にする」

[24] 「私に今日の新聞を持ってくるよう，彼に言ってください」 <tell ＋人＋ to ＋動詞の原形>「(人)に～するように言う」

[25] 「彼はとても疲れていたけれども，すべての宿題を終わらせた」 Though …，～「…だけれども～」

重要【D】（語句整序：熟語，前置詞，不定詞，現在完了，比較，関係代名詞，疑問詞）

26 There is something wrong with your smartphone(.)「あなたのスマートフォンはどこかおかしい」 There is something wrong with ～「～はおかしいところがある，～はどこかおかしい」

27 (Was)it hard for you to come here in(the typhoon?)「台風の中ここに来るのはあなたにとって大変でしたか」 <It is … for ＋人＋ to ＋動詞の原形>「(人)にとって～することは…だ」

28 Three years have passed since I entered Azabu university high school(.)「私が麻布大学附属高校に入学してから3年経った」 現在完了の文。pass「(月日が)経つ」 ④ it は不要。

29 This(singer)is about as tall(as that)movie star(.)「この歌手はあの映画スターと同じくらい背が高い」 as … as ～「～と同じくらい…」 ⑤ more は不要。

30 The questions(Emi)asked Hanako were quite difficult(.)「エミがハナコに尋ねた質問はかなり難しかった」 Emi の前に目的格の関係代名詞が省略されており，Emi asked Hanako「エミがハナコに尋ねた」が questions を後ろから修飾する。文全体の主語 The questions は複数名詞なので，be 動詞は were となり，④ was が不要。

31 (Please)show me the cheapest room you have(in Azabu hotel.)「麻布ホテルにある最も安い部屋を私に見せてください」 you の前に目的格の関係代名詞が省略されており，you have in Azabu hotel「あなたが麻布ホテルに持っている(麻布ホテルにある)」が room を後ろから修飾する。① will が不要。

32 Let's take your photo in front of the statue(.)「その像の前であなたの写真を撮りましょう」 take a photo「写真を撮る」 ここでは your photo で「あなたの写真」とする。in front of ～「～の前で」

33 (*Champuru*)is the most popular homemade dish in Okinawa(.)「チャンプルーは沖縄で最も人気のある家庭料理だ」 popular は most を付けて最上級にする。また最上級には the を付ける。⑥ it が不要。

34 How much time does it take from Machida to(Yabe?)「町田から矢部までどのくらい時間がかかりますか」 動詞 take は It を主語にして「(時間が)かかる」を表す。

重要【E】（資料読解問題：内容吟味，内容一致）

（全訳） チャールストン・テニスクラブ

チャールストン・テニスクラブへようこそ！ 市内最大のテニスクラブの1つであるチャールストン・テニスクラブは，チャールストン駅からおよそ徒歩10分です。大勢のインストラクターが，あなたがテニスの腕前を上げるのをお手伝いします。

特徴

- インドアコート5面を含む，20面のテニスコート
- インストラクターによる，個人レッスンとグループレッスン
- 春と秋のトーナメントおよびリーグ戦
- ジュニアプログラムとサマーキャンプ
- 誰もが楽しめる休日イベント

会員の受けられる特典

- コート料金の割引
- レッスン料金の割引
- ジュニアプログラム料金の割引
- クラブトーナメントの参加無料

コート使用料金(1時間につき，1面につき)

	時間	会員	非会員
月－金	午前8時－午後4時／午後9時－午後11時	32ドル	50ドル
	午後4時－午後9時	47ドル	80ドル
土・日	午前8時－午前9時／午後5時－午後9時	32ドル	50ドル
	午前9時－午後5時	47ドル	80ドル

個人レッスン／グループレッスン費用(1時間につき，1人につき)

	個人レッスン		グループレッスン	
インストラクター	会員	非会員	会員	非会員
ヘッドコーチ	105ドル	120ドル	95ドル	110ドル
上級コーチ	95ドル	110ドル	85ドル	100ドル
コーチ	80ドル	105ドル	70ドル	95ドル

注
キャンセルは全て24時間前に行ってください。
キャンセルが遅れた場合，全額が請求されます。

[35] ①，⑤が正しい。②(×)　合計25面ではなく20面。　③(×)　年1回ではなく年2回。④(×)　サマーキャンプの割引はない。

[36] ②(×)　常に15ドルの割引ではない。コーチのレッスンの場合，個人レッスンでもグループレッスンでも会員は25ドル割引される。　④(×)　レッスン料金は曜日による違いはない。

[37] コート使用料金表の土日の会員の料金を参照する。午前8時から9時まで32ドル。9時から11時までは，47ドル×2時間=94ドル。よって合計②126ドルとなる。

【F】 (会話文読解問題：文補充・選択)

(全訳) ある日の放課後，ケンタとリョウスケが教室で話していた。その時，新しい英語の先生，アラン先生がやってきて彼らに話しかけた。

アラン先生：やあ。君たちは…ケンタとリョウスケだね？

ケンタ　　：こんにちは，アラン先生。そうです。先生はもう僕たちの名前を覚えたのですね。

アラン先生：そうだよ。でも実は日本人の名前を覚えるのは私にとって少し難しかった。ところで，君たちは何をしているの？

ケンタ　　：僕たちの学校は来月，学園祭があります。僕たちはそれについて話しています。

リョウスケ：そうです。[38]僕たちはバンドを作って学園祭で演奏するつもりです。

アラン先生：君たちは音楽部の部員なの？

ケンタ　　：そうです。僕たちは音楽が大好きです。

リョウスケ：今年は僕たちの学校の創立50周年です。そして僕たちは来月の学園祭でそれをお祝いします。

アラン先生：本当？　それはわくわくするね！

ケンタ　　：はい。いつもより多くの人たちが僕たちの学園際に来ると思います。僕たちはみんなに楽しんでもらいたいです。でも僕たちはそんなに大勢の人の前でバンド演奏したことがありません。[39]そうすることについて考えると，僕は少し緊張します。それに学園祭まで1か月しかありません。

リョウスケ：ああ，アレン先生！　先生は授業の時に，学生のころドラムを演奏していたと言いましたよね。僕たちにアドバイスをくれませんか。

アラン先生：もちろん。まず，一生懸命に練習すべきだ。学園祭で演奏する前に，まだ1か月ある。たとえバンドのメンバー全員が一緒に練習するのが難しくても，1人で練習することができる。次に，たくさんの人に人気のある曲を演奏すべきだ。[40]彼らは自分が好きな曲を聞いてうれしく感じるだろう。

ケンタ　　：わかりました。僕たちはみんなが知っている曲をいくつか演奏します。

アラン先生：いいね。そして3番目に，これは最も大切なことだが，笑顔で楽しんで演奏するべきだ。君たちが幸せそうだと，君たちの演奏を聞く人たちも幸せな気分になる。

リョウスケ：アドバイスありがとうございます，アラン先生。僕たちも自分たちの音楽を楽しみたいです。僕たちの演奏を聞きにきてくれませんか？

アラン先生：いいよ。友達も一緒に来るよう誘うよ。

ケンタ　　：どうもありがとうございます，アラン先生。

【G】（長文読解問題・エッセイ：語句補充・選択，指示語，熟語，動名詞，内容吟味，英文和訳・選択，英問英答，内容一致）

（全訳）文化の違いに関わらず，私たちは皆人間だ。そして人間であることは感情を持つということだ。人は友達と一緒にいるとうれしい。愛する人と別れる時に悲しくなる。危険と向き合ったら怖くなる。不正には怒りを感じる。

人種や国籍に関わらず，私たちは皆，喜び，悲しみ，怒り，恐怖を感じる。違う国から来た人も(ア)同じ感情を持つ。

感情を持つことをとそれを表すことは別のことだ。異なる国では，人は感情を異なる方法で扱うよう教えられる。感情を公然と表す国もあれば，自分がどう感じているかを表さない国もある。

私はイこれを1979年に初めて体験した。私は日本に到着したばかりで，神戸で働いていた。ある日，私は日本人の友人から手紙をもらった。彼はカナダで学んでいて，帰国する準備をしていた。彼は私が日本文化に興味を持っていることを知っており，私を彼の家に招待してくれた。私は喜んで彼と合流し，日本の家庭生活(ウ)を経験することを楽しみにした。

カナダから長距離便を終えて，私は空港で友人に会った。そして私たちは一緒に電車に乗って彼の地元の町へ行った。私の友人は自分の家族に約1年会っていなかった。私は彼の持っている強い感情を想像しようとした。

彼の家に到着した時，私は喜びとうれし涙にあふれた心躍る対面が再び待っている，と思った。そして私は，私の友人が興奮して飛び上がるのを見られるだろうと思った。私は，彼の母親が彼を抱きしめて帰宅を歓迎するだろうと思った。私は幸運にも，この感情的な出来事を目撃するだろう。

しかし彼の母がドアを開けた時，何もかもが驚くほど静かだった。私の友人は「ただいま」と言った。彼の母は「お帰りなさい」と答えた。それだけだった。抱き合うこともない。涙もない。感情もない。エ私は信じられなかった！

オ彼らの行動は道理にかなっていなかった。私の友人は外国に1年間住んでいた。しかし，彼らはまるで，彼が1時間留守にしていて角の店からたった今帰ってきたかのようなふるまいだった。なぜ彼らが全く感情を表さないのか，私は理解できなかった。彼らはロボットなのか？ 彼らはお互いを気にかけないのか？

後で私は友人に彼らの奇妙な行動について尋ねた。彼は言った。「日本では，他の人の前で感情を表さない。日本で大人になると言うことは，自分の感情をコントロールしてそれを内に留めるようになることだ。私たちにとっては，君たち西洋人が感情を大っぴらにすることが奇妙に思われる。君たちは幼い子供のように，人前で笑ったり泣いたりする。それは私たちにとって理解するのが(カ)難しい！」

異なる文化の人々は心の中は同じである。ただ，違った方法で行動するように教わっているだけだ。異文化理解の課題の1つは，異なる文化や行動の裏にある，私たちに共通する人間性をわかるようになることだ。

41 最終段落第1文「異なる文化の人々は心の中は同じである」が筆者の主張である。それに沿う④「同じ感情を持っている」が適切。

42 下線部イは，直前の文 they don't show how they feel「自分がどう感じているか示さない」を指す。

43 look forward to ~ing「~するのを楽しみにする」

44 下線部エの前の段落で，筆者は友人と母親が再会を喜ぶ姿を想像していた。しかし，実際のところ，友人と母親は抱き合ったり泣いたりせず感情を表さなかったので，筆者は驚いた。

45 make sense は「道理にかなう」という意味。下線部オはその否定文である。

46 hard「難しい」 形式主語構文＜It is … for ＋人＋ to ＋動詞の原形＞「(人)にとって~することは…」

47 ③「筆者が神戸で働いていた時，彼の日本人の友人がカナダから帰国し，彼を自宅に招いてくれた」 第4段落参照。

重要 48 「筆者の友人はなぜ筆者を家族に会うよう招待してくれたのか」 ④「なぜなら彼は筆者が日本文化に興味を持っていることを知っていたから」

重要 49 「カナダの人々はどのように自分の感情を扱うか」 ②「彼らは自分の感情を公然と表す」

重要 50 ①「文化が異なると，人々は感情を違った方法で扱う」(○) 第3段落第3文と一致する。
⑤「日本人は，大人は自分の感情を人前で表すべきではないと考えている(○) 最後から2番目の段落の第2，3文の内容と一致する。

★ワンポイントアドバイス★

【D】の語句整序問題は日本語が与えられていないため難度が高い。不要な語が含まれている場合もあり，注意が必要だ。

＜国語解答＞《学校からの正答の発表はありません。》

一 1 ② 2 ③ 3 ② 4 ⑤ 5 ① 6 ③ 7 ④ 8 ① 9 ⑤ 10 ③

二 1 ⑤ 2 ① 3 ⑤ 4 ② 5 ④

三 1 ③ 2 ② 3 ⑤ 4 ① 5 ②

四 問一 ② 問二 ④ 問三 ③ 問四 ① 問五 ③

五 問一 ② 問二 ④ 問三 ① 問四 ③ 問五 ②

六 問一 ③ 問二 ② 問三 ④ 問四 ② 問五 ③

○推定配点○

一 各2点×10 二・三 各1点×10 四 各4点×5 五・六 各5点×10 計100点

＜国語解説＞

基本 **一** （漢字の書き取り）

1「執念」，①「周囲」②「執着」③「習熟」④「就業」⑤「収拾」。 2「校正」，①「結構」②「好転」③「登下校」④「更新」⑤「後退」。 3「懐疑」，①「解除」②「述懐」③「快適」④「崩壊」⑤「会談」。 4「厳格」，①「折角」②「各自」③「覚醒」④「確信」⑤「適格」。 5「有機」，①「機会」②「期日」③「気質」④「基礎」⑤「大器」。 6「促成」，①「捉」②「側」③「促」④「速」⑤「束」。 7「未踏」，①「当」②「至」③「悼」④「踏」⑤「透」。 8「臨界」，①「臨」②「隣」③「林」④「望」⑤「輪」。 9「遭」，①「面会」②「適合」③「相談」④「被害」⑤「遭遇」。 10「強」，①「締結」②「占拠」③「強引」④「施行」⑤「指示」。

二 （語句の意味，文と文節，品詞・用法）

1「普」「遍」ともにすべてのものにゆきわたるさまという意味の⑤が正。①は他との関係の中で成り立つものやこと。②は共通に適用される基本的なきまりや法則。③は必ずそうなること。④は特に変わっていないこと。

重要 2 例文と①は，動作が行われてすぐであることを表す。②・④はおおよその程度や分量を表す。③は「だけ，のみ」という意味を表す。⑤は比喩を表す。

基本 3 ⑤のみ連体詞。他はいずれも副詞。

4「確かに」は「先生だ」を修飾しているので②が正しい。

やや難 5 ④のみ文の表す意味が一通りに限られる。①は「通っている」「会った」の主語が「兄」と話者の二通り考えられる。②の「黙って」が「先生」の主語と「彼」の修飾の二通り考えられる。③の「三人」が「担任」と「生徒」合わせて三人，あるいは「担任」と「生徒三人」の合わせて四人の二通り考えられる。⑤の「同じように」は「解決する」，あるいは「時間がかかる」の二通り考えられる。

やや難 **三** （文学史）

1と③は鎌倉時代。①は奈良時代。②は平安時代。④・⑤は江戸時代。2の他の作者の代表作は，①は陶淵明のことで『帰去来辞』など，③は『送元二使安西』など，④は『静夜思』など，⑤は『春望』など。3の他の著作の作者は，①は森鷗外，②は安部公房，③は尾崎紅葉，④は梶井基次郎。4の他の作品の成立は，②は平安時代，③・④は江戸時代，⑤は鎌倉時代。5の他の作者の作品は，①は『古今和歌集』など，③は『蜻蛉日記』など，④は『枕草子』など。⑤は『栄花物語』の作者との説がある。

四 （古文－内容吟味，文脈把握，指示語，脱語補充，口語訳）

〈口語訳〉 中国に身分の低い夫婦がいた。餅を売って暮らしを立てていた。夫が道ばたで餅を売っていたが，人が袋を落としたのを見たところ，銀の軟挺が六つあった。家に持って帰った。

妻は，心が正直で欲のない者で，「私たちは商売をして暮らしているので，不足なことはない。この持ち主は，どんなに嘆いて探していることでしょう。気の毒なことです。持ち主を探してお返しください」と言ったので，「本当に(その通りだ)」と言って，(このことを)言い広めたところ，持ち主という者が出て来て，これを受け取って，あまりに嬉しくて，「三つを差し上げよう」と言って，いよいよ分けようとした時，思い直して，面倒を起こそうとして，「七つあったのに，六つあるのは奇妙だ。一つはお隠しになっているのか」と言う。「そんなことはない。もともと六つあった」と議論するうちに，最後には，国司のもとで，どちらが正しいかを判断してもらうことになった。

国司は，眼力に優れ，「この持ち主は不誠実な者だ。この男は正直な者」と判断したが，はっきりしなかったので，その妻をお呼びになって別の場所で，ことの子細を尋ねると，夫の言い分に少しも違わない。「この妻はこの上ない正直な者」と見なして，あの持ち主は，不誠実であることは間違いなかったので，国司の判決で言うことには，「このことは，確かな証拠がないので判定しがたい。ただし，どちらも正直な者だと思われる。夫婦もやはり主張に食い違いなく，持ち主の言葉も正直だと思われるので，七つあるという軟挺を探して取り戻すとよい。これは六つあるので，他の人のものであろう」と言って，六つすべてを夫婦にお与えになった。

宋朝の人は，素晴らしい裁きだと，広くほめ騒いだ。心が正しければ，自然と天が与えて，宝を手に入れる。心の邪悪な者は，目に見えない神仏がとがめて，宝を失う。この道理を決して違えるべきではない。どう考えても心は清く正直であるべきである。

問一　傍線部Aの「いかばかり」は「どんなにか，どれほどに」，「らん(らむ)」は現在推量を表す助動詞なので②が正しい。

重要　問二　傍線部Bは直前の「七つあったのに，六つあるのは奇妙だ。一つはお隠しになっているのか」と言う持ち主の言葉に対して，「そんなことはない」と言っているので④が正しい。直前の持ち主の言葉をふまえていない他の選択肢は誤り。

基本　問三　傍線部Cは「国の守」が，男の妻にことの子細を尋ねると，ということ。

やや難　問四　「国の守，……」で始まる段落から，眼力に優れた国司が身分の低い夫婦を正直者，軟挺の持ち主を不誠実な者，と見分けて，六つの軟挺を夫婦に与える判決を下したことを描いているので，①が正しい。②の「三人は皆正直だと判断した」，③の「残り一つの軟挺を三人で探すように命じた」，④の「判断できなかった」はいずれも誤り。

問五　空欄Ⅰは「心が正しければ」に続くので「宝を得たり」，Ⅱは「心曲れば」に続くので「宝を失ふ」がそれぞれ当てはまる。

五　**(論説文－大意・要旨，内容吟味，文脈把握，文章構成)**

基本　問一　傍線部Aは，「他者に『心』を想定して他者の意図や行動を解釈しようとする」と同時に「自分がどんな心の状態のときにどのように行動するか，ということ自体を，自分で認識しているということ」なので②が正しい。A前後の内容をふまえ，自分を客観的に考えることを説明していない他の選択肢は誤り。

問二　傍線部B後で，厳しい環境のサバンナでは「互いに『心』を共有し，協力することができなかった個体は滅び，協力がうまくできた個体の子孫が現在の人類に進化していったと考えられ」ると述べているので，④が正しい。「心を共有」することを説明していない①・③，②の「狩猟を……分かれて」はいずれも誤り。

問三　傍線部Cは，「社会関係を緊密にせざるを得なくなった」状況では「相手の『心』を読める個体が有利にな」り，「そういう個体どうしが社会関係を持つようになると，その中でさらに『心』を深く読める個体が有利にな」る，ということをたとえているので①が正しい。C前の内容をふまえていない他の選択肢は誤り。

問四　【　】部分前後から整理すると，人類は「心」を持ったことで，社会関係全体を多次元的に把握できるようになった→直前の「心」に関連する内容としてc→cの具体例としてe→eの具体例の続きとしてd→dの「赤ちゃんは扉を開けてあげようと」することと対比させる内容として「チンパンジー」について述べているa→aまでの内容をまとめた結論としてb→bの「性善説」に関連する内容，という流れになる。

問五　②は最後の2段落で述べている。①の「人間が自分と遺伝子の似た血縁の近い範囲で……」，③の「協力を放棄するための行為」，④の「動物的な側面」はいずれも誤り。

六 （論説文－大意・要旨，内容吟味，文脈把握，接続語，資料の読み取り）

基本 問一　空欄Ⅰは直前の内容とは相反する内容が続いているので「それなのに」，Ⅱは直前の内容の理由が続いているので「なぜならば」，Ⅲは直前の内容から起こる結果が続いているので「そうすると」がそれぞれ当てはまる。

問二　「その代表的な……」で始まる段落で「Peopleという言葉は人々です。少人数でも一つの国の人民でもPeopleというわけです」と述べているので，「英語のPeopleという言葉には本来『国』という意味が含まれている」とある②は当てはまらない。①・④は「もう一つの……」で始まる段落，③は「英語で……」で始まる段落でそれぞれ述べている。

重要 問三　『日本文学史序説』のことである傍線部Cの説明としてC直後から続く3段落で，「日本文学の定義を日本人の書いた文学とし」，「漢文の議論とそれから日本語で書かれた小説とか歌などと……口で話した物語や落語の類のもの……みんな扱」い，「客観的な学問的な情報」は「本来国際的であるべきだという考えから」，「どこでも通用する普遍的な概念を使って日本文学史を充実したいと思」ったことを述べているので，これらの内容をふまえた④が正しい。①の「漢文で……取り上げず」，②の「日本語で……記述した」，③の「今までの……除き」はいずれも誤り。

問四　最後の段落で，「日本文学というものを外に引き出して，世界文学の一つとしてみて，どこの国の文学とも比較したり共通に論じることができるような……比較可能な知の世界で評価しなおすということを目論んだ」ということを述べているので，このことをふまえた②が正しい。①の「他のどの文学よりも面白い」，③の「外国の影響……について深く掘り下げて」，④の「自分の手で……広めたい」はいずれも誤り。

やや難 問五　【資料】Bの「日本語は……根幹であるから」は43.8％，「日本語に……思うから」は53.6％の回答を得ていることなどから，③は正しい。①の「世界の……支えるものである」，②の「国語と……優れた特色と考えている」は，本文の「また先述……」から続く2段落内容といずれも合致しない。④の「令和の……少ない」も誤り。

★ワンポイントアドバイス★

古文の説話集では，教訓を述べている最後の段落まで，しっかりと内容をつかんでいこう。

MEMO

大切なことはメモしておこうネ！

2022年度

★★★★★★★★★★★★★★★★★★★★★★★★★★★

入　試　問　題

2022年度
麻布大学附属高等学校入試問題

【数　学】（50分）〈満点：100点〉

【注意】1. 問題文中の$\boxed{\text{ア}}$，$\boxed{\text{イウ}}$などには，符号（－）または数字（0～9）が入ります。
ア，イ，ウ，…の一つひとつは，これらのいずれかに対応します。

2. 分数の形で解答する場合は，それ以上約分できない形で答えてください。また，分数の符号は分子につけてください。
（例．答えが$-\dfrac{1}{2}$となるときは，$\dfrac{-1}{2}$として答える）

3. 根号を含む形で解答する場合は，根号の中が最も小さい自然数となる形で答えてください。
また，分数の分母に根号を含む数は，分母を有理化した形で答えてください。

$\boxed{1}$ 以下の問いに答えよ。

(1) $-3-(-10)+2$を計算すると，$\boxed{\text{ア}}$である。

(2) $(-3a)^2\div 6ab\times(-16ab^2)$を計算すると，$\boxed{\text{イ}}$である。$\boxed{\text{イ}}$に当てはまるものを以下の⓪～⑤から一つ選べ。

⓪ $-24a^2b$　① $24a^2b$　② $-8a^2b$　③ $8a^2b$　④ $-8ab$　⑤ 1

(3) 連立方程式$\begin{cases}2x+y=1\\3x-2y=12\end{cases}$を解くと，$x=\boxed{\text{ウ}}$，$y=\boxed{\text{エオ}}$である。

(4) $\sqrt{3}+\dfrac{9}{\sqrt{3}}-\sqrt{48}$を計算すると，$\boxed{\text{カ}}$である。

(5) 次の(あ)～(お)の中から，正しい文章をすべて選ぶと$\boxed{\text{キ}}$である。
$\boxed{\text{キ}}$に当てはまるものを⓪～⑤から一つ選べ。

(あ) 硬貨1枚を1回投げたときの表裏の出方をn通り，円周率をπとすると，$n<\pi$である。

(い) 正八角形の内角の和は630°である。

(う) $\dfrac{2}{3}$は有理数である。

(え) 合同な正方形6個からなる右の図形は，立方体の展開図である。

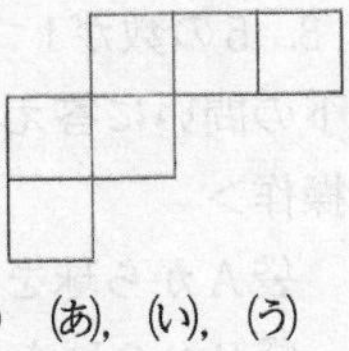

(お) $\sqrt{121}$は± 11である。

⓪ (あ)，(う)　① (い)，(え)　② (え)，(お)　③ (あ)，(い)，(う)
④ (い)，(う)，(え)　⑤ (う)，(え)，(お)

(6) $(3x+1)^2-7(3x+1)+10$を因数分解すると，$(3x-\boxed{\text{ク}})(3x-\boxed{\text{ケ}})$である。

(7) 2次方程式$2x^2+7x+4=0$を解くと，$x=\dfrac{\boxed{\text{コサ}}\pm\sqrt{\boxed{\text{シス}}}}{\boxed{\text{セ}}}$である。

(8) 生徒9人を対象に10点満点のテストを行い，9人のテストの得点を並べると以下のようになった。

8，4，10，7，8，2，9，9，6（点）

このとき，9人のテストの得点の平均値は$\boxed{\text{ソ}}$点，中央値は$\boxed{\text{タ}}$点である。

[2] ある博物館の入館料は，大人600円，子ども400円である。また，大人と子どもの合計が20人以上のグループには団体割引が適用されて，大人も子どもも入館料が10%引きになる。

(1) 淵野さんのグループは大人と子ども合わせて18人で入館する予定であったが，子どもが2人増えたため，団体割引を利用することができ，入館料の合計が予定していたよりも100円安くなった。このとき，淵野さんのグループの大人の人数を求める。大人の人数をx(人)とすると，実際に支払った入館料の合計は

$$\boxed{チツテ}\,x+360(\boxed{トナ}-x)\ (\text{円})$$

と表すことができる。これより，方程式を立ててxの値を求めると，大人の人数は[ニ]人であることがわかる。

(2) ある日の入館者の合計は，大人が40人，子どもが170人で，そのうち団体割引を利用したのは150人であった。また，この日の入館料の合計は85700円であった。このとき，大人で団体割引を利用したのは[ヌネ]人である。

[3] 右の図のように，放物線$y=ax^2$上に3点A，B，Cがある。点Aの座標は$(-2,\ 1)$で，点B，Cのx座標はそれぞれ4，8である。このとき，以下の問いに答えよ。

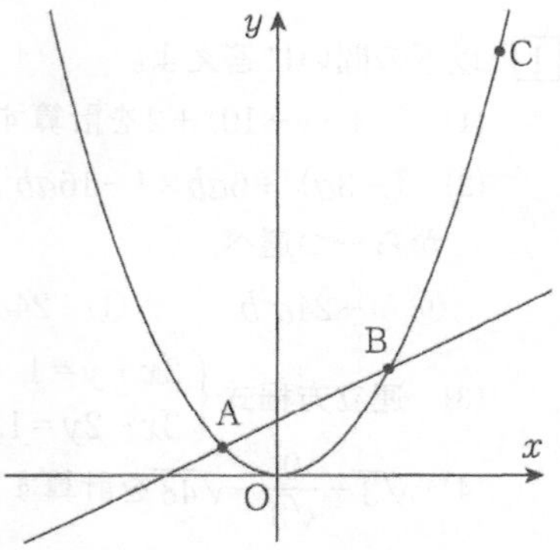

(1) aの値は$\dfrac{\boxed{ノ}}{\boxed{ハ}}$である。

(2) 直線ABの傾きは$\dfrac{\boxed{ヒ}}{\boxed{フ}}$である。また，△OABと△ABCの面積の比を，最も簡単な整数で表すと[ヘ]：[ホ]である。

(3) x軸上の正の部分に点Dをとる。三角形ABDの面積と三角形ABCの面積が等しくなるとき，点Dのx座標は[マミ]である。

[4] 2つの袋A，Bがある。袋Aには，1，4，6，7の数が1つずつ書かれた4個の球が，袋Bには，2，3，5の数が1つずつ書かれた3個の球が入っている。次の操作[1]，[2]，[3]を順に行うとき，以下の問いに答えよ。

<操作>

[1] 袋Aから球を1個取り出し，球に書かれた数を確認してから袋Bに入れる。

[2] 袋Bから球を1個取り出し，球に書かれた数を確認してから袋Aに入れる。

[3] 袋Aから球を1個取り出し，球に書かれた数を確認する。

(1) 操作[1]まで終えた時点で，袋Bに入っている球に書かれた数がすべて素数となる確率は$\dfrac{\boxed{ム}}{\boxed{メ}}$である。

(2) 操作[2]まで終えた時点で，袋Aに入っている球について，偶数が書かれた球が3個となる確率は$\dfrac{\boxed{モ}}{\boxed{ヤ}}$である。

(3)　操作[1]，[2]，[3]で取り出した球に書かれた数をそれぞれx，y，zとする。

操作[3]まで行ったとき，$x<y<z$となる確率は$\dfrac{\boxed{\text{ユ}}}{\boxed{\text{ヨラ}}}$である。

[5] 以下の問いに答えよ。ただし，[ヲ]，[お]に当てはまる言葉は下の語群の⓪～⑥からそれぞれ一つ選べ。

(1)　正多面体は全部で，[リ]種類あり，正六面体の面の数は[ル]個，辺の数は[レロ]個，頂点の数は[ワ]個である。

(2)　図のように，正四面体の各辺を3等分する点をとり，各頂点において，頂点から最も近い3点を含む平面で正四面体を切断し，切断してできた正四面体の頂点を含む立体を取り除いてできる立体を考える。このとき，切り口の図形は[ヲ]であり，すべての面の数は[ン]個，辺の数は[あい]個，頂点の数は[うえ]個である。

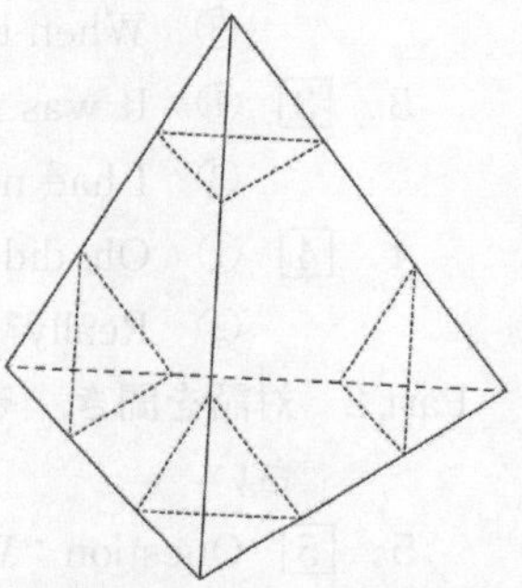

(3)　正八面体の各辺を3等分する点をとり，各頂点において，頂点から最も近い4点を含む平面で正八面体を切断し，切断してできた正八面体の頂点を含む立体を取り除いてできる立体を考える。このとき，切り口の図形は[お]であり，すべての面の数は[かき]個，辺の数は[くけ]個，頂点の数は[こさ]個である。

語群

⓪　正三角形	①　正方形	②　正五角形	③　正六角形
④　正七角形	⑤　正八角形	⑥　正十角形	

[6] △ABCについて，∠ABC＝45°，∠ACB＝30°である。頂点Aから辺BCに下ろした垂線と辺BCの交点をHとする。また，△ABCの3つの頂点を通る円の中心をOとする。AH＝1であるとき，以下の問いに答えよ。

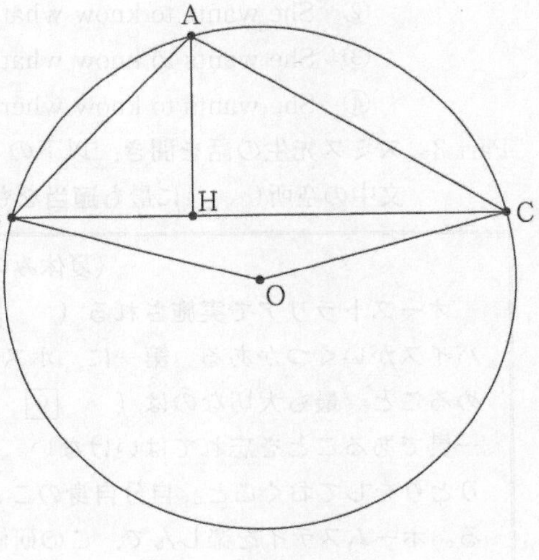

(1)　BC＝$\boxed{\text{し}}+\sqrt{\boxed{\text{す}}}$である。

(2)　∠OBC＝$\boxed{\text{せそ}}^\circ$であり，3点A，B，Cを通る円の半径は$\sqrt{\boxed{\text{た}}}$である。

(3)　OH＝$\dfrac{\sqrt{\boxed{\text{ち}}}-\sqrt{\boxed{\text{つ}}}}{\boxed{\text{て}}}$である。

【英　語】（50分）〈満点：100点〉

【A】 リスニングテスト（放送の指示にしたがって答えなさい。放送を聞きながらメモをとってもかまいません。）

Part 1　チャイムの箇所に入るエミリーの発言として最も適当なものを選び，番号をマークしなさい。

1．[1] ① I'm sorry, I don't know.　② He's good at playing soccer.
　③ That's too bad.　④ You should go to soccer practice.

2．[2] ① Oh, happy birthday!　② I don't like the present.
　③ When is your birthday?　④ Shall we go to buy a present?

3．[3] ① It was math homework.　② I haven't finished it yet.
　③ I had no homework.　④ I got up at 8:00 this morning.

4．[4] ① Oh, did you? How was it?　② Sure. Let's go to see the movie.
　③ Really? I didn't like it very much.　④ I was too busy to watch it last night.

Part 2　対話を聞き，それぞれのQuestionの答えとして最も適当なものを選び，番号をマークしなさい。

5．[5] Question：When are they going to go to the new computer shop?
　① This morning.　② Tomorrow morning.
　③ This afternoon.　④ Tomorrow afternoon.

6．[6] Question：Why is Aoi happy?
　① Because she will stay in Canada.
　② Because Harry wrote her an e-mail.
　③ Because Judy will come to see her.
　④ Because Harry will meet Judy this winter.

7．[7] Question：What does Aoi want to know?
　① She wants to know which bus they should take.
　② She wants to know what time it is now.
　③ She wants to know what game they're going to.
　④ She wants to know where the stadium is.

Part 3　スミス先生の話を聞き，以下の〈夏休みの語学研修旅行について〉を完成させるために，文中の空所（　）に最も適当なものを選び，番号をマークしなさい。

〈夏休みの語学研修旅行について〉

オーストラリアで実施される（　[8]　）の語学研修旅行について覚えておくべきアドバイスがいくつかある。第一に，ホストファミリーや地元の人たちとは英語で話すように努めること。最も大切なのは（　[9]　）である。次に，家事を手伝うこと。自分が家族の一員であることを忘れてはいけない。最後に，ホストファミリーを訪ねる前に，メールのやりとりをしておくこと。自分自身のことや，家族，（　[10]　）のことを伝えることができる。ホームステイを楽しんで，この研修旅行から多くのことを学んでほしい。

8．[8]

① 1週間　② 2週間　③ 3週間　④ 1か月

9．[9]

① 上手な英語　② コミュニケーション

③ 英語力の向上　④ 英語の学習

10. [10]

① 友達　② 日本の文化　③ 好きな食べ物　④ 学校生活

※放送台本は非公表です

【B】 次の①②③から，下線部の発音がすべて同じものを選び，番号をマークしなさい。

11. [11]

①	tomato	shape	nature
②	know	town	brown
③	through	enough	night

12. [12]

①	look	moon	lucky
②	people	receive	teacher
③	smart	purpose	birthday

【C】 (　　)の中から最も適当なものを選び，番号をマークしなさい。

13. A：Who's this man in this picture?
B：This is my brother (① to work / ② works / ③ working / ④ worked) in Chicago. [13]

14. A：Is this your first time to visit this castle?
B：Yes. I have never seen (① such / ② very / ③ so / ④ much) a beautiful castle. [14]

15. A：Ken, what is your hobby?
B：Well, I (① find / ② like / ③ prefer / ④ see) reading very much. [15]

16. A：We have a basketball game tomorrow.
B：Yes, but I don't know (① how / ② which game / ③ where / ④ what time) to meet. [16]
A：At the gate of Minami High School. Don't be late!

17. A：Hi, Tomoya. I'm Benjamin. Please (① call / ② say / ③ tell / ④ talk) me Ben. [17]
B：Hi, Ben. Nice to meet you.

18. A：Kumi, do you want to study together in the library?
B：OK. But I haven't (① having / ② had / ③ to have / ④ have) lunch yet. [18]

19. What time (① would / ② must / ③ should / ④ can) you like me to pick up at the station? [19]

20. Look at the boy and the dog (① which / ② what / ③ that / ④ who) are sleeping together in bed. [20]

21. I was born (① in / ② on / ③ for / ④ at) the morning of November 11. [21]

22. This is a desk (① used / ② use / ③ using / ④ uses) about a hundred years ago. [22]

23. Don't forget to write to her. — (① Yes, I do / ② Yes, I don't / ③ No, I will / ④ No, I won't). [23]

24. I like English the best (① at / ② for / ③ of / ④ in) all my subjects. [24]

25. I have two sisters. One is a doctor, and (① other / ② others / ③ another / ④ the other) is a teacher. [25]

【D】 意味の通る文に並べ替えた際，[問題番号]にくる語句を選び，番号をマークしなさい。ただし，文の先頭にくる文字も小文字で表記されている。

26. Some people say that ______ ______ ______ ______ ______ [26] ______ ______.
①better / ②is / ③it / ④for / ⑤to / ⑥learn / ⑦us / ⑧English

27. ______ ______ [27] ______ ______ ______ ______?
①leave / ②for / ③you / ④message / ⑤can / ⑥a / ⑦him

28. You can ______ ______ [28] ______ ______ ______ ______ ______ at this shop.
①free / ②if / ③something / ④get / ⑤a / ⑥sample / ⑦buy / ⑧you

29. I ______ ______ ______ ______ [29] ______ ______ ______ good condition.
①to / ②my / ③smartphone / ④keep / ⑤in / ⑥use / ⑦a / ⑧case

30. ______ ______ ______ ______ ______ [30] ______ ______ country.
①is / ②town / ③my / ④in / ⑤this / ⑥coldest / ⑦the / ⑧place

31. Excuse me. ______ ______ ______ ______ ______ [31] ______ ______ Haruki Murakami.
①for / ②a / ③written / ④I'm / ⑤book / ⑥looking / ⑦new / ⑧by

32. The ______ ______ ______ ______ [32] ______ ______.
①delicious / ②that / ③mother / ④cake / ⑤your / ⑥made / ⑦is

33. ______ ______ ______ ______ ______ ______ [33] ______ that team?
①did / ②get / ③chance / ④join / ⑤you / ⑥the / ⑦to / ⑧how

34. ______ ______ ______ ______ ______ [34] ______ ______ a bus.
①of / ②met / ③I / ④in / ⑤mine / ⑥friend / ⑦an / ⑧old

【E】 次の博物館のウェブサイト(website)の案内を読んで，あとの問いの答えとして最も適当なものを選び，番号をマークしなさい。

Azabu Art Museum Website

Spring Special [*1]*Exhibition*

The World of Ukiyo-e

Tuesday, March 8th to Sunday, April 17th

- Famous Works of Ukiyo-e
- History of Ukiyo-e

- Tickets for the special exhibition ([*2]*including* [*3]*admission* to the [*4]*permanent* exhibition)
  - Adult (15 years old and older) : 1,000 yen
  - Adult (with a student ID card) : 800 yen
  - Child (14 years old and under) : 600 yen

You can buy [*5]*advance tickets* at convenience stores and on the Internet at 200-yen [*6]*discount*.

Click HERE to get more information.

Information

Opening Hours : 9:00 − 17:00 (last entry 16:30)

We will [*7]*extend* our opening hours until 20:00 (last entry 19:30) on Fridays from March through October.

Closed : Mondays, the New Year's holidays (December 28th to January 3rd)

If a Monday is a [*8]*national holiday*, the museum will be closed the next day.

Admission (Permanent Exhibition)

	Adult (15 years old and older)	Adult (with a student ID card)	Child (14 years old and under)
Admission	500 yen	300 yen	Free
Group Admission (20 people or more)	400 yen	200 yen	Free

(注)
[*1]*exhibition* 展示　[*2]*including* ～を含めて　[*3]*admission* 入場料
[*4]*permanent* 常設の　[*5]*advance tickets* 前売り券　[*6]*discount* 割引
[*7]*extend* 延長する　[*8]*national holiday* 祝日

35. 特別展示の説明として，**正しいものを二つ**選び，番号をマークしなさい。[35]
（[35]に二つともマークすること）
① 春の特別展示は約40日間開催される。
② 特別展示の入場料は常設展示の入場料と同じである。
③ 特別展示の前売り券をインターネットで購入した場合，200円割引される。
④ 特別展示を見るためには9時前に美術館に到着しなければならない。
⑤ 3月から10月の金曜日の最終入場は20時まで延長される。

36. 美術館の説明として，**正しくないものを二つ**選び，番号をマークしなさい。[36]
（[36]に二つともマークすること）
① 閉館時間の30分前までに入館しなければならない。
② 8月中の土曜日は午後5時以降も入場できる。
③ 年始年末の1週間は休館日となっている。
④ 月曜日が祝日の場合は翌日が休館となる。
⑤ 団体入場料はすべて通常入場料の20パーセント引きである。

37. 20人の大学生，30人の社会人とその小学生の子どもたち30人のグループが常設展示のチケットだけを購入した場合，入場料の合計額はいくらになるか。最も適当なものを選び，番号をマークしなさい。[37]
① 12,000円　② 16,000円　③ 20,000円　④ 21,000円

【F】 次の会話文を読んで，あとの選択肢から空所に最もふさわしいものを選び，それぞれ番号をマークしなさい。

Michael is a student from New York and goes to a junior high school in Japan. One day, *1*on the way to* school, he is talking with his classmates, Yui and Daiki.

Michael：What did you do last weekend, Yui?
Yui　　：Well, I went to the new *2*shopping mall* with my family. I bought some books at a bookstore in the mall.
Michael：Oh, I've wanted to go to that mall. ([38])
Yui　　：I bought *3*novels*. Seven novels.
Michael：Seven novels! You really like reading books, don't you?
Yui　　：Yes, I love reading books. I usually read them after dinner.
Michael：I like books, too. I often go to the city library on weekends. I'm interested in space, so I usually read books about it. ([39])
Yui　　：I see. What do you think, Daiki?
Daiki　：I also like reading books. I often read books about Japanese history. I think it's important for us to know what happened in our own country in the past.
Michael：That's right. Yui, please tell me your idea about reading books.
Yui　　：For me, reading books is like talking with teachers because books tell us a lot of necessary things for our *4*lives,* dreams and *5*feelings*.
Michael：I agree with you. Books are wonderful. We should find more time to read books.

Daiki　：I think so, too. Oh, Michal, do you know there are English books in our school library?
Michael：Really? I didn't know that. Can I borrow them?
Daiki　：Of course, you can. (　40　) I think you'll like them. Shall we go there after school?
Michael：Sounds great. Thank you, Daiki.
Yui　　：Oh, it's already 8:20. Let's run to school.

(注)
*1*on the way to*～　～へ行く途中で　*2*shopping mall*　ショッピングモール　*3*novels*　小説
*4*lives*　人生　*5*feelings*　感情

① Books are her best friends.
② Do you have any other interesting novels?
③ I've found some books about space before.
④ What kind of books did you buy there?
⑤ I spend a lot of money on books every month.
⑥ We can learn something new by reading books.

【G】 次の英文は，あるカナダ人の男性が書いたエッセイである。これを読んで，あとの問いの答えとして最も適当なものを選び，番号をマークしなさい。

September is the month (　ア　) shows the end of summer and the beginning of fall. In many countries, for families with children, September also means "back to school." When children get ready to return to classes, parents around the world worry about their safety and tell them to be careful of cars. Parents say, "Don't forget to look both ways before you cross the street." This advice is especially important when you travel abroad. That's because in different countries, cars drive on different sides of the road.

I still remember that I *1*got into danger* when I forgot イthis important fact. I was visiting a small town in England, but I forgot that I was in a foreign country when (　ウ　). I looked left, as I usually did in Canada, to check for cars. I *2*made sure* that no cars were coming at me, so I *3*stepped into* the street. Then, a car suddenly appeared from the right. Luckily, the driver stopped his car *4*just in time.*

Everybody knows that cars in Japan drive on the left. How about other countries? I heard that cars drive on the right in about 65% of all countries around the world and on the left in about 35%. Right-hand traffic countries *5*include* North America, South America, Europe, China and Korea. Left-hand traffic countries include Southeast Asia and *6*former British colonies* such as India, Australia and New Zealand. The only *7*exception* in Europe is the U.K. Cars drive on the left there.

Has any country ever changed エthe *8*direction* of driving? The answer is yes! One example is *9*Sweden.* Until 1967, drivers in the country drove on the left like in Japan. Then, in September of that year, the whole country changed direction and (　オ　) driving on the right. How did they do it?

A big *10*campaign* was held to let people in Sweden know "H Day" — the day for changing the direction of driving. Signs *[11]*were put up* to tell drivers to drive on the right. *[12]*Reminders* were printed on many things. TV and radio stations in the country *[13]*broadcast* a song, "Let's All Drive on the Right, *[14]*Svensson*!"

Then, at 6 a.m. on September 3rd, drivers all over the country carefully changed *[15]*lanes*, from left to right, then continued driving on the other side of the road. The change went so well that only a few accidents were reported. After that, カthe number of traffic accidents actually decreased. The reason is that people drove more carefully until they *[16]*got used* to the new system.

So, when traveling abroad, don't forget! Look both ways when you cross the street and don't forget which side of the road the cars drive on.

（注）

*[1]*got into danger*　危険な目にあった　*[2]*made sure*　確認した　*[3]*stepped into* ～　～に踏み出した

*[4]*just in time*　ぎりぎりのところで　*[5]*include* ～　～を含む　*[6]*former British colonies*　旧イギリス植民地

*[7]*exception*　例外　*[8]*direction*　方向　*[9]*Sweden*　スウェーデン

*[10]*campaign*　キャンペーン　*[11]*were put up*　設置された　*[12]*reminders*　（思い出させるための）注意

*[13]*broadcast*　放送した　*[14]*Svensson*　スヴェンソン（スウェーデンの一般的な姓）

*[15]*lanes*　車線　*[16]*got used to* ～　～に慣れた

41. （　ア　）に入れるのに最も適当なものを選び，番号をマークしなさい。 41

① it　② this　③ that　④ and

42. 下線部イの内容として最も適当なものを選び，番号をマークしなさい。 42

① 9月は夏の終わりと秋の始まりを示す月である。
② 道路を横断する前に両側を見るのを忘れない。
③ 国が違うと，車が道路のどちら側を走るかも違う。
④ 世界中の親たちは子供の安全を心配している。

43. （　ウ　）に入れるのに最も適当なものを選び，番号をマークしなさい。 43

① I was driving a car there　② I had a big traffic accident
③ I saw a man crossing the street　④ I was trying to cross the road

44. 下線部エについて本文中で述べられていないものを選び，番号をマークしなさい。 44

① 車が左側通行の国よりも右側通行の国の方が多い。
② 韓国や中国では車は右側通行である。
③ スウェーデンは隣国と道がつながっているという理由で左側通行に切り替えた。
④ ヨーロッパで唯一の左側通行の国はイギリスである。

45. （　オ　）に入れるのに最も適当なものを選び，番号をマークしなさい。 45

① stopped　② began　③ wanted　④ forgot

46. 下線部カの理由として最も適当なものを選び，番号をマークしなさい。 46

① 人々が右側通行に慣れるまでにそれほど多くの時間を要しなかったから。
② 右側通行に慣れるまで人々がより注意深く運転するようになったから。
③ ヨーロッパのほかの国々では右側通行が主流であったから。
④ 大々的なキャンペーンを行い，右側通行への切り替えを国民に知らせたから。

47. In many countries, [47].

① a new school year begins in September

② the direction of driving was changed

③ parents tell their children to drive carefully

④ people should look right to check for cars

48. Why do cars drive on the left in India, Australia and New Zealand? [48].

① Because people drive on the left in about 35% of all countries in the world.

② Because cars drive on the left in the U.K. and they are former British colonies.

③ Because cars made in Japan are the most popular in those countries.

④ Because many people from the U.K. and Japan are working there.

49. What does the writer want us to do? [49]

① He wants us to enjoy a song, "Let's All Drive on the Right, Svensson!"

② He wants us to be more careful when we drive a car in Japan.

③ He wants us to know which side of the road the cars drive on in England.

④ He wants us to look both ways before we cross the street in foreign countries.

50. 以下の各文について，本文の内容と一致するものを二つ選び，番号をマークしなさい。[50]
([50]に二つともマークすること)

① Parents worry about the safety of their children when they get ready to return to school.

② The writer looked both ways before he crossed the street when he was in England.

③ In England, just like in Japan, people drive cars on the left side of the road.

④ In 1967, the traffic in Sweden changed from driving on the right to the left.

⑤ Many people in Sweden did not agree with changing its direction of driving.

⑥ On September 3rd, 1967, drivers in Sweden changed lanes during the night.

であるとは知らないため、主体の認識ができていないということ。

② 自らの身体やその部位をじぶんのものだとは了解しておらず、親や哺乳瓶をじぶんから隔たった存在であるとはとらえていない、さまざまな区別がされていない状態におかれているということ。

③ じぶん自身と親との違いを理解していないため、あくまで「いない、いない、ばあ」をされる受け身の側になってしまい、じぶんが「いない、いない、ばあ」をする主体の側にはなれないということ。

④ 親や哺乳瓶の存在を理解していないため、親や哺乳瓶の出現と消滅の交替に受動的に翻弄されるままであり、それをじぶんから能動的に楽しむことができないという未熟な状態にあるということ。

問四 傍線部C「行為のある〈式〉」とは、どのようなものか。正しいものを、後の①～④のうちから一つ選び、その記号を解答欄にマークしなさい。問番号は34。

① 身体を道具として使うものであり、道具としての身体のどこか一か所にいったん定着することで、他のいずれの身体部位においても反復可能になる普遍的なもの。

② 道具としての身体でなく、自己から隔てたところに成り立つもう一つの身体によって習熟されるものであり、身体の各部位に転移することができるような一般的なもの。

③ 身体を道具のように使うというものではなく、身体を通して一度身につけてしまうと、身体の個々の部位を超えて繰り返し行うことができるような一般的なもの。

④ 身体を道具として使うものではなく、ひとつのスタイルとして身体のあらゆる部位に転移もでき、他の人に伝えて習熟させるということもできる普遍的なもの。

問五 傍線部D「別の更新」とは、どのようなことか。正しいものを、後の①～④のうちから一つ選び、その記号を解答欄にマークしなさい。問番号は35。

① 意識の切っ先が、道具の先端のさらに向こうにある状況へと向かい、道具を意識せずにからだが勝手に動くようになるということ。

② 意識の向かう先が、身体と道具の接触面から道具の先端へと移行してゆき、意識と活動、道具とが一つになっていくということ。

③ 意識のありどころが、道具の内部へと入り込むことで、道具と身体とが一体化して、動作がより滑らかになってゆくということ。

④ 意識が道具の先端のほかさまざまな部分へといきわたるようになり、道具を使う技術や能力が大きく成長してゆくということ。

る。そのうち道路状況の把握にも慣れ、鼻唄でも歌いながら、同乗者とおしゃべりもしながら、運転できるようになる。〈式〉はこうしてどんどん更新されてゆく……。とくに意識しないでもからだが勝手に動くようになること、これが習慣の獲得ということなのだ。

　この過程で、同時にもうひとつD別の更新が起こる。それは意識の切っ先が道具の表面もしくは先端へと移行するということである。杖を使い慣れてくると、地面を探る感覚の先端は指と杖とが接触する面から杖の先端へと移行する。新しい靴を履きはじめたときは足と靴底との接触面に意識が集中しているのに、靴が足になじんでくると意識の切っ先が靴底、つまりは靴が地面に接する面へと延びてゆくように、である。楽器を弾くときは指と楽器とが接するところから楽譜のほうへ意識は向かうようになる。運転しているときも、意識は身体と自動車の装備との接触面から、自動車の先端部へと、さらに前方へと拡張してゆく。狭い道に入り込みそうになっても、ちょうど歩いているときにそこが通り抜けられるか瞬時にわかるように、クルマがそこを通り抜けられるか、それまた瞬時にわかるようになる。道具を使う〈わたし〉は、その意識のなかに、その活動のなかに、道具を呑み込み、併合してゆくのである。いいかえると、〈わたし〉はそれまでできなかったことができるようになる、つまりその能力を拡張してゆくのである。

（鷲田清一《わしだきよかず》『つかふ―使用論ノート』）

（注1）混沌……物事の区別やなりゆきのはっきりしない様子。
（注2）対峙……向きあって立つこと。
（注3）遡行的……さかのぼっていくさま。
（注4）スキーム……計画。枠組み。図式。

問一　本文中の空欄［Ⅰ］・［Ⅱ］に当てはまる語句の組み合わせとして正しいものを、後の①～④のうちから一つ選び、その記号を解答欄にマークしなさい。問番号は［31］。

①　Ⅰ　イニシアティブ　　Ⅱ　プロセス
②　Ⅰ　プライオリティ　　Ⅱ　レスポンス
③　Ⅰ　リーダーシップ　　Ⅱ　ステップ
④　Ⅰ　アドバンテージ　　Ⅱ　メリット

問二　傍線部Ａ「握る能力がなくてどうして摑めるか」とあるが、「握る」「摑む」ということについての筆者の考えとして正しいものを、後の①～④のうちから一つ選び、その記号を解答欄にマークしなさい。問番号は［32］。

①　握力とそれにもとづく使用という事態によって、摑むという行動を試行錯誤することが可能になるのである。
②　なんとかして物を握ろうとする自分からの試みがあってはじめて、物を摑むという能力が獲得されるのである。
③　物を摑む能力があらかじめ備わっているからこそ、物を握るという行動の摸索や試行錯誤が可能になるのである。
④　物を摑もうとする試みと失敗をくり返すなかで摑むという能力を獲得し、握る能力を身につけるのである。

問三　傍線部Ｂ「乳児は未だ何かを使う『主体』ではない」とは、どのようなことか。正しいものを、後の①～④のうちから一つ選び、その記号を解答欄にマークしなさい。問番号は［33］。

①　親や哺乳瓶の存在は理解しているが、ハンカチを使っているのが親であることや、哺乳瓶を摑もうとしているのが自分の指

を使って「使う」能力そのものを獲得する［Ⅱ］があることを示している。『贈与論』で有名なマルセル・モースに倣《なら》っていえば、道具を用いる技法に先立って、それが可能となる前提として、まずは「身体の技法」(techniques du corps) があるということである。

これはたしかに「身体の使用」(l'usage du corps) ではあるのだが、しかし道具としてのそれの使用なのではない。それを言うなら、むしろ「摑む」という行為の〈式〉を身につけるとでも言うべきであろう。手を使って物を摑むということができるようになると、摑むということは身体のあらゆる部位に浸透していって、脚で摑むことも脇で摑むこともできるようになる。C行為のある〈式《スキーム》〉(注4)が一般化すると言ってもいいし、それが身体の各部位に転移すると言ってもいい。

わかりやすい例をひとつ。書くという行為である。

鉛筆を持って字を書くという行為は、思いのほか難儀なものである。そういう行為をあたりまえのようにできるようになるには相当な時間を要する。しかし、いったん字を書くという行為に習熟したら、あとは身体のどこでもそれをすることができる。鉛筆で字を書くには、鉛筆を持つ指、それを書くということにふさわしく動かすための手首や肘の用い方、そして姿勢まで巻き込んだ身体使用の〈式〉、つまりはスタイルが定着することが必要である。そしていったん、そういうスタイルが「鉛筆で書く」という行為として定着すれば、それはすぐに身体のあらゆる部位に転移してゆく。たとえばこれまでいちども練習していないのに、黒板にチョークで、鉛筆で字を書くに際していちども使わなかった、つまり練習すらしなかった肘や肩の関節を動かして、書くことができる。求められれば、砂場で足でおなじ字を書くこともできるし、腰の動きでその字形をなぞることすらできる。

こうした〈式〉もしくはスタイルは、いったん身体のどこかに定着すれば、他のいずれの身体部位においても反復可能なものとなる。そういう意味で「一般的」なものである。そういう行為のさまざまな「一般式」を束ねたものとしてわたしたちの身体はある。いや、物のひとつとしての身体は「わたしの身体」になる。身体 (body) は〈物体〉(body) のひとつ——body としての身体の了解はすでにそれを対象として自己から隔てたところに成り立つ——である前に、まずは〈式〉としてあるということである。

これを別の言葉でいいかえると、使うということは、道具の使用に限定されるものではないということである。道具の使用は、それを使う者と使われる物との分離を前提としている。しかしそういう分離が生まれる前提として、さらに別の、より根源的な使用の次元があるということである。

ある特定の行為の〈式〉の定着とその転移、それを別の言葉でいえば、習慣の獲得ということになる。習慣の獲得とは、身体の新しい用法を身につけるということだ。杖《つえ》の使い方、包丁の使い方、楽器の弾き方・吹き方、自転車の乗り方、自動車の運転の仕方を習得し、それをとくに意識することもなくあたりまえのようにできるようになるということだ。たとえば、クルマの運転を習いはじめたばかりの頃は、ハンドルの感触、スイッチの位置、ペダルの操作などにばかり気を取られ、クルマの前方の状況にまでじゅうぶんに注意がゆかない。しかしそれらの操作に習熟してゆくにつれて、意識は道路の状況に向かい、操作じたいは意識の陰に隠れ、いわば自動的になされるようにな提として含まれる。そう、非対称の力関係がそこには厳然としてあるようにおもわれる。

何かある物を道具として使うためには、それをまず手にとり、摑《つか》まねばならない。この摑むという動作は、握るという能力が備わってはじめて可能となると考えられやすい。A握る能力がなくてどうして摑めるか、というふうにである。しかし、そもそも握るという能力はどのようにして獲得されたのかと考えてみると、握力とそれにもとづく使用という事態が、それまでの、摑むという行動の試行錯誤のなかで可能となったことがわかる。

わが家の息子がまだお乳を呑《の》んでいるころのこと。仕事をしながら片手で哺乳瓶を支えていたので手がだるくなって、息子の顎のあたりにタオルを畳んで挿し込み、それで哺乳瓶を支えてみた。息子の手が瓶に当たって、つい転げ落ちるのだが、やがてうまくじぶんで支え持つようになった。そんな光景を思い出しながらおもうのだが、乳児は物を摑もうと試行錯誤をくり返すなかで、握る能力を身につけてゆく。握る能力があるから摑めるのではない。摑むことを覚えるなかで、握る能力もついてゆくのだ。

B乳児は未《いま》だ何かを使う「主体」ではない。乳児の感覚は混沌《こんとん》(注1)とした現象のなかに埋もれている。散らかっている。同一の「物」なるものをまだ知らないし、それを摑む「じぶん」というものの意識もない。この時期にはだから「いない、いない、ばあ」といった遊びにきゃっきゃっと歓《よろこ》ぶ。子どもの前から親が急に消える。突然、(ハンカチの、という理解もなしに)白い幕が現《あら》われる。が、次の瞬間にはまた親が戻ってくる。ハンカチの向こうに、現われたり隠れたりする「親」がいるということが未だ理解できずに、出現と消滅の交替に翻弄されるのだ。そんなことをくり返しているうち、やがて「親」は現われたり消えたりするのではなく、いまは見えないけれどもほんとうはハンカチの向こうにずっといて、ハンカチの陰に隠れたり、ぬっと現われたりするだけのことだということを学んでゆく。「親」は消失したのではないのだ。そうなるともう、「いない、いない、ばあ」はちっとも怖くなくなる。遊びは終わる。遊びは終わって、「親」は向こうに、「じぶん」はこちらに、別の存在として対峙《たいじ》(注2)しているという理解が生まれる。「主体」と「客体」という隔たりが生まれるのである。

そもそも哺乳瓶をいじっているあいだにも、おなじような出来事が起こる。はじめは、じぶんの指先が視野に現われても、それをじぶんの指先などとはおもわない。きっといろいろなものといっしょに、ごたまぜになって現象しているだけである。そういう混沌のなかで、両手の指先がときおり触れあうなかで、じぶんがいま見ているものと触れているものが同一のものであるとの了解が生まれ、そこから遡行《そこう》(注3)的に指も「じぶんの指」として理解されると同時に、摑もうとしている哺乳瓶がじぶんとは異なる「物」としてあることが了解されてゆく。現われる「物」と、現われに立ち会っている「じぶん」とが隔たり、分離しはじめるわけだ。そうしてはじめて、「わたし」が「哺乳瓶」を摑み、支えているという意識が生まれる。「わたし」がそれを持つ主体であり、哺乳瓶は「わたし」に持たれる客体であるという、「使用」の前提となる事態が生まれるのである。

これは、何かを道具や手段として使用するに先立って、まずは身体で早く接地した結果残るものであり、森林浴のすがすがしさや爽快感の成分となっている。

問四　傍線部C「一般的な浄水器」について、本文と「【資料】一般的な浄水器で除去できるもの」から読み取ったことを述べた内容として正しいものを、後の①～④のうちから一つ選び、その記号を解答欄にマークしなさい。問番号は29。

① 浄水器のフィルターにはかつて、活性炭だけを使っていたことがあるのだね。でも、病原細菌や雑菌、臭気物質などが活性炭の吸着範囲から外れているので、細菌がふえてしまうことがあり、それを防ぐために中空糸膜と組みあわせたフィルター構造が一般的になったということだね。

② 浄水器のフィルターに使われている中空糸膜は、ろ過機能をもつポリエチレンを原料とした多孔質中空繊維で、中が空洞になっている構造であるため、活性炭よりも小さな物質を取り除くことができるのだね。ただ、それと活性炭を組みあわせても、取り除ききれない物質があるのだね。

③ 浄水器のフィルターに使われている活性炭は、農薬・有機物や臭気物質などをろ過するけれど、ろ過しきれない、水に溶けてイオン化した物質などもあるのだね。だから中空糸膜と組みあわせてたフィルターで牛乳、コーラ、ミカンジュース、塩水を浄化しても味が完全に消えないのだね。

④ 浄水器のフィルターに使われている中空糸膜のろ過範囲と活性炭のろ過範囲には違いがあり、両者のろ過範囲が重なっているところにポリオウイルスなどがあるね。また、両者のろ過範囲を外れているものとして、水に溶けてイオン化したカルシウムや硝酸、コレラ菌などがあるのだね。

問五　傍線部D「有害物質が溶けこんでいる池や川では、浄水器は使えません」とあるが、それはなぜか。正しいものを、後の①～④のうちから一つ選び、その記号を解答欄にマークしなさい。問番号は30。

① 浄水器のフィルターは、浮遊物質や病原細菌、残留塩素などをろ過する一方で、水に溶けてイオン化しているフッ素や鉛などを通してしまうから。

② 浄水器のフィルターは、サビなどの浮遊物質や病原細菌などを吸着除去するが、トリハロメタンのようなイオン化した有害物質を通してしまうから。

③ 浄水器のフィルターは、浮遊物質のほか病原細菌や原虫、ウイルスをろ過するとともに、イオン化した有益なミネラル分もろ過してしまうから。

④ 浄水器のフィルターは、サビなどの浮遊物質や病原細菌、ウイルスをろ過する反面、マグネシウムやリンといった有害な物質を通してしまうから。

六　次の文章を読み、後の問いに答えなさい。

人が物を、別の人を使う。それもみずからの意志するものの実現のために、その道具として、手段として、利用する。このように、使う側に Ⅰ のあるのが、使うといういとなみである。ということは、「使用」には、使う者と使われる物ないしは人の分離ということが前

【資料】

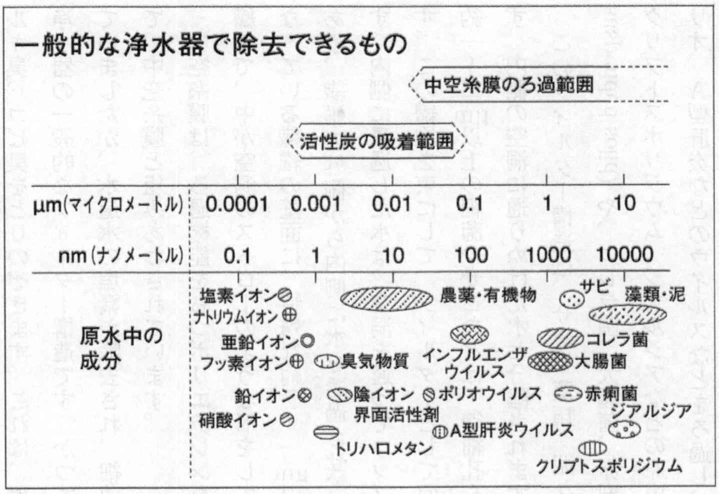

問一　本文中の空欄［Ⅰ］～［Ⅲ］に当てはまる語句の組み合わせとして正しいものを、後の①～④のうちから一つ選び、その記号を解答欄にマークしなさい。問番号は［26］。

①　Ⅰ　そして　Ⅱ　なお　Ⅲ　しかし
②　Ⅰ　また　Ⅱ　そして　Ⅲ　つまり
③　Ⅰ　しかも　Ⅱ　よって　Ⅲ　または
④　Ⅰ　でも　Ⅱ　ところが　Ⅲ　だから

問二　傍線部A「心地よさを感じてきます」とあるが、筆者がこのように述べる根拠として当てはまらないものを、後の①～④のうちから一つ選び、その記号を解答欄にマークしなさい。問番号は［27］。

①　ホルムアルデヒドやスチレンなどの臭いを除去するというきわめて高い消臭効果を、炭が発揮するから。
②　炭には静電気の発生をおさえる効果や空気浄化効果があり、気分をおだやかにする鎮静効果もあるから。
③　竹炭にはヤシ殻活性炭の半分程度の吸着作用があり、量をふやすと除湿効果でムレやベトつきを解消するから。
④　電子機器の誤作動や心身への障害などを引きおこす可能性があると考えられる電磁波を、炭が遮蔽するから。

問三　傍線部B「マイナスイオン値」とあるが、「マイナスイオン」の説明として正しいものを、後の①～④のうちから一つ選び、その記号を解答欄にマークしなさい。問番号は［28］。

①　ドイツの物理学者によって滝の水滴から発見されたもので、ドイツを中心に生理や病理との関連が研究され、健康に好影響をあたえるともいわれている。
②　ヤシ殻活性炭をおよそ一分設置することで、森林の数倍の個数まで増加することがわかっているが、健康への影響や効果についてはわかっていない。
③　レナード効果によって大きい水粒子がマイナスに帯電して発生するものだが、森林浴でえられる爽快感の原因となっているかどうかは科学的根拠が弱い。
④　水が急激に微粒化されたときに、プラスイオンが重力の作用

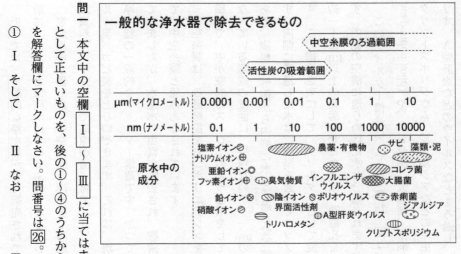

すがすがしさや爽快感の成分なのかも、科学的根拠が弱いことを留意しておかなければなりません。

（中略）

近年では、C一般的な浄水器が安く販売されています。その話をする前に、浄水器とは何かについてふれておきたいと思います。

家庭用浄水器では、中空糸膜と活性炭でろ過や吸着をおこないます【資料】。中空糸膜で病原細菌、雑菌、サビを除去し、活性炭で、カルキ臭、カビ臭をとりのぞきます。これは、現在、主流となっている浄水器の一般的なフィルター構造です。かつては、活性炭だけを使っていましたが、水道水の塩素が除去され、細菌がふえることがあるので、中空糸膜と組みあわされています。

中空糸膜は、ろ過機能をもつポリエチレンを原料とした多孔質（注8）中空繊維で、中が空洞のストローのような形をしています。ストロー状になっている繊維の壁面に、特殊な約〇・一μmのスリット状の微細孔があり、繊維の外側から内側に水を透過（注9）させ、精密ろ過をおこないます。内側に透過した水は、空洞を通ってコップなどに注がれていきます。この繊維を束にして、フィルターとして使っています。大きさが約一～二μm以上の細菌やサビなどは、微細孔を通りぬけることができず、内側の空洞に通りぬけた水と分離されます。

このフィルター構造は、サビや藻類、泥などの浮遊物質（ＳＳ：suspended solid）や、コレラ菌、大腸菌、赤痢菌などの病原細菌や、クリプトスポリジウム、ジアルジアなどの原虫（注10）、インフルエンザ、ポリオ、Ａ型肝炎などのウイルスなどをろ過し、残留塩素（塩素分子）やトリハロメタンなどを吸着除去しますが、水に溶けたイオン化している化学物質は小さすぎて完全には除去されません。［Ⅲ］、カルシウム・ナトリウム・カリウム・マグネシウム・リン・イオウ・鉄などの有益なミネラル分を通す一方で、イオン化している塩素・フッ素・硝酸・鉛などの有害な物質も通してしまうのです。牛乳、コーラ、ミカンジュース、塩水を浄化しても味が完全に消えないのは、このためです。

ですから、D有害物質が溶けこんでいる池や川では、浄水器は使えませんし、海水を淡水にも変えることはできないのです。有害物質をふくんだ水をきれいな水にするのは困難ですが、処理してきれいになっても飲料水にはしないでしょう。海水を淡水に変えるには、海水を蒸発させて水蒸気を冷やして淡水をえる方法や、水は通すけれど塩分は通しにくい半透膜とよばれる膜を使う方法があります。おもに離島の渇水対策として、海水淡水化施設で使われています。

（篠原功治《しのはらこうじ》『カンタン実験で環境を考えよう』）

（注1）活性炭……ヤシ殻などの炭を原料とする、吸着性の強い物質。
（注2）備長炭……ウバメガシを材料として作る良質の木炭。
（注3）電磁波……真空または物質中を振動が伝わる現象。
（注4）通電性……電流を通す性質。
（注5）恒温恒湿……温度と湿度が一定なこと。
（注6）遮蔽……覆い隠すこと。
（注7）帯電……電気を帯びること。
（注8）多孔質……多数の細かい穴をもつ物質。
（注9）透過……通りぬけること。
（注10）原虫……原生動物。単細胞性の最も下等な動物。

やテレビの横におくといいのは、電磁波[注3]をさえぎる効果があるためです。枕や布団の中に入れるといいのは、除湿効果や消臭効果によりムレやベトつきを解消するばかりではなく、通電性[注4]にもすぐれているので、静電気の発生をおさえる効果もあるためです。また、空気浄化効果もあり、気分をおだやかにする鎮静効果にもつながっています。これらの作用と併用して、炭はB空気中のマイナスイオン値を高める効果もあることがわかっています。

除湿効果については、四〇℃、九〇%の恒温恒湿[注5]の条件下に、一定量のヤシ殻活性炭を五時間放置すると、放置前にくらべて放置後の重量は、およそ三〇%の増加がみられるようです。この増加分が吸着された湿気であり、除湿効果にすぐれていることをあらわしています。［Ⅰ］、ヤシ殻活性炭より吸着作用が一〇〇分の一ていど劣ってしまう竹炭、備長炭でも、量をふやせば十分な効果をえることができます。

消臭効果については、二時間後の消臭効果をみてみると、殺菌防腐剤に使われ、石炭や木を燃やした煙の中にできる、刺激臭のある有害物質のホルムアルデヒドの臭《にお》いは一〇〇%とれ、芳香があり塗料などに使われるスチレンや、香料の原料となるトルエンは九五%以上の消臭率、キシレンは九〇%以上の消臭率があるようです。一〇〇円ショップやホームセンターに行くと、さまざまな匂いが充満しています。ところが、炭の販売コーナーだけはなにも匂わないのも納得できます。

電磁波遮蔽[注6]効果については、機器類から発生する不要な電磁波が通信障害、電子機器の誤作動、心身への障害などを引きおこす可能性があると考えられており、炭が不要な電磁波を遮蔽することで障害が軽減されるといわれています。

空気中のマイナスイオン測定では、ヤシ殻活性灰をマイナスイオン測定機に近づけて一秒ごとに一ccあたりのマイナスイオンの個数を調べたデータによると、一秒目の八三個からおよそ六〇秒目までは、それほど増加はみられないのですが、六〇秒をこえたあたりから、急激にふえて一〇〇〇個をこえ、八〇秒以降は二〇〇〇個をこえて、一万個に到達しています。都市部での空気中のマイナスイオン値はおよそ八〇個、森林ではおよそ二五〇〇個といわれており、一分強のあいだヤシ殻活性炭を設置しただけで、森林の中にいる条件と同じか、それを上まわる環境をつくることができます。

マイナスイオンについてすこしくわしく説明すると、一九〇〇年代にドイツの物理学者が、滝で水滴が微細に分裂すると水粒子が帯電[注7]し、マイナスイオンとプラスイオンが発生することを発見しました。これをレナード効果といい、水が急激に微粒化されると、大きい水粒子はプラスに帯電して落下し、小さい水粒子はマイナスに帯電して、まわりの空気をマイナスに帯電させることをいいます。プラスイオンは重力の作用で早く接地するため、結果としてまわりの空気はマイナスイオンになるのではないか、というものです。

ドイツを中心に、この空気イオンの生理や病理との関連が研究され、日本でも一九二〇年ごろに同様の研究がおこなわれるようになりました。これらの研究から、マイナスイオンは健康に好影響をあたえ、プラスイオンは悪影響をあたえるといわれていますが、じっさいの効果についてはわかっていません。

［Ⅱ］、このマイナスイオン値が、森林浴をしたときにえられる

問一　傍線部Ａ「おのが恥なるべし」とあるが、どのようなことを「恥」だと言っているのか。正しいものを、後の①～④のうちから一つ選び、その記号を解答欄にマークしなさい。問番号は[21]。

①　賢く貴い人を助けて、自分が千両の金を得ようとすること。
②　賢く貴い人に、今日の分だけの穀物をあげること。
③　今日食べる分の穀物を、賢く貴い人からもらうこと。
④　賢く貴い人に、自分から千両の金を渡すこと。

問二　空欄[Ｂ]に当てはまるものとして正しいものを、後の①～④のうちから一つ選び、その記号を解答欄にマークしなさい。問番号は[22]。

①　鮒　②　風　③　人　④　車

問三　傍線部Ｃ「曰く」の主語として正しいものを、後の①～④のうちから一つ選び、その記号を解答欄にマークしなさい。問番号は[23]。

①　荘子　②　監河侯
③　鮒　④　河伯神

問四　傍線部Ｄ「さらにそれまでえ待つまじ」の意味として正しいものを、後の①～④のうちから一つ選び、その記号を解答欄にマークしなさい。問番号は[24]。

①　あらためてそれまで待ってはいけない。
②　とてもそれまで待ってはくれないだろう。
③　そのうえそれまで待つのはどうだろう。
④　けっしてそれまでは待てないだろう。

問五　傍線部Ｅ「後の千の金さらに益なし」とは、どのようなことを言っているのか。正しいものを、後の①～④のうちから一つ選び、その記号を解答欄にマークしなさい。問番号は[25]。

①　今日の命を助けてくれるのなら、あとで大金を出してお礼をしても足りないということ。
②　今日の命を保つことができないなら、あとになってからの大金は役に立たないということ。
③　今日何も食べないで生きることより、あとで大金をもらうことのほうが意味がないということ。
④　今日食べて生き延びたあとに大金をもらったとしても、何の得もしないということ。

[五]　次の文章を読み、後の問いに答えなさい。

浄水器に必要不可欠な活性炭（注1）ですが、さまざまなところで利用されているので、カンタン実験とあわせて紹介します。

まず、炭を居住空間においてみましょう。たとえば、げた箱やトイレ、冷蔵庫、押し入れ、居間、テレビの横、枕や布団《ふとん》の中などです。

竹炭や備長炭《びんちょうたん》（注2）は、そのままおくか、器に入れておいてもいいですし、何かの中に入れるときは、キッチンペーパーでくるんでテープでとめる方法もあります。活性炭は、お茶パックに入れて、入り口部分をテープでとめましょう。しばらくすると、炭をおいていないときよりも、おいているときのほうが心地よさを感じてきます。

炭には、吸着作用があり、浄水効果のほかにも多くのはたらきをもちあわせています。その一つに除湿効果や消臭効果があります。げた箱やトイレ、冷蔵庫、押し入れにおくといいのはこのためです。居間

3　島崎藤村の著作。問番号は[18]。
①『若菜集』　②『道程』
③『春と修羅』　④『赤光』
⑤『一握の砂』

4　『万葉集』に和歌が収められている作者。問番号は[19]。
①小野小町　②藤原定家
③西行法師　④紀貫之
⑤柿本人麻呂

5　『たけくらべ』の作者。問番号は[20]。
①井上靖　②樋口一葉
③武者小路実篤　④森鷗外
⑤与謝野晶子

[四]　次の文章を読み、後の問いに答えなさい。

今は昔、唐《もろこし》(注1)に荘子《さうじ》(注2)といふ人ありけり。家いみじう貧しくて、今日の食物絶えぬ。隣に監河侯《かんかこう》といふ人ありけり。それがもとへ今日食ふべき料《れう》の粟《ぞく》(注3)を乞《こ》ふ。河侯が曰《いは》く、「今五日ありて(注4)おはせよ。千両の金を得んとす。それを奉らん。いかでかやんごとなき(注5)人に、今日参るばかりの粟をば奉らん。A返す返すおのが恥なるべし」といへば、荘子の曰く、「昨日道をまかりしに、跡に呼ばふ声あり(注6)。顧みれば[B]なし。ただ車の輪《わ》跡《あと》のくぼみたる所にたまりたる少水《せうすい》に、鮒《ふな》一つふためく(注7)。何ぞの鮒にかあらんと思ひて寄りて見れば、少しばかりの水にいみじう大きなる鮒あり。『何ぞの鮒ぞ』と問へば、鮒の曰く、『我は河伯《かはく》神《しん》(注8)の使《つかひ》に、江湖《がうこ》(注9)へ行くなり。それが飛びそこなひて、この溝に落ち入りたるなり。喉渇き死なんとす。我を助けよと思ひて呼びつるなり』といふ。C答へて曰く、『吾《われ》今二三日ありて、江湖といふ所に遊びしに行かんとす。そこにもて行きて放さん』といふに、魚の曰く、『Dさらにそれまでえ待つまじ。ただ今日一提《ひとひさげ》ばかりの水(注10)をもて喉をうるへよ(注11)』といひしかば、さてなん助けし(注12)。鮒のいひし事、我が身に知りぬ。さらに今日の命、物食はずは生くべからず。E後の千の金《こがね》さらに益《やく》なし」とぞいひける。

（『宇治拾遺物語』）

(注1) 唐……中国。
(注2) 荘子……中国、戦国時代の思想家。
(注3) 今日食ふべき料の粟……今日食べるための分量の穀物。
(注4) 今五日ありて……あと五日たってから。
(注5) やんごとなき……賢く貴い。
(注6) 道をまかりしに、跡に呼ばふ声あり……道を通ったら、後ろから呼ぶ声がする。
(注7) ふためく……ばたばたとしている。
(注8) 河伯神……河の神。
(注9) 江湖……大河と湖。
(注10) 一提ばかりの水……一つの提（という容器）一杯ほどの水。
(注11) うるへよ……うるおしてください。
(注12) さてなん助けし……そのようにして助けてやった。

10 鉄分がケツボウする

[10]

① 活動をボウガイする
② 商品をランボウに扱う
③ 大事なことをボウキャクする
④ なるべく遠くにトウボウする
⑤ 生活がキュウボウする

二

1 次の語句の類義語を後の①～⑤のうちから一つ選び、その記号を解答欄にマークしなさい。問番号は[11]。

《陳腐》

① 平凡　② 腐朽　③ 卓越
④ 斬新　⑤ 曖昧

2 次の語句の意味を後の①～⑤のうちから一つ選び、その記号を解答欄にマークしなさい。問番号は[12]。

《おもむろに》

① 時間を置かずに行動する様子
② 絶え間なく続いている様子
③ 予期する間もなく突然な様子
④ ゆっくりと動作を始める様子
⑤ はっきりと目立つ様子

3 次の語句の意味を後の①～⑤のうちから一つ選び、その記号を解答欄にマークしなさい。問番号は[13]。

《アイロニー》

① 誇張　② 批判　③ 暗示
④ 婉曲　⑤ 皮肉

4 次の①～⑤の語を【敬意の表し方】によって分類した時、一つだけ他と異なるものを選び、その記号を解答欄にマークしなさい。問番号は[14]。

① 小紙　② 貴社　③ 粗品
④ 拙著　⑤ 愚考

5 次の慣用句の意味を後の①～⑤のうちから一つ選び、その記号を解答欄にマークしなさい。問番号は[15]。

《やぶさかでない》

① 仕方なく行動する　② 身動きができない
③ 行動する余裕がない　④ 努力を惜しまない
⑤ 避けることができない

三

次の説明に該当する選択肢を、後の①～⑤のうちから一つ選び、その記号を解答欄にマークしなさい。

1 「春の海終日《ひねもす》のたりのたりかな」の作者。問番号は[16]。

① 松尾芭蕉　② 小林一茶
③ 与謝蕪村　④ 高浜虚子
⑤ 正岡子規

2 近松門左衛門作『曾根崎心中』のジャンル。問番号は[17]。

① 能　② 歌舞伎
③ 黄表紙　④ 浄瑠璃
⑤ 狂言

【国　語】（五〇分）〈満点：一〇〇点〉

一　傍線部の漢字と同じ漢字を含むものを、次の①～⑤のうちから一つ選び、その記号を解答欄にマークしなさい。問番号は[1]～[10]。

1　問題点をシテキする　[1]
① ヒョウテキを定める
② 彼はリーダーにテキニンだ
③ イッテキずつ水を垂らす
④ 破片をテキシュツする
⑤ テキタイ勢力を追い詰める

2　思わぬコウキが到来する　[2]
① シンキ一転して仕事をする
② キリツ正しい生活を送る
③ 努力がキセキを起こす
④ キソをおろそかにしない
⑤ カッキ的な研究を進める

3　事件のケイイを追う　[3]
① 取り決めがケイガイ化する
② 対応にシンケイを使う
③ テンケイ的な特徴を持つ
④ 結論を出すのはソウケイだ
⑤ 彼の態度はソンケイに値する

4　コユウの鳴き声で鳴く　[4]
① ジコ都合で遅刻する
② コタイが溶けて液化する
③ 従業員をコヨウする
④ 表現をコチョウする
⑤ コセイを十分に発揮する

5　取引相手とセッショウする　[5]
① 怪我はケイショウで済んだ
② ショウコを示して説明する
③ ショウバイに精を出す
④ 意見がショウトツする
⑤ シュッショウ率を計算する

6　タイショウ年齢を定める　[6]
① 身分をショウカイする
② ショウタイが判明する
③ 英雄としてショウサンされる
④ 不思議なゲンショウが起きる
⑤ 議案をショウニンする

7　前例をトウシュウする　[7]
① 相手のキシュウを受ける
② シュウダンで行動する
③ シュウネン深く調査する
④ タイシュウを相手に演説する
⑤ つまらない意見をイッシュウする

8　カンショウ的な気分になる　[8]
① 木でできたインカンを押す
② ジャッカンの痛みが残る
③ バンカンの思いがこみ上げる
④ 先にカンジョウを済ます
⑤ カンマンな動きをみせる

9　ヨジョウ豊かな詩を読む　[9]
① メイヨある賞を受け取る
② 銀行からヨキンを引き出す
③ 支払い期限をユウヨする
④ タイヨされた制服を着る
⑤ ザンヨの金額でやりくりする

MEMO

大切なことはメモしておこうネ！

2022年度

解 答 と 解 説

《2022年度の配点は解答欄に掲載してあります。》

＜数学解答＞《学校からの正答の発表はありません。》

[1] (1) ア 9 (2) イ 0 (3) ウ 2 エ － オ 3 (4) カ 0
(5) キ 0 (6) ク 1[4] ケ 4[1] (7) コ － サ 7
シ 1 ス 7 セ 4 (8) ソ 7 タ 8

[2] (1) チ 5 ツ 4 テ 0 ト 2 ナ 0 ニ 5 (2) ヌ 1 ネ 5

[3] (1) ノ 1 ハ 4 (2) ヒ 1 フ 2 ヘ 1 ホ 5 (3) マ 1
ミ 6

[4] (1) ム 1 メ 4 (3) モ 1 ヤ 8 (3) ユ 5 ヨ 3 ラ 2

[5] (1) リ 5 ル 6 レ 1 ロ 2 ワ 8 (2) ヲ 0 ン 8 あ 1
い 8 う 1 え 2 (3) お 1 か 1 き 4 く 3 け 6
こ 2 さ 4

[6] (1) し 1 す 3 (2) せ 1 そ 5 た 2 (3) ち 6 つ 2
て 2

○推定配点○

[1] 各4点×9((1)～(7)各完答)　[2] 各4点×2((1)完答)　[3] 各4点×4((1)・(3)各完答)
[4] 各4点×3　[5] 各1点×12　[6] 各4点×4((1)・(3)各完答)　計100点

＜数学解説＞

基本 [1] (正負の数，式の計算，連立方程式，平方根，正誤問題，因数分解，二次方程式，資料の整理)

(1) $-3-(-10)+2=-3+10+2=-3+12=9$

(2) $(-3a)^2\div 6ab\times(-16ab^2)=-\dfrac{9a^2\times 16ab^2}{6ab}=-24a^2b$　よって，⓪

(3) $2x+y=1$…①，$3x-2y=12$…②　①×2＋②より，$7x=14$　$x=2$　これを①に代入して，$4+y=1$　$y=-3$

(4) $\sqrt{3}+\dfrac{9}{\sqrt{3}}-\sqrt{48}=\sqrt{3}+3\sqrt{3}-4\sqrt{3}=0$

(5) (あ) $n=2$，$\pi=3.14\cdots$より，$n<\pi$であるから，正しい。

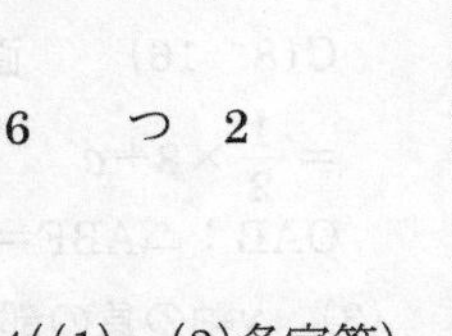

(い) $180°\times(8-2)=1080°$であるから，誤り。 (う) $\dfrac{2}{3}$は有理数であるから，正しい。 (え) 右の図で，組み立てるとアとイが重なるから，誤り。 (お) $\sqrt{121}=\sqrt{11^2}=11$であるから，誤り。よって，⓪

(6) $(3x+1)^2-7(3x+1)+10=\{(3x+1)-2\}\{(3x+1)-5\}=(3x-1)(3x-4)$

(7) $2x^2+7x+4=0$　解の公式を用いて，$x=\dfrac{-7\pm\sqrt{7^2-4\times2\times4}}{2\times2}=\dfrac{-7\pm\sqrt{17}}{4}$

(8) 平均点は，$(8+4+10+7+8+2+9+9+6)\div 9=\dfrac{63}{9}=7$(点)　中央値は，得点の低い方から5番目で8点

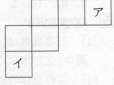

2 (方程式の利用)

(1) 予定の入館料の合計は，$600x+400(18-x)$(円)であるが，団体割引による入館料は，大人$600\times(1-0.1)=540$(円)，子ども$400\times(1-0.1)=360$(円)だから，実際の入館料の合計は，$540x+360(20-x)$(円) よって，方程式は，$540x+360(20-x)+100=600x+400(18-x)$ $540x+7200-360x+100=600x+7200-400x$ $20x=100$ $x=5$(人)

(2) 団体割引を利用した大人をy人とすると，団体割引を利用した子どもは$(150-y)$人であり，団体割引を利用しない大人は$(40-y)$人，団体割引を利用しない子どもは，$170-(150-y)=20+y$(人)となるから，入館料の合計について，$540y+360(150-y)+600(40-y)+400(20+y)=85700$ $540y+54000-360y+24000-600y+8000+400y=85700$ $20y=300$ $y=15$(人)

3 (図形と関数・グラフの融合問題)

基本 (1) A$(-2,\ 1)$は$y=ax^2$上の点だから，$1=a\times(-2)^2$ $a=\frac{1}{4}$

重要 (2) $y=\frac{1}{4}x^2$に$x=4$を代入して，$y=\frac{1}{4}\times4^2=4$ よって，B$(4,\ 4)$ 直線ABの傾きは，$\frac{4-1}{4-(-2)}=\frac{1}{2}$ 直線ABの式を$y=\frac{1}{2}x+b$とすると，点Aを通るから，$1=\frac{1}{2}\times(-2)+b$ $b=2$ よって，E$(0,\ 2)$とする。また，$y=\frac{1}{4}x^2$に$x=8$を代入して，$y=\frac{1}{4}\times8^2=16$ よって，C$(8,\ 16)$ 直線ABに平行で点Cを通る直線の式を$y=\frac{1}{2}x+c$とすると，点Cを通るから，$16=\frac{1}{2}\times8+c$ $c=12$ よって，F$(0,\ 12)$とする。CF//ABより，△ABC＝△ABF △OAB：△ABF＝OE：EF＝$2:(12-2)=1:5$ したがって，△OAB：△ABC＝$1:5$

重要 (3) y軸の負の部分に，EF＝EGとなる点Gをとると，G$(0,\ -8)$ 直線$y=\frac{1}{2}x-8$とx軸との交点をDとすれば，GD//ABより，△ABC＝△ABF＝△ABG＝△ABDとなる。$y=\frac{1}{2}x-8$に$y=0$を代入して，$0=\frac{1}{2}x-8$ $x=16$ よって，点Dのx座標は16

4 (確率)

基本 (1) 袋Aから7の数が書かれた球を取り出せば，題意を満たすから，求める確率は，$\frac{1}{4}$

(2) 球の取り出し方は$4\times4=16$(通り) このうち，題意を満たすのは，袋Aから1または7の数が書かれた球を取り出し，袋Bから2の数が書かれた球を取り出す場合の2通りだから，求める確率は，$\frac{2}{16}=\frac{1}{8}$

(3) 球の取り出し方は$4\times4\times4=64$(通り) このうち，題意を満たすのは，$(x,\ y,\ z)=(1,\ 2,\ 4)$，$(1,\ 2,\ 6)$，$(1,\ 2,\ 7)$，$(1,\ 3,\ 4)$，$(1,\ 3,\ 6)$，$(1,\ 3,\ 7)$，$(1,\ 5,\ 6)$，$(1,\ 5,\ 7)$，$(4,\ 5,\ 6)$，$(4,\ 5,\ 7)$の10通りだから，求める確率は，$\frac{10}{64}=\frac{5}{32}$

5 (空間図形)

基本 (1) 正多面体は，正四面体，正六面体，正八面体，正十二面体，正二十面体の5種類あり，正六面体(立方体)の面の数は6個，辺の数は12個，頂点の数は8個である。

(2) この立体の切り口の図形は正三角形であり，正三角形の面が4個と正六角形の面が4個あるので，すべての面の数は8個である。すべての辺の数は，もとの正四面体の辺の数の6個に4個の正三角形の辺の数を合わせて$6+3\times4=18$(個)である。すべての頂点の数は，4個の正三角形の頂点の数に等しく，$3\times4=12$(個)である。

(3) この立体の切り口の図形は正方形であり，正方形の面が6個と正六角形の面が8個あるので，すべての面の数は14個である。すべての辺の数は，もとの正八面体の辺の数の12個に6個の正方形の辺の数を合わせて12＋4×6＝36(個)である。すべての頂点の数は，6個の正方形の頂点の数に等しく，4×6＝24(個)である。

重要 [6] (平面図形の計量)

(1)　△ABHは直角二等辺三角形だから，BH＝AH＝1　△ACHは内角が30°，60°，90°の直角三角形だから，$CH=\sqrt{3}AH=\sqrt{3}$　よって，$BC=BH+CH=1+\sqrt{3}$

(2)　円周角の定理より，∠AOC＝2∠ABC＝90°だから，△OACは直角二等辺三角形　よって，∠OBC＝∠OCB＝∠OCA－∠ACB＝45°－30°＝15°　また，AC＝2AH＝2より，$OC=\frac{1}{\sqrt{2}}AC=\frac{2}{\sqrt{2}}=\sqrt{2}$　よって，円の半径は$\sqrt{2}$

(3)　∠OBA＝45°＋15°＝60°より，△OABは正三角形である。直線OHとABとの交点をIとすると，OIの長さは正三角形の高さに等しいから，$OI=\frac{\sqrt{3}}{2}OA=\frac{\sqrt{3}}{2}\times\sqrt{2}=\frac{\sqrt{6}}{2}$　$HI=AH=\frac{1}{2}AB=\frac{\sqrt{2}}{2}$　よって，$OH=OI-HI=\frac{\sqrt{6}-\sqrt{2}}{2}$

★ワンポイントアドバイス★

出題構成や難易度は例年とほぼ変わらない。特別な難問もなく取り組みやすい内容の出題である。ミスのないようにできるところから解いていこう。

＜英語解答＞《学校からの正答の発表はありません。》

【A】　リスニングテスト解答省略

【B】　[11] ①　[12] ②

【C】　[13] ③　[14] ①　[15] ②　[16] ③　[17] ①　[18] ②　[19] ①　[20] ③
[21] ②　[22] ①　[23] ④　[24] ③　[25] ④

【D】　[26] ⑤　[27] ①　[28] ①　[29] ④　[30] ⑧　[31] ⑤　[32] ⑥　[33] ⑦
[34] ①

【E】　[35] ①，③　[36] ②，⑤　[37] ②

【F】　[38] ④　[39] ⑥　[40] ③

【G】　[41] ③　[42] ③　[43] ④　[44] ③　[45] ②　[46] ②　[47] ①　[48] ②
[49] ④　[50] ①，③

○推定配点○

各2点×50　　計100点

＜英語解説＞

【A】　リスニングテスト解説省略。

【B】　(発音問題)

[11]　①はすべて[ei]。②は左から[ou]，[au]，[au]。③は左から，発音しない(黙字)，[f]，発音しない(黙字)。

⑫ ①は左から[u]，[uː]，[ʌ]。②はすべて[iː]。③は左から[ɑːr]，[əːr]，[əːr]。

基本 【C】（語句補充・選択：分詞，動詞，疑問詞，不定詞，現在完了，助動詞，関係代名詞，前置詞，比較，代名詞）

⑬ A：この写真のこの男性は誰ですか。／B：これはシカゴで働いている私の兄です。 形容詞的用法の現在分詞句 working in Chicago「シカゴで働いている」が man を後ろから修飾する。

⑭ A：この城に来るのは初めてですか。／B：はい。私は今までにこんなに美しい城を見たことがありません。< such a ＋形容詞＋名詞>「そんなに…な(名詞)」

⑮ A：ケン，あなたの趣味は何ですか。／B：読書をするのが大好きです。 like ～ing「～することが好きだ」

⑯ A：明日バスケの試合があるよ。／B：うん，でもどこで集合するのかわからない。／A：ミナミ高校の校門だよ。遅刻しないで！ < where to ＋動詞の原形>「どこで～すべきか」

⑰ A：やあ，トモヤ。僕はベンジャミン。ベンと呼んでね。／B：やあ，ベン。初めまして。 call A B「AをBと呼ぶ」

⑱ A：クミ，図書館で一緒に勉強する？／B：いいよ，でも私はまだ昼食を食べていないの。have lunch「昼食を食べる」 現在完了では have had lunch となり，その否定形は haven't had lunch である。not ～ yet「まだ～ない」

⑲ 「あなたは私に何時に駅に迎えに来てほしいですか」< would like ＋人＋ to ＋動詞の原形>「(人)に～してほしい」の疑問文。pick up「迎えに来る」

⑳ 「ベッドで一緒に寝ている少年と犬を見て」 先行詞が「人＋人以外の何か(もの，動物など)」の場合，関係代名詞は that を用いる。

㉑ 「私は11月11日の朝に生まれた」「(特定の日の)朝に」という場合は on the morning of ～ という。

㉒ 「これはおよそ100年前に使われた机だ」 形容詞的用法の過去分詞句 used about a hundred years ago「およそ100年前に使われた」が desk を後ろから修飾する。

㉓ 「彼女に手紙を書くのを忘れないで」「はい，忘れません」 I won't. は I won't forget to write to her.「私は彼女に手紙を書くことを忘れない」の意味。この場合，日本語では「はい」と返事するが，英語では応答の文が否定文ならば，No と言う。

㉔ 「私はすべての教科の中で英語が一番好きだ」 <最上級＋ of all ＋複数名詞>「～の中で最も…」

㉕ 「私は姉が2人いる。1人は医師で，もう1人は教師だ」 2つのものや2人について，「1つ(1人)は～，もう1つ(もう1人)は…」という場合，one ～, the other … と表す。

重要 【D】（語句整序：不定詞，助動詞，接続詞，熟語，比較，前置詞，進行形，分詞，関係代名詞）

㉖ (Some people say that)it is better for us to learn English.「私たちは英語を学んだほうがいい，という人がいる」 < It is … for ＋人＋ to ＋動詞の原形>「(人)にとって～することは…」

㉗ Can you leave a message for him?「彼にメッセージを残してくれませんか」 Can you ～？「～してくれませんか」 leave a message「メッセージを残す」

㉘ (You can)get a free sample if you buy something(at this shop.)「あなたはこの店で何かを買ったら，無料のサンプルがもらえます」 get ～「～を手に入れる」 if は条件を表す接続詞。

㉙ (I)use a case to keep my smartphone in(good condition.)「私は自分のスマートフォンを良い状態に保つためにケースを使う」 to 以下は目的を表す副詞的用法の不定詞句。

<keep +目的語+ in good condition>「～を良い状態に保つ」

30 This town is the coldest place in my(country.)「この町は私の国で最も寒い場所です」 <最上級+ in +場所>「～で最も…」

31 I'm looking for a new book written by(Haruki Murakami.)「私は村上春樹によって書かれた新しい本を探している」 現在進行形の文。look for ～「～を探す」 形容詞的用法の過去分詞句 written by Haruki Murakami「村上春樹によって書かれた」が book を後ろから修飾する。

32 (The)cake that your mother made is delicious.「あなたのお母さんが作ったケーキはおいしい」 that は目的格の関係代名詞。that your mother made「あなたのお母さんが作った」が cake を後ろから修飾する。

33 How did you get the chance to join(that team?)「あなたはどうやってあのチームに入るチャンスを手に入れたのですか」 how は方法・手段を尋ねる疑問詞。<the chance to +動詞の原形>「～する機会，チャンス」

34 I met an old friend of mine in(a bus.)「私はバスで旧友の1人に会った」 a friend of mine「私の友人のうちの1人」「私の古い友人のうちの1人」は an old friend of mine となる。

重要 **【E】** **(資料読解問題：内容吟味，内容一致)**

(全訳)

麻布美術館　ウェブサイト

春の特別展示

浮世絵の世界

3月8日(火)～4月17日(日)

・浮世絵の有名作品

・浮世絵の歴史

・特別展示の入場料(常設展示への入場料を含む)

　・大人(15歳以上)：1,000円

　・大人(学生証持参)：800円

　・子供(14歳以下)：600円

前売り券はコンビニとインターネットで，200円引きで購入できます。

詳しい情報はここをクリックしてください。

インフォメーション

営業時間：9：00－17：00(最終入場　16：30)

　3月から10月までの金曜日は営業時間を20：00(最終入場　19：30)に延長します。

休館：月曜日，年末年始(12月28日から1月3日)

　月曜日が祝日の場合，翌日に休館します。

入場料(常設展示)

	大人(15歳以上)	大人(学生証持参)	子供(14歳以下)
入場料	500円	300円	無料
団体入場料(20名以上)	400円	200円	無料

35 ①，③が正しい。②(×) 特別展示の入場料は常設展示の入場料より高い。 ④(×) そのような記述はない。営業時間内であれば見られる。 ⑤(×) 最終入場は「20時」ではなく「19

時30分」が正しい。

36　②(×)　8月中に営業時間が延長されるのは土曜日ではなく金曜日。⑤(×)「20％引き」ではなく「100円引き」である。

37　20人の大学生の分は，団体入場料200円×20＝4,000円。30人の社会人の分は，団体入場料400円×30＝12,000円。小学生は無料。よって合計16,000円。

【F】（会話文読解問題：文補充・選択）

（全訳）　マイケルはニューヨーク出身の学生で日本の中学校に通っている。ある日，学校へ行く途中，彼はクラスメートのユイとダイキと話している。

マイケル：ユイ，この前の週末は何をした？

ユイ　　：家族と一緒に新しいショッピングモールに行ったよ。私はモール内の書店で何冊か本を買った。

マイケル：僕はそのモールにずっと行きかったんだ。38そこでどんな種類の本を買ったの？

ユイ　　：小説を買ったのよ。小説7冊。

マイケル：小説7冊！　君は本当に読書が好きなんだね。

ユイ　　：うん，私は読書が大好き。たいてい夕食の後に読書するのよ。

マイケル：僕も本が好きだよ。よく週末に市立図書館へ行くよ。僕は宇宙に興味があるから，たいていそれに関する本を読む。39僕たちは読書することで新しいことを学ぶことができるよ。

ユイ　　：なるほど。ダイキ，あなたはどう思う？

ダイキ　：僕も読書が好きだよ。僕はよく，日本史に関する本を読む。僕たちにとって自分の国で過去に起きたことについて知るのは大切だと思う。

マイケル：そうだね。ユイ，君の読書に関する考えを教えてよ。

ユイ　　：私にとって，読書は先生と話すみたいな感じなの。なぜなら本は私たちの人生，夢，感情について必要なことをたくさん教えてくれるから。

マイケル：僕も同意見だよ。本は素晴らしい。僕たちはもっと読書する時間を見つけるべきだよ。

ダイキ　：僕もそう思う。ああ，マイケル，僕たちの学校の図書館に英語の本があると知っている？

マイケル：本当？　それは知らなかったよ。借りられるの？

ダイキ　：もちろん借りられるよ。40僕は前に宇宙に関する本を何冊か見つけたよ。君はきっとそれらが気に入ると思う。放課後そこに行こうか？

マイケル：それはすごい。ありがとう，ダイキ。

ユイ　　：わあ，もう8時20分よ。学校に向かって走ろう。

【G】（長文読解問題・エッセイ：語句補充・選択，関係代名詞，語句解釈，内容吟味，英問英答，内容一致）

（全訳）　9月は夏の終わりと秋の始まりを示す月だ。多くの国では子供のいる家庭にとって，9月は「学校に戻る」という意味でもある。子供たちが授業に戻る準備ができると，世界中の親たちは彼らの安全について心配し，車に気をつけるように言う。親たちは「道を渡る時は，忘れずに両側を見なさい」と言う。このアドバイスは外国旅行をする時に特に重要だ。なぜなら国が違うと車が道路のどちら側を走るかも違うからだ。

私はイこの重要な事実を忘れて危険な目にあったことを今でも覚えている。私はイングランドの小さな町を訪れていたが，(ウ)私は道路を渡ろうとしている時に自分が外国にいることを忘れていた。車を確認するため，私はカナダでいつもやったように，左を見た。私の方へ走ってくる車がないことを確認したので，私は道路に足を踏み出した。すると1台の車が突然右から現れた。幸運なことに，ドライバーはぎりぎりのところで車を止めた。

日本の車は左側を走ると，誰もが知っている。他の国はどうだろうか。世界のすべての国のおよそ65%で車は右側通行であり，およそ35%で左側通行だそうだ。右側通行の国には，北アメリカ，南アメリカ，ヨーロッパ，中国が含まれる。左側通行の国には東南アジアや，インド，オーストラリア，ニュージーランドのような旧イギリス植民地が含まれる。ヨーロッパの唯一の例外がイギリスだ。そこでは車は左側を走る。

かつてエ運転の方向を変えた国はあるのだろうか。答えはイエスだ！　一例としてスウェーデンがある。1967年までその国のドライバーは日本のように左側を走行した。その後，その年の9月に国全体が方向を変え，右側走行(オ)を始めた。どうやって彼らはそれを実行したのか。

スウェーデンの人々に「Hデー」，つまり運転の方向を変える日を知らせるために，大々的なキャンペーンが開催された。ドライバーたちに右側通行を知らせるために看板が設置された。様々なものに注意が印刷された。その国のテレビ局やラジオ局は『スヴェンソン，みんなで右側を走ろう！』という歌を放送した。

そして9月3日の午前6時，国中のドライバーたちが慎重に車線を左から右に変え，そのまま道路の反対側を走った。その変更はとてもうまくいったので，事故が報告されたのはわずかだった。その後カ交通事故の数は実際に減少した。その理由は，人々が新しいシステムに慣れるまで慎重に運転したからだ。

だから海外旅行の際には忘れずに！　道路を渡るときは両側を見て，車が道路のどちら側を走っているか忘れてはいけない。

41　主格の関係代名詞 that を入れる。that 以下文末までが month を後ろから修飾する。

42　下線部イは，直前の文(第1段落最終文)の内容を指す。

43　全訳下線部参照。cross the road「道路を横断する」

44　③の「隣国と道がつながっているという理由で」の部分は本文中に述べられていない。

45　begin ~ing「~し始める」

46　下線部カの直後の文参照。The reason is that ~「その理由は~ということだ」

47　①「多くの国では9月に新学年が始まる」 第1段落第2文参照。

重要 48　「なぜインド，オーストラリア，ニュージーランドでは車は左側通行なのか」②「イギリスでは車は左側通行で，それらは旧イギリス植民地だから」

重要 49　「筆者は私たちに何をしてほしいと思っているか」④「彼は私たちに外国で道を横断する前には両側を見てほしいと思っている」

重要 50　①「親は子供たちが学校に戻る準備ができた時，彼らの安全について心配する」(○)　③「イングランドでは日本と同じように，人々は車で道路の左側を走る」(○)

★ワンポイントアドバイス★

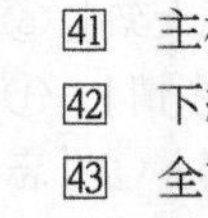

【G】の長文読解問題は，車の右側通行・左側通行に関するエッセイ。日本と外国の制度の違いは，英語の入試長文において頻出のテーマである。

＜国語解答＞《学校からの正答の発表はありません。》

一　1 ④　2 ①　3 ②　4 ②　5 ④　6 ④　7 ①　8 ③　9 ⑤　10 ⑤

二　1 ①　2 ④　3 ⑤　4 ②　5 ④

三　1 ③　2 ④　3 ①　4 ⑤　5 ②

四　問一 ②　問二 ③　問三 ①　問四 ④　問五 ②

五　問一 ②　問二 ③　問三 ②　問四 ③　問五 ①

六　問一 ①　問二 ①　問三 ②　問四 ③　問五 ④

○推定配点○

一　各2点×10　二・三　各1点×10　四　各4点×5　五・六　各5点×10

計100点

＜国語解説＞

基本　一　（漢字の書き取り）

1「指摘」，①「標的」②「適任」③「一滴」④「摘出」⑤「敵対」。　2「好機」，①「心機」②「規律」③「奇跡」④「基礎」⑤「画期」。　3「経緯」，①「形骸」②「神経」③「典型」④「早計」⑤「尊敬」。　4「固有」，①「自己」②「固体」③「雇用」④「誇張」⑤「個性」。　5「折衝」，①「軽傷」②「証拠」③「商売」④「衝突」⑤「出生」。　6「対象」，①「照会」②「正体」③「賞賛」④「現象」⑤「承認」。　7「踏襲」，①「奇襲」②「集団」③「執念」④「大衆」⑤「一蹴」。　8「感傷」，①「印鑑」②「若干」③「万感」④「勘定」⑤「緩慢」。　9「余情」，①「名誉」②「預金」③「猶予」④「貸与」⑤「残余」。　10「欠乏」，①「妨害」②「乱暴」③「忘却」④「逃亡」⑤「窮乏」。

重要　二　（語句の意味，同義語，慣用句，敬語）

1と①はありふれていて，つまらないこと。②は腐って形が崩れること，③は群をぬいてすぐれていること，④はとびぬけて新しいこと，⑤ははっきりしないこと。2の《おもむろに》は動作が静かでゆっくりしている様子。3は英語の「irony」で皮肉のこと。4の②は相手の会社を表す尊敬語，他は謙譲語。5の「やぶさか」は物惜しみをする，躊躇することで，その打消しなので④が正解。

やや難　三　（文学史）

1の俳句は「うららかな春の日，海は一日じゅうのたりのたりと波がおだやかに寄せては返している」という意味。2は人形浄瑠璃で相愛の若い男女が心中する悲劇の物語。3の他の作品の作者は，②は高村光太郎，③は宮沢賢治，④は斎藤茂吉，⑤は石川啄木。4の他の作者の和歌は，①・④は『古今和歌集』など，②・③は『新古今和歌集』などに収められている。5の他の作者の作品は，①は『しろばんば』など，③は『友情』など，④は『舞姫』など，⑤は『みだれ髪』など。

四　（古文－内容吟味，文脈把握，脱語補充，口語訳）

〈口語訳〉　今となっては昔のことだが，唐に荘子という人がいた。家はたいそう貧しくて，今日の食物もなくなってしまった。隣に監河候という人がいた。その人の所へ今日食べるための分量の穀物を譲ってくれるよう頼みに行った。（すると）河候が，「あと五日たってからおいでください。千両の金が入ることになっています。それを差し上げましょう。どうして賢く貴いお方に，今日食べる分だけのわずかな穀物を差し上げることができましょうか（いや，できません）。どう考えてもやはり私の恥になるでしょう」と言うので，荘子は，「昨日道を通ったら，後ろから呼ぶ声がする。

振り返って見ても誰もいない。ただ車輪の跡のくぼんだ所のわずかな水たまりに，鮒が一匹ばたばたとしている。どのような鮒であろうかと思って近づいて見ると，わずかばかりの水たまりにたいへん大きな鮒がいる。(私が)『お前はどのよう鮒か』と尋ねると，鮒が，『私は河の神の使いで，江湖に行くところだ。ところが飛びそこなって，この溝に落ち込んでしまったのだ。喉が渇いて死にそうだ。私を助けて欲しいと思って呼んだのだ』と言う。(私が)『私はあと二三日たてば，江湖という所に遊びに行くつもりだ。そこに持って行って放してやろう』と言うと，魚は，『けっしてそれまでは待てないだろう。ただ今日，一つの提一杯ほどの水で私の喉をうるおしてください』と言ったので，そのようにして助けてやった。鮒が言ったことは，我が身にも思い知った。今日の命は，物を食わずには決して生きてはいられない。時期が過ぎた後の千両の金は何の役にも立ちません」と言った。

問一　傍線部Aは，今日食べる分だけのわずかな穀物を差し上げるのは「恥」だと言っているので，②が正しい。「いかでか……奉らん」の反語の意味を踏まえていない他の選択肢は正しくない。

問二　空欄Bは，後ろで呼ぶ声がしたが誰もいなかったということなので，③が正しい。

基本　問三　傍線部Cは「荘子」が，助けを求める鮒に答えて言ったということ。

重要　問四　傍線部Dの「さらに」は後に打消しの語を伴って「けっして……(ない)」という意味になり，Dも後に打消しの「まじ」が続いているので，④が正しい。

やや難　問五　傍線部Eは直前の「さらに今日の……生くべからず」を踏まえたものなので，今日命を保つことができないなら，あとの大金は役に立たないという②が正しい。直前の一文も踏まえて説明をしていない他の選択肢は正しくない。

五　(説明文－大意・要旨，内容吟味，文脈把握，接続語)

基本　問一　空欄Ⅰは前後で「除湿効果」の説明を列挙しているので「また」が入る。空欄Ⅱは直前の内容につけ加える内容が続いているので「そして」が入る。空欄Ⅲは直前の内容を言い換えた内容が続いているので「つまり」が入る。

問二　「除湿効果に……」で始まる段落で「ヤシ殻活性炭より吸着作用が一〇〇分の一ていど劣ってしまう竹炭……」と述べているので「ヤシ殻活性炭の半分程度」とある③は当てはまらない。

問三　②は「空気中の……」から続く4段落で述べている。①の「健康に好影響をあたえるといわれている」，③の「大きい水粒子がマイナスに帯電して」，④の「森林浴……成分となっている」はいずれも正しくない。

やや難　問四　③は【資料】と「このフィルター……」で始まる段落後半で述べている。①の「臭気物質……が活性炭の吸着範囲から外れている」，②の「中空糸膜は……活性炭よりも小さな物質を取り除く」，④の「両者のろ過範囲を外れているものとして……コレラ菌などがある」はいずれも正しくない。

重要　問五　①は「このフィルター……」で始まる段落で述べている。②の「トリハロメタンのようなイオン化している物質」，③の「イオン化した有益なミネラル」，④の「マグネシウムやリンといった有害な物質」はいずれも正しくない。

六　(論説文－大意・要旨，内容吟味，文脈把握，脱語補充)

基本　問一　空欄Ⅰには主導権という意味の「イニシアティブ」が入る。空欄Ⅱには過程という意味の「プロセス」が入る。②のⅠは優先順位，Ⅱは返事，反応。③のⅠは指導力や統率力，Ⅱは段階。④のⅠは優位，Ⅱは利点。

問二　①は直後で述べている。「乳児は未だ……」で始まる段落で「『じぶん』というものの意識もない」と述べているので②の「自分からの試み」は正しくない。③の「物を掴む能力があらかじめ備わっている」も正しくない。「物を掴もうと……くり返すなかで掴むという能力を獲得」するとは述べていないので④も正しくない。

問三　②は傍線部Bのある段落で述べている。①の「親や哺乳瓶の存在は理解している」，③の「『いない，いない，ばあ』をする主体の側になれない」，④の「能動的に楽しむことができないという未熟な状態にある」はいずれも述べていないので正しくない。

重要　問四　③は傍線部Cのある段落で述べている。①の「身体を道具として使う」，②の「自己から隔てたところに成り立つもう一つの身体」，④の「他の人に伝えて」はいずれも述べていないので正しくない。

やや難　問五　④は傍線部Dのある段落で述べている。意識や活動のなかに道具を呑み込み，併合してゆくことで能力を拡張していくということを説明していない他の選択肢は正しくない。

★ワンポイントアドバイス★

本文に加えて資料や図がある場合，数字や項目を正確に読み取っていくことが重要だ。

2021年度

入　試　問　題

2021年度

2021年度

麻布大学附属高等学校入試問題

【数　学】（50分）〈満点：100点〉

【注意】1. 問題文中の [ア]，[イウ] などには，符号（－）または数字（0 ～ 9）が入ります。
ア，イ，ウ，…の一つひとつは，これらのいずれかに対応します。

2. 分数の形で解答する場合は，それ以上約分できない形で答えてください。また，分数の符号は分子につけてください。
（例．答えが $-\dfrac{1}{2}$ となるときは，$\dfrac{-1}{2}$ として答える）

3. 根号を含む形で解答する場合は，根号の中が最も小さい自然数となる形で答えてください。
また，分数の分母に根号を含む数は，分母を有理化した形で答えてください。

[1] 以下の問いに答えよ。

(1) $10-(-4)^2$ を計算すると，[アイ] である。

(2) $\dfrac{a+b}{2}-\dfrac{a-b}{4}$ を計算すると [ウ] である。[ウ] に当てはまるものを以下の⓪～⑤から一つ選べ。

⓪ $\dfrac{2a+b}{4}$　① $\dfrac{2a-b}{4}$　② $\dfrac{a+3b}{4}$　③ $\dfrac{a-3b}{4}$

④ $\dfrac{2a+3b}{4}$　⑤ $\dfrac{2a-3b}{4}$

(3) 連立方程式 $\begin{cases} 3x-y=5 \\ -x+4y=2 \end{cases}$ を解くと，$x=$ [エ]，$y=$ [オ] である。

(4) $(\sqrt{5}+2)^2-\sqrt{80}$ を計算すると，[カ] である。

(5) 平方根について述べた次の(あ)～(お)の中から，正しいものをすべて選ぶと，[キ] である。
[キ] に当てはまるものを⓪～⑤から一つ選べ。

(あ) 0の平方根は0のみである。

(い) $\sqrt{49}$ の平方根は ± 7 である。

(う) $\sqrt{(-5)^2}=-5$ である。

(え) $a>b>0$ のとき，$-\sqrt{a}<-\sqrt{b}$ である。

(お) a が分数ならば，a の平方根は必ず無理数になる。

⓪ (あ)，(え)　① (い)，(え)　② (あ)，(い)　③ (あ)，(い)，(え)

④ (あ)，(う)，(お)　⑤ (あ)，(え)，(お)

(6) 比例式 $(x+7):(5x+2)=1:2$ を満たす x の値は，$x=$ [ク] である。

(7) 方程式 $(x+3)^2=16$ を解くと，$x=$ [ケコ]，[サ] である。

(8) 次の資料は，12人の生徒が受けた10点満点のテストの点数を表している。

9　5　8　3　7　9　7　2　5　a　10　7　（点）

12人の平均点が6.5点のとき，a の値は [シ]（点）である。

2　図のように，関数$y=ax^2$のグラフ上に2点A，Bがあり，点Aのx座標は-2，点Bの座標は(4，4)である。また，点Cは直線ABとx軸との交点である。原点をOとするとき，以下の問いに答えよ。

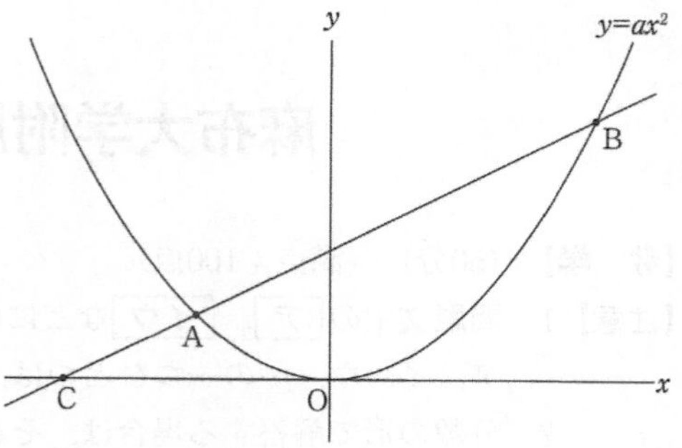

(1)　関数$y=ax^2$について，aの値は$\dfrac{\boxed{\text{ス}}}{\boxed{\text{セ}}}$である。

(2)　点Cの座標は($\boxed{\text{ソタ}}$，$\boxed{\text{チ}}$)である。

(3)　AP＋PBの長さが最小になるようにx軸上に点Pをとるとき，△APBの面積は$\dfrac{\boxed{\text{ツテ}}}{\boxed{\text{ト}}}$である。

3　A停留所を出発して，途中，B停留所に停車しC停留所まで行くバスがある。バスの運賃は，A停留所からB停留所まで乗ると1人200円，B停留所からC停留所まで乗ると1人240円，A停留所からB停留所で降りずにC停留所まで乗ると1人400円である。以下の問いに答えよ。

(1)　あるバスが，12人を乗せてA停留所を出発し，B停留所で4人が乗ってきて7人が降り，C停留所で乗っていた9人全員が降りた。このとき，バスの運賃の合計は$\boxed{\text{ナニヌネ}}$円である。

(2)　次のバスは，18人を乗せてA停留所を出発し，B停留所でx人が乗ってきてy人が降り，C停留所で乗っていた15人全員が降りた。このときのバスの運賃の合計が6920円であったとすると，$x=\boxed{\text{ノ}}$，$y=\boxed{\text{ハヒ}}$である。

4　袋の中に，1～6の数が1つずつ書かれた6個の玉が入っている。この袋の中から玉を1個取り出し，玉に書かれた数を確認してから玉を袋の中に戻し，再び袋の中から玉をとり出して玉に書かれた数を確認する。このとき確認した2つの数のうち，大きい方の数を十の位，小さい方の数を一の位として，2けたの自然数nをつくる。確認した2つの数が同じときは，その数を十の位，一の位とする。例えば，確認した2つの数が3と5のときは$n=53$，4と4のときは$n=44$である。以下の問いに答えよ。

(1)　nの一の位が1になる確率は$\dfrac{\boxed{\text{フヘ}}}{\boxed{\text{ホマ}}}$である。

(2)　nが偶数になる確率は$\dfrac{\boxed{\text{ミ}}}{\boxed{\text{ムメ}}}$である。

(3)　nが3の倍数になる確率は$\dfrac{\boxed{\text{モ}}}{\boxed{\text{ヤ}}}$である。

5 図において，△ABCはAB＝AC＝9 cm，BC＝6 cmの二等辺三角形であり，△EDCは△ABCと合同な二等辺三角形で，頂点Dは△ABCの辺AB上にある。以下の問いに答えよ。

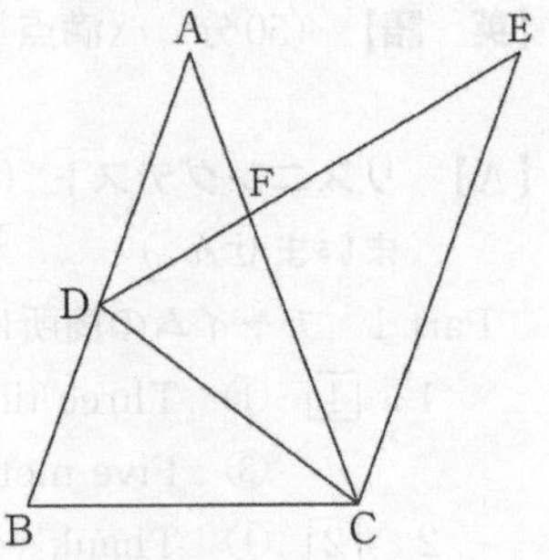

(1) 線分BDの長さは $\boxed{\text{ユ}}$ cmである。

(2) $\angle BAC = a^\circ$ とするとき，$\angle DCF = \left(\boxed{\text{ヨラ}} - \dfrac{\boxed{\text{リ}}}{\boxed{\text{ル}}}a\right)^\circ$ である。

(3) △FDCと△EFCの面積の比をできるだけ簡単な整数の比で表すと，$\boxed{\text{レ}} : \boxed{\text{ロ}}$ である。

6 図1のような，AB＝6 cm，BC＝8 cm，AC＝10 cmの長方形の紙がある。以下の問いに答えよ。

図1

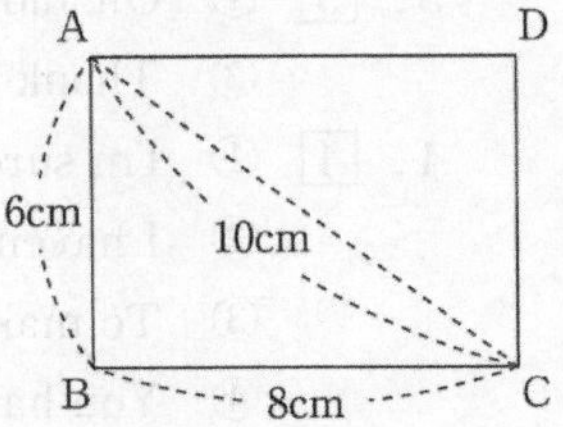

(1) 図1で，辺AB上に点P，辺CD上に点Qを，AP＝DQ＝2 cmとなるようにとり，図2のように，AP⊥BP，DQ⊥CQとなるように長方形の紙を折る。このとき，6点A，B，P，D，C，Qを頂点とする立体について考える。

図2

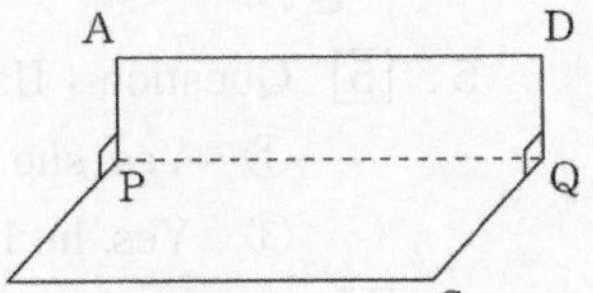

① 6点A，B，P，D，C，Qを頂点とする立体について，辺APとねじれの位置にある辺の数は $\boxed{\text{ワ}}$ 本である。

② 6点A，B，P，D，C，Qを頂点とする立体の体積は $\boxed{\text{ヲン}}$ cm^3 である。

(2) 図1で，辺AB上に点R，S，辺CD上に点T，Uを，AR＝BS＝CT＝DUとなるようにとり，図3のようにABCD－RSTUが直方体になるように線分RU，STで長方形の紙を折る。直方体ABCD－RSTUの体積が32 cm^3 のとき，線分ARの長さは $\boxed{\text{あ}}$ cmである。ただし，AR＜RSとする。

図3

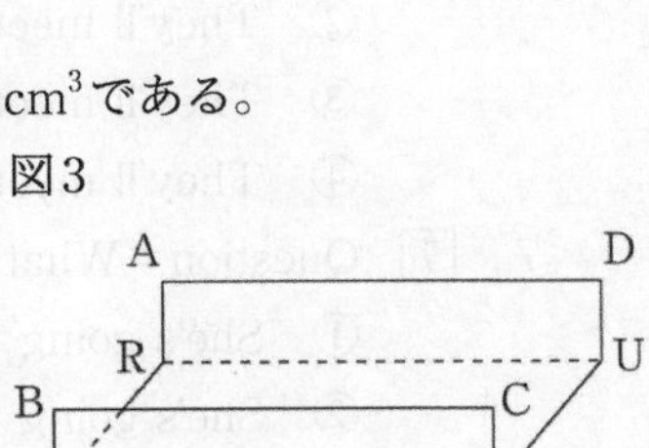

(3) 図1の長方形の紙を，対角線ACを折り目として，図4のように△DAC⊥△ABCとなるように折る。点Dから辺ACに下ろした垂線と線分ACの交点をHとするとき，DHの長さは $\dfrac{\boxed{\text{いう}}}{\boxed{\text{え}}}$ cmである。また，4点A，B，C，Dを頂点とする立体の体積は $\dfrac{\boxed{\text{おかき}}}{\boxed{\text{く}}}$ cm^3 である。

図4

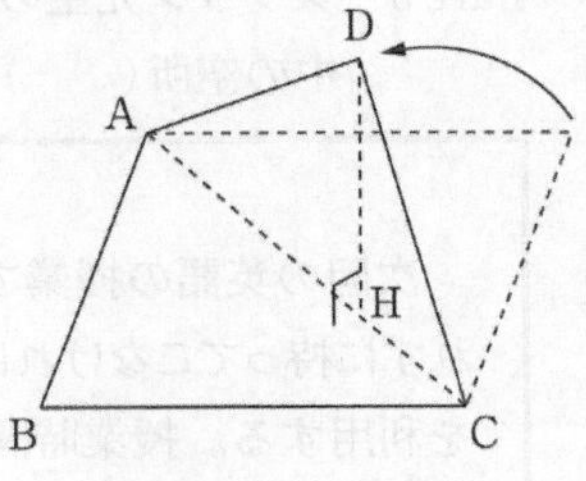

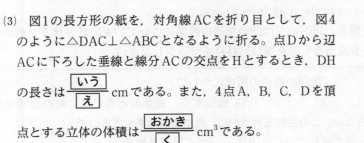

【英　語】（50分）〈満点：100点〉

【A】 リスニングテスト（放送の指示にしたがって答えなさい。放送を聞きながらメモをとってもかまいません。）

Part 1　チャイムの箇所に入るクロエの発言として最も適当なものを選び，番号をマークしなさい。

1．[1]
① Three times a week.　② Since I was four.
③ Five meters long.　④ Six years ago.

2．[2]
① Thank you so much.　② With my family.
③ It's my favorite.　④ In Hokkaido.

3．[3]
① Oh, did you?　② You're welcome.
③ Thank you. I will.　④ It sounds a lot of fun.

4．[4]
① I'm sure there's something I can do, too.
② I haven't heard your speech yet.
③ To make a speech is difficult for you.
④ You have to practice your speech more.

Part 2　対話を聞き，それぞれのQuestionの答えとして最も適当なものを選び，番号をマークしなさい。

5．[5] Question：Has Hina found her watch yet?
① Yes, she has.　② No, she hasn't.
③ Yes, he has.　④ No, he hasn't.

6．[6] Question：Where and what time will they meet tomorrow?
① They'll meet in front of the restaurant at twelve thirty.
② They'll meet in front of the station at one thirty.
③ They'll meet in front of the restaurant at twelve.
④ They'll meet in front of the station at one.

7．[7] Question：What is Hina going to do as a volunteer next month?
① She's going to work as a volunteer guide in her town.
② She's going to take care of the old woman.
③ She's going to pick up garbage at the beach.
④ She's going to clean the park in her town.

Part 3　ブラウン先生の話を聞き，以下の〈次回の英語の授業について〉を完成させるために，文中の空所（　　）に最も適当なものを選び，番号をマークしなさい。

〈次回の英語の授業について〉

次回の英語の授業では（　[8]　）について勉強する。授業のときには，町の地図を忘れずに持ってこなければならない。この活動を行うのに，教室ではせますぎるので，（　[9]　）を利用する。授業時間も一部変更して，（　[10]　）から授業を始める。

8．[8]

① 電話での応答　　② 道案内の仕方

③ インタビューの仕方　　④ 買い物での表現

9．[9]

① 音楽室　　② 理科室　　③ 会議室　　④ 体育館

10．[10]

① 1時45分　　② 1時40分　　③ 1時35分　　④ 1時30分

※放送台本は非公表です

【B】 次の①②③から，下線部の発音がすべて同じものを選び，番号をマークしなさい。

11. [11]

① pool　food　tool

② heart　clear　hear

③ house　touch　bought

12. [12]

① thirsty　throw　though

② child　arrive　village

③ sunny　number　young

【C】 （　　）の中から最も適当なものを選び，番号をマークしなさい。

13. A：How (①much / ②long / ③far / ④many) is it from here to the station? [13]

B：It's about three kilometers, I guess.

14. A：Must I go there alone?

B：No, you (①don't have to / ②mustn't / ③haven't / ④won't). [14]

15. A：Please tell (①him bring / ②him to bring / ③to him bringing / ④to him bring) his lunch. [15]

B：I've told him about it.

16. A：How was your weekend?

B：Great! I enjoyed (①to play / ②play / ③played / ④playing) tennis with some of my friends. [16]

17. A：Do you know that girl (①to have / ②have / ③having / ④has) a book in her hand? [17]

B：Oh, yes! She is Mike's sister.

18. A：Do you like dogs?

B：Yes, but I was afraid (①with / ②at / ③of / ④on) dogs when I was a child. [18]

19. I'm looking forward (①read / ②to reading / ③for reading / ④to read) her new book. [19]

20. The house (①with / ②on / ③at / ④of) some big windows is my grandfather's. [20]

21. Many houses will (①build / ②have built / ③be built / ④building) in this area. [21]

22. The train has (①yet / ②ever / ③now / ④already) left the station. [22]

23. Will you be able to finish the job (①until / ②by / ③since / ④behind) next Monday? [23]

24. Some boys like baseball and (①another / ②others / ③the other / ④the others) like soccer. [24]

25. Hakata is one of the (①biggest city / ②bigger city / ③biggest cities / ④bigger cities) in Japan. [25]

【D】 意味の通る文に並べ替えた際，[問題番号]にくる語句を選び，番号をマークしなさい。ただし文の先頭にくる文字も小文字で表記されている。

26. ____ ____ ____ [26] ____ ____ ____ of tea?
①you / ②drink / ③to / ④another / ⑤like / ⑥cup / ⑦would

27. The watch ____ ____ ____ ____ [27] ____ ____.
①given / ②by / ③my / ④to / ⑤grandfather / ⑥me / ⑦was

28. ____ ____ ____ [28] ____ ____ ____ Kamakura?
①have / ②been / ③many / ④to / ⑤how / ⑥you / ⑦times

29. I ____ ____ ____ ____ [29] ____ ____ here.
①to / ②want / ③will / ④when / ⑤come / ⑥know / ⑦he

30. She ____ ____ [30] ____ ____ ____ ____.
①to / ②her work / ③asked / ④help / ⑤with / ⑥her / ⑦me

31. Mr. Sano ____ ____ ____ [31] ____ ____ ____ ____.
①fast / ②talks / ③understand / ④that / ⑤can't / ⑥him / ⑦so / ⑧I

32. Who ____ ____ ____ [32] ____ ____ ____?
①playing / ②boys / ③the park / ④are / ⑤in / ⑥soccer / ⑦those

33. Thank ____ ____ ____ [33] ____ ____ ____ ____.
①you / ②inviting / ③much / ④us / ⑤dinner / ⑥for / ⑦very / ⑧to

34. ____ ____ [34] ____ ____ ____ ____ ____ books.
①for / ②impossible / ③me / ④imagine / ⑤to / ⑥life / ⑦it's / ⑧without

【E】 次のマラソン(marathon)大会の案内を読んで，あとの問いの答えとして最も適当なものを選び，番号をマークしなさい。

2021 10th Azabu City Marathon

☆ Full Marathon & 10km Road Race
Feb. 21st (SUN) 2021

Runners start at Azabu Stadium, run through some towns and villages in Azabu City, and then finish at Azabu Stadium. This event *[1]_aims to_ improve their health and *[2]_promote_ *[3]_citizen interaction._

*[4]_Registration Fee_

Full Marathon	Adult	7,000 yen
	High school student, the age of 16 to 18	6,000 yen
	The age of 60 or older	
10km Road Race	Adult	3,500 yen
	High school student, the age of 16 to 18	3,000 yen

・Any person over 16 years old can join the race.

Event Schedule

Entry Oct. 5th 2020 — Dec. 4th 2020

・Fill out the *[5]_application form_ and *[6]_submit_ it with the fee at the city office.
・You can also *[7]_apply_ on the Internet and pay by a credit card.
・You can't apply after December 4th in any case.

▼

Feb. 8th 2021 — Feb. 19th 2021

・Runners can get *[8]_number tags_ at the city office.
・Number tags can be sent by mail to your address.

▼

Sunday Feb. 21st 2021

9:00 Full Marathon Starts ▶ 15:30 Full Marathon Ends
9:30 10km Road Race Starts ▶ 11:00 10km Road Race Ends

Please e-mail or call us if you have any questions.

E-mail : azabu_marathon_2021@azabu.ne.jp Phone : 042 123 4567

(注)
*[1]_aims to_ 目的とする　*[2]_promote_ 促進する　*[3]_citizen interaction_ 市民交流
*[4]_registration fee_ 登録料　*[5]_application form_ 申込用紙　*[6]_submit_ 提出する
*[7]_apply_ 申し込む　*[8]_number tag_ ゼッケン

35. マラソン大会の説明として，**正しいものを二つ**選び，番号をマークしなさい。[35]
（[35]に二つともマークすること）
① マラソン大会開催の目的の1つは市民の健康を向上させることである。
② 走る距離は，参加者の年齢に応じて決められている。
③ 正当な理由があれば，期日を過ぎても参加を申し込むことが可能である。
④ インターネットで申し込む場合は，登録料をクレジットカードで支払う。
⑤ フルマラソンの参加者は，5時間以内に走り切らなければならない。

36. マラソン大会の説明として，**正しくないものを二つ**選び，番号をマークしなさい。[36]
（[36]に二つともマークすること）
① マラソン大会はこれまでに9回開催されている。
② 市内のいくつかの町や村がマラソンのコースとなっている。
③ 中学生以上であれば，誰でも走ることができる。
④ ゼッケンは市役所で配布されるが，郵送での受け取りも可能である。
⑤ フルマラソンと10キロロードレースは，同時にスタートする。

37. 次の家族がこのマラソン大会に参加した場合，登録料の合計額はいくらになるか。最も適当なものを選び，番号をマークしなさい。[37]
［父（53歳），息子（22歳大学生）］…フルマラソンに参加
［母（49歳），娘（17歳高校生），祖父（75歳）］…10キロロードレースに参加
① 33,000円　② 26,500円　③ 24,500円　④ 24,000円

【F】 次の会話文を読んで，あとの選択肢から空所に最もふさわしいものを選び，それぞれ番号をマークしなさい。

Emily is an exchange student from England. She has studied in Japan for a year and is going back to her country next week. One day, after school, her friend Sakura is talking to her in the classroom.

Sakura：Emily, you'll go back to England soon. This is a present for you.
Emily：Oh, thank you. Can I open it now?
Sakura：Of course, you can. I hope you'll like it.
Emily：Wow! What a beautiful *1cloth! I love the color. What's this?
Sakura：This cloth is called *furoshiki*. It's hard to know *2exactly when *furoshiki* became part of Japanese culture, but Japanese people have used it for a long time.
Emily：Really? ([38])
Sakura：It's the Japanese traditional *3wrapping cloth. We use it to wrap things in many different kinds of *4shapes and carry them.
Emily：Things in different shapes? ([39])
Sakura：It can be used to wrap lunch boxes, gifts, bottles, books or just about anything! I'll show you how to wrap this lunch box. I learned this from my grandma.
Emily：It's cool!
Sakura：She knows some other ways to wrap things in *furoshiki*. And she often uses it when she

goes shopping.

Emily ：You can use the same *furoshiki* many times, right?

Sakura：Yes. It can be used again and again and we can wash it like other cloths when it gets dirty, so it's very *[5]*eco-friendly.* You don't need to *[6]*discard* many wrapping papers on Christmas day.

Emily ：It's really useful! (40)

Sakura：OK. Will you come to my grandma's house if you have time? She will teach you.

Emily ：That will be fun.

(注)

*[1]*cloth* 布　*[2]*exactly* 正確に　*[3]*wrap* 包む　*[4]*shape* 形

*[5]*eco-friendly* 環境に優しい　*[6]*discard* 捨てる

① *Furoshiki* is simple and beautiful.
② Some *furoshiki* are popular for foreign people.
③ I'd like to learn how to wrap the gifts with *furoshiki.*
④ Please tell me what you use *furoshiki* for.
⑤ *Furoshiki* can wrap things in different ways.
⑥ Can you give me some examples?

【G】 次の英文は，あるカナダ人の男性が書いたエッセイである。これを読んで，あとの問いの答えとして最も適当なものを選び，番号をマークしなさい。

Studying in a foreign country can be the adventure of a life. I know that (ア) I come from a family of foreign students. Both my parents studied abroad. My father left Canada to study science in the United States. My mother spent a year in France studying art in Paris. And I went to England after finishing high school in Canada to study at a college near London.

There are four basic *[1]*stages* of studying abroad. The first is the *[2]*departure* stage. You decide to go to a college in a foreign country and take an entrance exam. If you're lucky, you pass the exam. The next few weeks are busy because you prepare to leave. Soon, (イ). You have to say goodbye to your family and friends during the last few days. You *[3]*are full of emotions.* Finally, you get on the plane and take the long flight off to the country.

The second stage is the arrival stage. You arrive in the foreign country, move outside the airport and then get to your *[4]*destination.* ウIt's exciting to be abroad. Everything seems new and strange to you. But life is busy. There are so many things to do. You have to find a place to live in, buy things to use in your daily lives, visit many places in the campus, and decide which classes to take.

This stage is full of new *[5]*encounters* — meeting your teachers, *[6]*greeting* people living around you and getting to know your classmates. エYour life is full of ups and downs. You may feel homesick, get excited at new experiences and *[7]*get embarrassed* at something caused by cultural differences.

The third stage is the study stage. Slowly, you *[8]*settle down* and start to study harder. Your schedule is busy with classes, presentation and homework. As your studies *[9]progress, you start to feel relaxed and begin to make friends. Day by day, your language skills improve and you understand the local culture more and more. Each day（ オ ）new adventures and new *[10]challenges.

The fourth stage is the return stage. Your studies are over and you've finished your exams. Your last few weeks are busy because you prepare to go back home. You *[11]pack your bags and say goodbye to teachers and classmates during the last few days. You are full of emotions again. There's so much to do but so little time. Finally, you get on the plane and take the long flight back to your country. Your family is waiting at the airport. It's great to be home, but you miss your foreign friends.

Every year, a lot of young people study abroad in many countries around the world. They get *[12]specialized knowledge in an *[13]academic field, and at the same time they get international experience, learn foreign languages, make *[14]cross-cultural friendships and become a bridge between countries.

Why don't you think about studying abroad? And do something to help international students here in Japan.

（注）

*[1]stage 段階　*[2]departure 出発　*[3]be full of emotions 感情があふれる　*[4]destination 目的地
*[5]encounter 出会い　*[6]greet あいさつする　*[7]get embarrassed 戸惑う　*[8]settle down 落ち着く
*[9]progress 進む　*[10]challenge 挑戦　*[11]pack 荷造りする　*[12]specialized knowledge 専門知識
*[13]academic field 学問分野　*[14]cross-cultural 異文化間の

41.（ ア ）に入れるのに最も適当なものを選び，番号をマークしなさい。[41]

① when　② if　③ because　④ and

42.（ イ ）に入れるのに最も適当なものを選び，番号をマークしなさい。[42]

① I finished preparing it　② I don't have much time
③ it was time to leave　④ it's time to go

43. 下線部ウの理由として最も適当なものを選び，番号をマークしなさい。[43]

① 新しい生活が今までと違って，多忙なものとなるから。
② 経験することすべてが新しく未知のもののように見えるから。
③ やらなければならないことがたくさんあるから。
④ その土地の食べ物や観光を楽しむことができるから。

44. 下線部エの内容として最も適当なものを選び，番号をマークしなさい。[44]

① 人々との新しい出会いが人生を豊かなものにしてくれる。
② 登り坂や下り坂の多い町で生活するのは大変である。
③ 留学先での新しい生活にはよいことも悪いこともある。
④ 人生には浮き沈みがあるということを心に留めておくべきである。

45.（ オ ）に入れるのに最も適当なものを選び，番号をマークしなさい。[45]

① makes　② brings　③ gets　④ takes

46. At the fourth stage, we [46].
① finish our studies and go back to our country
② have to prepare to leave our country
③ are busy because we have to say goodbye to our families
④ miss our friends in our country

47. What do students studying abroad get in a foreign country? [47].
① They get specialized knowledge but don't get international experience and foreign languages.
② They get not only specialized knowledge but also international experience and foreign languages.
③ They don't get specialized knowledge but international experience and foreign languages.
④ They get specialized knowledge, international experience or foreign languages.

48. What does the writer want us to do? [48]
① He wants us to meet a lot of people in a foreign country.
② He wants us to study abroad only to get specialized knowledge.
③ He wants us to help international students when we are abroad.
④ He wants us to think about going to a foreign country and study there.

49. studying abroad について本文中で**述べられていないもの**を選び，番号をマークしなさい。[49]
① 留学は生涯の冒険になり得る。
② 留学には基本的な4つの段階がある。
③ 留学希望者は年々減少傾向にある。
④ 留学生は国と国との間の懸け橋になる。

50. 以下の各文について，本文の内容と**一致するものを二つ**選び，番号をマークしなさい。[50]
（[50]に二つともマークすること）
① The writer studied at a college in London after graduating from high school in the United States.
② At the first stage, we're full of emotions because we must say goodbye to many people.
③ At the second stage, we have a lot of things to do and that makes our life busy.
④ At the second stage, we need to make a lot of friends to enjoy our life in a new place.
⑤ At the third stage, we have to study harder, so to make friends is difficult for us.
⑥ At the last stage, we have so much time because we have finished our exams.

② 政府が絵画の流出をくいとめることを願い、真面目な働き者の女性を美しく丹精込めてカンバスの上に表現する力。

③ 生活の中のありふれた退屈な行為であり、充実感のない情景を、いかにも充実感がある光景のように見せかける力。

④ とりたてて劇的でないはずの日常の情景を、存在の充実に満ちた重い空間として大変な根気をもって描き上げる力。

問四 傍線部C「私はビー玉を二十個、いつも袋に入れて持ち歩いていたときがあった」とあるが、筆者と「ビー玉」について述べたものとして当てはまらないものを、後の①～④のうちから一つ選び、その記号を解答欄にマークしなさい。問番号は34。

① 筆者は、自分がビー玉に接していたときの態度が、偉大な芸術、学問をなすときの態度に似ていると考えている。

② 筆者にとってビー玉は一般名詞を超え、一つ一つを世話しているような、自分の宝物という存在になっていた。

③ 筆者は、ビー玉の中の空気の泡のようなものの入り具合や微細な欠け具合こそが、偉大な芸術であると感じている。

④ 筆者にとってビー玉の順番づけは、子ども時代の刺激のなさがもたらした、自分だけにわかる特殊な楽しみだった。

問五 本文から読み取れる筆者の考えとして正しいものを、後の①～④のうちから一つ選び、その記号を解答欄にマークしなさい。問番号は35。

① 地味な作業の連続と地道な試行錯誤は常にクリエイティブなものを生み出すという観点から、天才のイメージを見直す必要がある。

② クリエイティブなものは、地味な作業や地道な試行錯誤によって生まれるのであり、一瞬のひらめきから生まれるものではない。

③ 単調な仕事の対極にあるクリエイティブな仕事とは、天才の一瞬のインスピレーションによって成し遂げられるものである。

④ クリエイティブなものは、天才の一瞬のひらめきからだけでなく、地味な作業や地道な試行錯誤の中からも生まれるものである。

いというけれど、そのような形でビー玉になじんでいった。ビー玉はそれぞれ一個の小さな宇宙だった。

他の人から見れば、それはビー玉が二十個あるということでしかないだろう。しかし私の場合、ビー玉という一般名詞を超えて、一つ一つのビー玉の世話をしているような感じになっていた。まさに、自分の宝物だったのである。

子ども時代の刺激のなさが、そういう遊びにつながったのだろう。しかし、感覚を細分化していって、物の違いをどんどん見出《みいだ》し、奥に入りこんでいく——これは偉大な芸術、学問をなすときの態度に似てはいないだろうか。

だから、大ざっぱな芸術というのはありえないのである。画家がおろそかに描いている部分というのは全くない。その一筆一筆がどのような影響を与えるかを綿密に感じながら、きっちりと仕上げてゆくのだ。

絵を描くというのは、人間にとってきわめてクリエイティブな行為である。単調な仕事の対極にある、創造的な行為と考えられている。そして、クリエイティブな仕事とは、天才の一瞬のひらめき、インスピレーションによって成し遂げられると考えられがちである。

しかし、これまで述べてきた画家たちのように、後世に残る絵画が、すべて天才の一瞬のインスピレーションだけで成り立ったかというと、実際にはそうではなかった。地味な作業の連続、地道な試行錯誤の中から、クリエイティブなものは生まれていった。私たちは天才のイメージについて、もういちど認識を新たにしなくてはならない。

（齋藤孝『退屈力』）

（注）虚心坦懐……わだかまりがなくさっぱりした心。

問一 本文中の空欄［Ⅰ］～［Ⅲ］に当てはまる語句の組み合わせとして正しいものを、後の①～④のうちから一つ選び、その記号を解答欄にマークしなさい。問番号は［31］。

① Ⅰ また　Ⅱ しかし　Ⅲ そして
② Ⅰ そして　Ⅱ あるいは　Ⅲ しかも
③ Ⅰ つまり　Ⅱ だが　Ⅲ または
④ Ⅰ ところで　Ⅱ なぜなら　Ⅲ とはいえ

問二 傍線部Ａ「何度も何度も山と出会いなおす」とは、どのようなことか。正しいものを、後の①～④のうちから一つ選び、その記号を解答欄にマークしなさい。問番号は［32］。

① 絵を描く前に、何度となく実際に山に足を踏み入れ、自然の中に入り込んで風景の見え方やあり方を考えるということ。
② そのたびごとに、山の見え方やあり方を先入観なくありのままに受け止め、細かな風景の表情を敏感に感じ取るということ。
③ 山を描き終えて一つの決着をつけたあとも、時を経てから再び同じ素材に挑戦し、試行錯誤を何度も繰り返すということ。
④ 油彩、水彩、デッサンなど、そのつど表現方法を変えて、同じ山を描きつつも、少しでも変化をもたせようと努力するということ。

問三 傍線部Ｂ「画家の『力』」とは、ここではどのようなものか。正しいものを、後の①～④のうちから一つ選び、その記号を解答欄にマークしなさい。問番号は［33］。

① 絵を描くことを楽しんで行っていくうちに、はからずも画面に充実感ある重い空間を出現させるという天才的な力。

いた。当初のデッサンから完成作品が大きく変化していることは珍しくなかった。サント・ヴィクトワール山の絵を眺めていると、セザンヌが、山の「見え方」「あり方」を虚心坦懐《きょしんたんかい》(注)に受け止め、なんとかカンバスの上に表現しなおそうとしている強い気持ちが伝わってくる。Ⅲ同じ山なのに、表情が多彩で、多くの顔を持っていることに驚かされる。

セザンヌは、後の絵画の歴史に大きな影響を与えたと言われるが、この一見地味に見える探究心なくしては、絵画史上における革命的な業績は残せなかっただろう。

最近、私はオランダのアムステルダム国立美術館から来た、フェルメールの「牛乳を注ぐ女」を見に出かけた。フェルメールは十七世紀オランダの画家だが、彼の絵には、とても静かな時間が流れている。「牛乳を注ぐ女」を目の前にして、私は、ぐーっとひきこまれてゆく自分を実感した。細部にまでぐっと入りこまされて、なかなか抜け出てこられなかったのである。一筋の牛乳が垂れている白い線、光線の具合、そこに置いてあるパンの質感といったひとつひとつが、飽きさせない力を持っていた。美術館で複製画を購入し、家に帰ってきてから複製画を眺めている。そしてそのたび、本物を見たときの印象を思い出すことができる。まさに、これが名画というものだろう。

しかし、「牛乳を注ぐ女」が描いているのは、とりたてて劇的な瞬間ではない。生活の中のありふれた行為だし、牛乳を注ぐ女の人の生活自体、退屈だったはずである。しかし画家は、ありふれた題材として、その情景を斬《き》って捨てはしなかった。丹精込めて、その一瞬をカンバスの上に表現していった。するとどうだろう。きらびやかな色を使っているわけではないのに、重い空間が出現した。ありふれた日常をきりとっただけの情景が、女性の存在の充実した空間に変化した。

この絵については、真面目な働き者のオランダ女性を美しく描いた作品だとして、オランダ政府が流出をくいとめたという逸話がある。つまりフェルメールの目には、その情景の中の充実感が映っていたのであろう。それを、大変な根気で仕上げていくことで、他の人にも感得できるものに変えてしまったのだ。当人はもちろん、絵を描くことを楽しんで行っていたに違いないが、そこに、B画家の「力」を感じずにはおれない。

ダ・ヴィンチが「モナ・リザ」に対してとり続けた姿勢にも、同じような態度が見える。ダ・ヴィンチは長い年月をかけて、「モナ・リザ」に手を加えた。繰り返し行う作業の中に喜びを見つけて、持続したのである。

いきなり私の子ども時代の話になるが、C私はビー玉を二十個、いつも袋に入れて持ち歩いていたときがあった。ラムネのびんに入っているような、何の変哲もないビー玉である。私はいつもそれをポケットに入れて、たびたび袋から出して遊んでいた。そのうち、自分の好みのビー玉というものができてきた。そして、二十個のビー玉に好きな順番をつけていたのである。美しさの基準において、ナンバー1からナンバー20までを決めたのである。同じ色のビー玉が三個あったとしたら、中の、空気の泡のようなものの入り具合などで順序が決まってくる。泡の部分の微細な欠け具合も、順序に影響する。友人と遊ぶときに取られてもいいものと、絶対取られてはダメだというものも自分の中で決めていた。たくさん子どもがいても親は一人一人を間違えな

【資料】

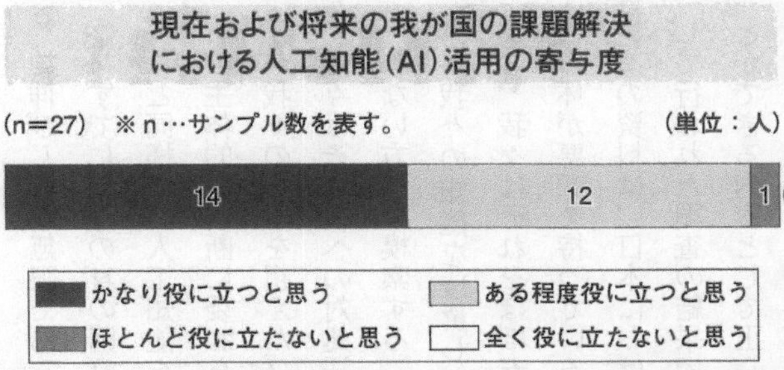

（出典）総務省「ICT の進化が雇用と働き方に及ぼす影響に関する調査研究」
（平成 28 年度）」）

具体的にどのような課題の解決に寄与すると思うかを尋ねたところ、次のような意見が得られた。

- *労働力不足や過酷労働、およびそれに起因する問題（例えば、介護、モニタリング、セキュリティ維持、教育）*
- *農業・漁業の自動化による人手不足問題の緩和*
- *犯罪の発生予知、事故の未然防止、個々人の必要に応じたきめ細かいサービスの提供、裁判の判例調査、医療データの活用等での課題解決に寄与することが期待される*
- *職人の知識／ノウハウの体系化による維持と伝承*

（総務省「人工知能（AI）研究の歴史」（平成 28 年度）」）

[六] 次の文章を読み、後の問いに答えなさい。

フランスの画家にポール・セザンヌがいる。十九世紀後半、後期印象派の時代に活躍した画家である。

南仏プロヴァンスに生まれたセザンヌは、画家になることを志してパリに出る。しかし晩年は、再び故郷のプロヴァンスに戻り、そこにそびえ立つサント・ヴィクトワール山を、何度も何度も描き続けた。見る場所によって、季節によって、そして自分の気持ちによって姿を変える山にセザンヌは大きく惹《ひ》かれ、油彩四十四点、水彩四十三点、加えて多くのデッサンを残している。私はそこに、画家の鋭意、本書の言葉で表現するならば、セザンヌの「退屈力」の大きさを感じる。

ごくふつうの人であれば、サント・ヴィクトワール山を見ても、「あれが、セザンヌのサント・ヴィクトワール山ね」ですませてしまうだろう。セザンヌのことを知らなければ、「ああ、山だね」で終わってしまうかもしれない。山の細部まで見るなどというのは、なかなかない。

[Ⅰ]、いろいろな物を描いてみたいと思っている画家なら、一度描いた山は、「あれは、もう描いた」と、一応の決着をつけるだろう。再び同じ素材に挑戦することもあるかもしれないが、八十点以上というのは考えにくい。

[Ⅱ]セザンヌは違った。固定観念にとらわれず、いつも、サント・ヴィクトワール山と初めて出会ったように描き続けた。A何度も何度も山と出会いなおす。しかも細部に入り込んで出会いなおす。そして表現を試行錯誤しながら、飽きずに同じ山を描き続けた。

もともとセザンヌは、何度も描きなおしをする画家として知られて

問四　傍線部C「我々が自分の知能を超えられること自体は、じつはさほど恐れなくても良いのかもしれません」とあるが、それはなぜか。正しいものを、後の①～④のうちから一つ選び、その記号を解答欄にマークしなさい。問番号は29。

①　多くの人が恐れているのは、人工知能が我々の知能を凌駕したブラックボックスと化すことだが、専門家によれば人工知能の伸びしろが無限である保証はないから。

②　すでに我々の身の回りにあふれている多くのブラックボックスと同様に、人工知能をどのような目的で何に使うのかは人間の主体的な判断に委ねられているから。

③　我々の知能を超えたブラックボックスはすでに多く存在し、我々はそれらへの対処法を学んでいるため、人工知能にだまされない方法を模索することができるから。

④　我々の知能を凌駕したブラックボックスはすでに多く存在し、我々はそれをほぼ安全に使いこなしているうえ、人工知能自体が悪意を持っているという心配がないから。

問五　次の資料は、日本における人工知能活用について、有識者に対して行われた調査の結果である。本文とこの資料から読み取ることができる内容として正しいものを、後の①～④のうちから一つ選び、その記号を解答欄にマークしなさい。問番号は30。

①　「労働力不足や過酷労働」に関する問題を解決する方法として、「介護」や「教育」の場面で人工知能が活躍するようになることは、将来、人工知能は必ず人間の細やかな「常識」を身につけるはずだと本文にあることからも、大きな期待が持てることだと思われる。

②　「農業・漁業の自動化による人手不足問題の緩和」に寄与するという意見があるけれど、本文から推測するに、人工知能は農作物などの微妙な味の違いを、人間が自然に感知するようには感知できないはずなので、人手不足解消にはつながらないと思われる。

③　「犯罪の発生予知」は一見良いことであるように見えるけれど、人権侵害の可能性もあり、本文にある、全人類の生死に関わる核ミサイルの使用判断の話と同様に、そもそも人工知能にその判断を委ねてよいのかどうかという大きな問題を抱えていると思われる。

④　「職人の知識／ノウハウの体系化による維持と伝承」に寄与するという意見は、「2045年問題」と考え合わせると、従来になかった新しい技術が人工知能によって生み出される危険性があり、本文にあるように、何らかの禁止策も考えていく必要があると思われる。

内が混乱するばかりで、高いコンサルタント料金をふんだくられただけだった、などという話もよく聞きますよね。

もっとも、それでも医師や弁護士といった専門家に頼らざるを得ないシーンは世の中にあふれています。

つまり、ブラックボックスとの付き合い方は、じつはこれまでだって私たちの眼前に大きな課題として常にあって、私たちが付き合うべき専門家の列に、これから人工知能がそのもう1人としてあらたに並ぶだけなのだ、とも言えるのです。むしろ、悪徳コンサルタントのようにあなたをたぶらかして儲《もう》けようという「欲望」(悪意)を持っている心配がない分、人工知能は相当に筋の良いブラックボックスなのかもしれません。

(竹内薫『文系のための理数センス養成講座』)

問一 本文中の空欄 Ⅰ ・ Ⅱ に当てはまる語句の組み合わせとして正しいものを、後の①～④のうちから一つ選び、その記号を解答欄にマークしなさい。問番号は26。

① Ⅰ むしろ　Ⅱ もはや
② Ⅰ もっとも　Ⅱ はたまた
③ Ⅰ もし　Ⅱ あるいは
④ Ⅰ たしかに　Ⅱ とりわけ

問二 傍線部A「暗黙知」という言葉は、ここではどのような意味で使われているか。正しいものを、後の①～④のうちから一つ選び、その記号を解答欄にマークしなさい。問番号は27。

① 論理的には非常に遠い概念を結びつけてできた新しい概念を、簡単な言葉で説明できるようにした知識。
② 周囲の環境がどのような状況か、目前の人物が誰であるか、などを一つ一つ正確に区別して覚える知識。
③ 経験の積み重ねや感性などに基づいて形成されており、論理的な言葉にして説明することが難しい知識。
④ 言葉で論理的に説明されなくても多くの人間があらかじめ持っている、環境や生活に関する共通の知識。

問三 傍線部B「相手のプレーや行動、手段の意図がさっぱり分からなかったとか、または効果的な手だとはぜんぜん思えなかったのに、結果としては自分が圧倒的に負けていた」とあるが、このようなことが起こるのはなぜか。正しいものを、後の①～④のうちから一つ選び、その記号を解答欄にマークしなさい。問番号は28。

① 相手の方が自分より数段上の実力をもっていると認識してしまうと、結果として自分が相手に勝つ方法を見失うことになるから。
② 相手は自分よりも高い視点から状況や勝敗などを見通して仕組みを理解しているのに対して、自分はその理解に至っていないから。
③ 実際のスポーツやビジネスで自分が勝ったとしても、相手のプレーや行動、手段の意図を理解できなければ負けたことと同じだから。
④ 自分の実力を高めたいという意識をもたず、相手のプレーや行動、手段の意図を理解しようとする努力を積んでこなかったから。

が、これは将棋や囲碁の対局で、高段者が指した絶妙の一手の意図が、素人《しろうと》である我々にはさっぱり分からないことと同じ。自分では到底その手を思いつけないのはもちろん、高段者から解説などでもしてもらわない限り、その一手にどんな目論見《もくろみ》や意義があるのかさえ、にわかにはさっぱり理解できないということです。

皆さんもスポーツや、あるいはビジネスの上でも、自分より数段上の実力を持っている人物に対したときに、B相手のプレーや行動、手段の意図がさっぱり分からなかったとか、または効果的な手だとはぜんぜん思えなかったのに、結果としては自分が圧倒的に負けていた、といった経験がおありでしょう。

したがって、将来的にはA社の経営を司《つかさど》る人工知能が「B社と直ちに合併すべき」と判断したとしても、A社の社長はなぜB社といま合併しなくてはいけないのか、人工知能が収集した膨大な数値情報の意味も、その判断に至った複雑な思考過程も、もはやダイレクトにはさっぱり理解できないので、それが本当に合理的な判断なのか分からず、当の人工知能に解説を求めるほかなくなる、ということが起こり得ます。

あるいは、ある超大国の軍事戦略を統括する人工知能が、「核ミサイルを発射すべし」という判断を下したとします。が、その国の大統領には、やはりその判断理由が理解できません。「戦略人工知能よ、世界が破滅するように思うが、それでもミサイルのボタンを押さなくてはいけないのか？」とその理由を問うことはできますが、そもそも核のボタンを実質的に人工知能の思考に委ねるようなことをしてよいのか、これは大変な問題です。

Cしかし、全人類の死命を制する核戦争のことはともかくとしても、我々が自分の知能を超えられること自体は、じつはさほど恐れなくても良いのかもしれません。

というのは、多くの人が恐れているのは、人工知能が我々の知能を凌駕《りょうが》することで理解不能となり、その思考がある種の「ブラックボックス」と化すことなのだと言えますが、我々はすでに今でも多くのブラックボックスに囲まれているからです。

たとえば、電子レンジや自動車の構造や動作原理を深いところまで理解している人はさほど多くはなく、しかし電子レンジも自動車も無茶な使い方をすればなかなか危険なシロモノです。だから、これも一種のブラックボックスなのだと言えますが、それでもほとんどの人がこれを安全に使いこなしています。

もっと言えば、前述した将棋や囲碁の高段者のように、自分たちより優れて高い専門性を有している人々の知能は、すべてがブラックボックスなのだと言ってもいいでしょう。私たちの日常では、医師の診断やハイテク製品の修理などが典型ですが、専門性の高い業務であればあるほど、基本的にはその対応を専門家にすべて任せるしかなくなりますよね。

もちろん、「ブラックボックスでも安全だ」などと安易に言うつもりはまったくありません。当然、ブラックボックスゆえの危険性はあります。ヤブ医者だっていますし、修理費の見積《みつも》りがやたらと高いときなんか、新製品に買い替えさせるための詐術じゃないかと……。

会社経営であれば、経営コンサルタントを雇ったが、わけのわからない経営用語や数字をふりかざされたあげく、売り上げも伸びずに社だってできそうです。

　でも、左隣の家の幼稚園児が朝から玄関先で転んで声を上げていたとして、ロボットが「オハヨウ」ではなく「ダイジョウブ」と声をかけて手を差し伸べられるのか、［Ⅱ］大した転び方ではないと把握して、「ソレクライデ泣イチャダメ」と元気づけられるのか、さらには、じつは転んだのではなく地面に這《は》いつくばってアリの行進を眺めてはしゃいでいるだけだと気づけるのか……。こうした状況判断とて、時間さえかければもはや不可能ではなくなっていくのかもしれませんが、ロボットにとって急速にハードルが高くなっていくことはご想像のとおりです。

　結局、常識とはいわゆるA「暗黙知《あんもくち》」なので、人間的な経験を積むこと以外ではこれを鍛えにくく、しかも、論理的には非常に遠い関係にある概念を人間は感性でいとも簡単に結び付けてしまうので、高性能の人工知能でもまだなかなか追いつけないのです。

　これを理解するには、頭脳明晰《めいせき》で知識も非常に豊富なのに、社会経験が足りなかったり発想が硬かったりするため、「空気が読めない」と言われてしまう人を思い浮かべてください、と言えば実感してもらえるでしょうか。

　しかし、それでもいつしか人工知能は、人間の持つ知恵や知識、そして常識などの本質まで解き明かしていきながら、人間の知能を超えてしまうのでしょう。このターニングポイントを専門家たちは「シンギュラリティー」と呼んでいます。ありていに言えば、「人工知能が人類全体より頭が良くなる」ことで、我々が知において人工知能から置いてきぼりを食らう状況が到来することを指します。日本語では「技術的特異点」と訳されますが、「特異点」とは数学や物理学の専門用語としては「法則などが適合しなくなる点」のこと。「予測不可能」とか「計算不可能」になってしまうその境目を指します。そして、人工知能が予測不可能になるとは、人類全体の知力を超えてしまったがために、もはや人工知能が出す答えの意味を人間側が理解できない領域に入ってしまい、人工知能が勝手に成長していってしまうということです。

　もっとも、ある専門家によれば、シンギュラリティーに達するための道筋が必ずしも明確に見えているわけではなく、人工知能の伸びしろが無限である保証があるわけでもないので、なんらかの理由で人工知能の発達に限界がきて、特異点には到達しない可能性も充分にあるのだそうです。

（中略）

　実際、現在は人工知能研究の〝第3次ブーム〟だと言われていますが、それはすでに2回、人工知能の研究が大きな壁にぶち当たってブームが終息してしまった過去があるということです。

　とはいえ、意思や欲望を持たない人工知能に人間の代わりがそっくりそのまま出来るのかという点は置くとしても、知識やそれを使いこなす思考力という意味においての「知能」で人間が追い越されることは、やはり時間の問題になっているようです。多くの専門家が、その時期をだいたい30年後から50年後の範囲内で予測していて「２０４５年問題」などとも称されていますが、そのとき人類社会は劇的な変化を経験することになるのでしょう。

　「知能を超えられる」という感覚は分かりにくいかもしれません

問二 傍線部B「とりて」の主語として正しいものを、後の①～④のうちから一つ選び、その記号を解答欄にマークしなさい。問番号は22。

① 修行者　② 地頭　③ 引出物　④ 馬と人

問三 傍線部C「これほどの事」とは、どのようなことか。正しいものを、後の①～④のうちから一つ選び、その記号を解答欄にマークしなさい。問番号は23。

① 修行者が食べ物欲しさに地頭のことをだまそうとして、いかにもそれらしいそぶりを見せること。

② 馬を人に変えるには馬を売って人を買い、人を馬に変えるには人を売って馬を買うということ。

③ 修行者が長年の修行で身に付けた不思議な力によって、馬を人に、人を馬に変えてしまったこと。

④ 飢饉の年ではあるが法で定められているので、実際に人々馬を売ったり買ったりはできないこと。

問四 空欄 D に当てはまる語句として正しいものを、後の①～④のうちから一つ選び、その記号を解答欄にマークしなさい。問番号は24。

① 馬　② 術　③ 修行者　④ 年

問五 本文の語り手の考え方として正しいものを、後の①～④のうちから一つ選び、その記号を解答欄にマークしなさい。問番号は25。

① したたかな修行者にまんまとだまされてしまった地頭は、気の毒である。

② だました修行者よりも、だまされた地頭のほうが、仏法の意味を理解している。

③ 言葉のうわべだけを見て意味を理解せず、だまされた地頭はおろかである。

④ 修行者は仏法の言葉の意味するところを理解しておらず、おろかな存在である。

五 次の文章を読み、後の問いに答えなさい。なお、設問の都合上、一部改変した箇所がある。

人間の行動や思考を人工知能に覚えさせるには、そこから一定のパターンが抽出できなければなりません。しかし、常識というものには相当な幅があるので、それが非常に難しいのです。現に、皆さんも日々の生活の中で、自分が常識と思っていたことが他人にはそうではなかったり、またその逆のこともあったりして、常識というものがじつにあいまいなものであることをしばしば経験しているはずです。

私たち人間は、日常のもっとも基礎的な常識である挨拶ひとつにしても、相手、場所、時間、天気などのちょっとしたシチュエーションの差異によってこれを巧みに使い分けています。

I 、最近の人工知能は画像認識技術とあいまって、周囲の環境や目前の人物が誰であるかなどは、すでに人間以上に正確に認識できるそうですから、道で行き逢《あ》った相手が右隣の家に住む老婦人で、手に買い物袋をさげていることも素早く認識し、「コンニチハ。今日モオ元気デスネ。オ買イ物デスカ?」と愛想よく挨拶するくらいは朝飯前で、夜に向かいに住む小学生に会えば、「コンバンハ」の代わりに「アンマリ遅クマデ遊ンデイテハイケマセンヨ」とたしなめること

4　太宰治の著作。問番号は[19]。

①　『暗夜行路』　②　『斜陽』　③　『春と修羅』

④　『鼻』　⑤　『車輪の下』

5　『東海道中膝栗毛』の作者。問番号は[20]。

①　滝沢馬琴　②　式亭三馬　③　十返舎一九

④　松尾芭蕉　⑤　井原西鶴

[四]　次の文章を読み、後の問いに答えなさい。

伊勢国《いせのくに》に修行者《しゆぎやうじや》有りけり。飢渇年《けかちとし》(注1)にて、宿貸し、食《じき》与ふる者なし。狂《わう》(注2)惑《わく》して命助からんとや思ひけん、童部《わらはべ》の中にて、「術《じゆつ》を、人の習へかし(注3)。馬を人になし、人を馬になす事を知りたるものを」と云《い》ふに、ある所の地頭の若きが、きはめて物愛(注4)しするが、此《これ》を聞きて、「その修行者呼べ」とて、呼びて、「実《まこと》にかかる術、知り給《たま》へるか」と云ふ。「知りて候《さうら》ふ」と云へば、A「さらば伝へ給へ」と云ふ。「承り候ひぬ」と云ひながら、けはひける(注5)を、心をとらん(注6)とて、種々《しゆじゆ》もてなしけり。四、五日が程、能々《よくよく》もてなされ、引出物《ひきでもの》までB とりて、「今申し候はん。馬を人になし候ふ術は、馬を売りて人を買ひ候ふ。人を馬になし候ふは、人を売り候ひて馬を買ひ候ふ」と云へば、「こはいかに。Cこれほどの事は、人ごとに知りたり」と云へば、「これをこそ、身には秘蔵(注7)の[D]と思ひ候へ」と云ひける。修行者は魂魄《こんぱく》(注8)の者なり。地頭がすかされたる(注9)、嗚呼《をこ》がましくこそ。仏法の中に、「四依《しえ》(注10)、義(注11)に依《よ》りて言《ことば》に依らず」と云ふは、ただ言によりて、義を心得ぬ事は悪き事なり。

（『沙石集』）

（注1）飢渇年……飢饉《ききん》の起こった年。

（注2）狂惑……人をだますこと。

（注3）習へかし……学んでくれないものか。

（注4）物愛しする……物好きである。

（注5）けはひける……もったいぶる。

（注6）心をとらん……機嫌をとろう。

（注7）秘蔵……大切に秘して、外部にはめったに漏らさないこと。

（注8）魂魄……したたかな様子。

（注9）すかされたる……だまされた。

（注10）四依……修行僧がよりどころとする四つの仏法。

（注11）義……言葉の意味するところ。

問一　傍線部A「さらば伝へ給へ」の意味として正しいものを、後の①～④のうちから一つ選び、その記号を解答欄にマークしなさい。問番号は[21]。

①　それなのにお伝えできないとは

②　それではお教えください

③　それならばお教えしましょう

④　そのようにお伝えください

10 意思のソツウをはかる 10

① 村のカソ化が進む
② 病気の進行をソシする
③ ソショウを起こす
④ ソシナを進呈する
⑤ 適切なソチをとる

二

1 次の語句の類義語を後の①～⑤のうちから一つ選び、その記号を解答欄にマークしなさい。問番号は11。

《欠乏》

① 渇望　② 不足　③ 皆無
④ 未満　⑤ 窮乏

2 次の語句の意味を後の①～⑤のうちから一つ選び、その記号を解答欄にマークしなさい。問番号は12。

《いぶかしい》

① なんとも面白い　② はがゆく思う
③ 趣深く感じる　④ 不審だと感じる
⑤ 残念に思う

3 次の語句の意味を後の①～⑤のうちから一つ選び、その記号を解答欄にマークしなさい。問番号は13。

《オーソドックス》

① 正統的な　② おとなしい　③ 普遍的な
④ 古めかしい　⑤ 変わらない

4 秋の季語を後の①～⑤のうちから一つ選び、その記号を解答欄にマークしなさい。問番号は14。

① ほたる　② みかん　③ ひぐらし
④ うぐいす　⑤ つばき

5 次の慣用句の意味として正しいものを後の①～⑤のうちから一つ選び、その記号を解答欄にマークしなさい。問番号は15。

《さばを読む》

① うまくやるために先を予測する。
② 改善をほどこすために見当をつける。
③ 機嫌をとるために顔色をうかがう。
④ ずるをして計算高くふるまう。
⑤ 得をしようとして数をごまかす。

三 次の説明に該当する選択肢を次の①～⑤のうちから一つ選び、その記号を解答欄にマークしなさい。

1 藤原定家や西行法師の歌が収められている勅撰和歌集。問番号は16。

① 『古今和歌集』　② 『若菜集』　③ 『万葉集』
④ 『梁塵秘抄』　⑤ 『新古今和歌集』

2 平安時代に成立した作品。問番号は17。

① 『更級日記』　② 『古事記』　③ 『方丈記』
④ 『平家物語』　⑤ 『古事記伝』

3 『舞姫』の作者。問番号は18。

① 夏目漱石　② 森鷗外　③ 二葉亭四迷
④ 三島由紀夫　⑤ 芥川龍之介

【国語】（五〇分）〈満点：一〇〇点〉

一 傍線部の漢字と同じ漢字を含むものを、次の①～⑤のうちから一つ選び、その記号を解答欄にマークしなさい。問番号は 1 ～ 10 。

1 タイキュウ性のある部品 1
① タイマンな態度を改める
② 犯人がタイホされる
③ ケイタイ電話を持つ
④ タイシン構造のビル
⑤ 道路がジュウタイする

2 ある人物をツイセキする 2
① セキベツの念にかられる
② 成分をブンセキする
③ キセキ的な出来事
④ 昔のショセキをひもとく
⑤ 自分がセキニンをとる

3 山のベッソウで過ごす 3
① ソウチョウな調べの音楽
② 文章に図表をソウニュウする
③ ソウダイな計画を立てる
④ 場内がソウゼンとする
⑤ 空気がカンソウする

4 大雨にケイカイする 4
① 怒ったことをコウカイする
② キカイなストーリーの小説
③ グループをカイサンする
④ 失敗を重ねないようジカイする
⑤ カイショで文字を記す

5 幸いヒガイが少なかった 5
① 相手の言葉をヒハンする
② 裁判でヒコクが発言する
③ ギター演奏をヒロウする
④ 体にヒロウがたまる
⑤ 夏をヒショ地で過ごす

6 ヨユウのある態度 6
① 競争でユウイに立つ
② しばらくのユウヨを与える
③ ユウダイな風景を眺める
④ ユウウツな気持ちになる
⑤ ユウフクな暮らしをする

7 キョウレツな印象を受ける 7
① ユウレツをつけがたい
② 風船がハレツする
③ ヒレツな手段をとる
④ ネッレツに歓迎する
⑤ ケイレツの企業に入社する

8 インキな思いを断つ 8
① 仕事をやめてインキョする
② 詩はインブンである
③ コウイン矢のごとし
④ コンイン届けを出す
⑤ 失敗のゲンインを考える

9 昆虫ヒョウホンを見る 9
① 意見をヒョウメイする
② 優勝をモクヒョウにする
③ 選挙でトウヒョウする
④ 店のヒョウバンがいい
⑤ ヤシの実がヒョウチャクする

MEMO

大切なことはメモしておこうネ！

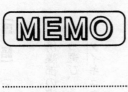

2021年度

解　答　と　解　説

《2021年度の配点は解答欄に掲載してあります。》

＜数学解答＞《学校からの正答の発表はありません。》

[1] (1) ア － イ 6　(2) ウ 2　(3) エ 2　オ 1　(4) カ 9
(5) キ 0　(6) ク 4　(7) ケ － コ 7　サ 1　(8) シ 6

[2] (1) ス 1　セ 4　(2) ソ － タ 4　チ 0　(3) ツ 2　テ 4
ト 5

[3] (1) ナ 4　ニ 3　ヌ 6　ネ 0　(2) ノ 8　ハ 1　ヒ 1

[4] (1) フ 1　ヘ 1　ホ 3　マ 6　(2) ミ 5　ム 1　メ 2
(3) モ 1　ヤ 3

[5] (1) ユ 4　(2) ヨ 9　ラ 0　リ 3　ル 2　(3) レ 5　ロ 9

[6] (1) ① ワ 3　② ヲ 3　ン 2　(2) あ 1　(3) い 2　う 4
え 5　お 1　か 9　き 2　く 5

○推定配点○

[1] 各5点×8　[2]～[5] 各4点×11

[6] (1) 各3点×2　(2) 4点　(3) 各3点×2　計100点

＜数学解説＞

基本 [1] (正負の数，式の計算，連立方程式，平方根，正誤問題，比例式，二次方程式，資料の整理)

(1) $10-(-4)^2=10-16=-6$

(2) $\dfrac{a+b}{2}-\dfrac{a-b}{4}=\dfrac{2(a+b)-(a-b)}{4}=\dfrac{2a+2b-a+b}{4}=\dfrac{a+3b}{4}$　よって，②

(3) $3x-y=5$…①，$-x+4y=2$…②　①×4＋②より，$11x=22$　$x=2$　これを①に代入して，$6-y=5$　$y=1$

(4) $(\sqrt{5}+2)^2-\sqrt{80}=5+4\sqrt{5}+4-4\sqrt{5}=9$

(5) (あ) 0の平方根は0のみであるから，正しい。

(い) $\sqrt{49}$は49の正の平方根であるから，$\sqrt{49}=7$であり，誤り。

(う) $\sqrt{(-5)^2}=\sqrt{25}=5$であるから，誤り。

(え) $a>b>0$のとき，$\sqrt{a}>\sqrt{b}$より，$-\sqrt{a}<-\sqrt{b}$であるから，正しい。

(お) $a=\dfrac{1}{4}$のとき，aの平方根は$\pm\dfrac{1}{2}$であるから，誤り。　よって，⓪

(6) $(x+7):(5x+2)=1:2$　$5x+2=2(x+7)$　$5x-2x=14-2$　$3x=12$　$x=4$

(7) $(x+3)^2=16$　$x+3=\pm4$　$x=-3\pm4=-7,\ 1$

(8) $(9+5+8+3+7+9+7+2+5+a+10+7)\div12=6.5$　$\dfrac{72+a}{12}=6.5$　$a=78-72=6$(点)

[2] (図形と関数・グラフの融合問題)

基本 (1) Bは$y=ax^2$上の点だから，$4=a\times4^2$　$a=\dfrac{1}{4}$

基本 (2) $y=\dfrac{1}{4}x^2$に$x=-2$を代入して，$y=\dfrac{1}{4}\times(-2)^2=1$　よって，A$(-2,\ 1)$　直線ABの式を

$y=bx+c$とすると，2点A，Bを通るから，$1=-2b+c$，$4=4b+c$　この連立方程式を解いて，$b=\frac{1}{2}$，$c=2$　よって，$y=\frac{1}{2}x+2$　この式に$y=0$を代入して，$0=\frac{1}{2}x+2$　$x=-4$　よって，C$(-4,\ 0)$

重要 (3)　点Aのx軸について対称な点をA′とすると，A′$(-2,\ -1)$　AP＋PB＝A′P＋PB≧A′Bより，直線A′Bとx軸との交点をPとすれば，題意を満たす。直線A′Bの式を$y=mx+n$とおくと，2点A′，Bを通るから，$-1=-2m+n$，$4=4m+n$　この連立方程式を解いて，$m=\frac{5}{6}$，$n=\frac{2}{3}$　よって，$y=\frac{5}{6}x+\frac{2}{3}$　この式に$y=0$を代入して，$0=\frac{5}{6}x+\frac{2}{3}$　$x=-\frac{4}{5}$　よって，P$\left(-\frac{4}{5},\ 0\right)$　$\triangle APB=\triangle BCP-\triangle ACP=\frac{1}{2}\times\left\{-\frac{4}{5}-(-4)\right\}\times4-\frac{1}{2}\times\left\{-\frac{4}{5}-(-4)\right\}\times1=\frac{24}{5}$

3 （方程式の利用）

(1)　A停留所からC停留所まで乗った人数は$12-7=5$(人)だから，$12+4=16$(人)のバスの運賃の合計は，$200\times7+400\times5+240\times4=4360$(円)

(2)　人数について，$18+x-y=15$より，$x-y=-3$…①　運賃について，$200\times y+400\times(18-y)+240\times x=6920$より，$6x-5y=-7$…②　②－①×5より，$x=8$　これを①に代入して，$8-y=-3$　$y=11$

4 （確率）

基本 (1)　玉のとり出し方は全部で，$6\times6=36$(通り)　2けたの自然数nは右の表のようになる。このうち，題意を満たすのは，○印の11通りだから，求める確率は，$\frac{11}{36}$

	1	2	3	4	5	6
1	(11)	(21)	(31)	(41)	(51)	(61)
2	(21)	22	32	42	52	62
3	(31)	32	33	43	53	63
4	(41)	42	43	44	54	64
5	(51)	52	53	54	55	65
6	(61)	62	63	64	65	66

(2)　題意を満たすのは，かげをつけた15通りだから，求める確率は，$\frac{15}{36}=\frac{5}{12}$

(3)　題意を満たすのは，斜線をつけた12通りだから，求める確率は，$\frac{12}{36}=\frac{1}{3}$

5 （平面図形の計量）

重要 (1)　CB＝CDより，△CBDは△ABCと底角が等しい二等辺三角形であるから，△CBD∽△ABC　CB：AB＝BD：BC　$BD=\frac{6\times6}{9}=4$(cm)

(2)　(1)より，$\angle BCD=\angle BAC=a^\circ$　また，$\angle ACB=(180^\circ-a^\circ)\div2=90^\circ-\frac{1}{2}a^\circ$　よって，$\angle DCF=\left(90^\circ-\frac{1}{2}a^\circ\right)-a^\circ=\left(90-\frac{3}{2}a\right)^\circ$

重要 (3)　△ADFと△ECFにおいて，∠DAF＝∠CEF　対頂角だから，∠AFD＝∠EFC　2組の角がそれぞれ等しいので，△ADF∽△ECF　相似比はAD：EC＝$(9-4)$：9＝5：9　DF＝$5x$とすると，CF＝$9x$，AF＝$9-9x$，EF＝$9-5x$　AF：EF＝5：9　$(9-9x):(9-5x)=5:9$　$9(9-9x)=5(9-5x)$　$81-81x=45-25x$　$-56x=-36$　$x=\frac{9}{14}$　△FDC：△EFC＝DF：EF＝$\left(5\times\frac{9}{14}\right):\left(9-5\times\frac{9}{14}\right)=\frac{45}{14}:\frac{81}{14}=5:9$

6 （空間図形の計量）

基本 (1)　①　辺APとねじれの位置にある辺は同一平面上にない辺であるから，辺BC，CD，CQの3本。

基本 ②　三角柱ABP－DCQ＝$\frac{1}{2}\times2\times(6-2)\times8=32$(cm³)

(2)　AR＝$x$cmとすると，RS＝$6-2$AR＝$6-2x$(cm)　直方体ABCD－RSTU＝$x(6-2x)\times8=16(3x-x^2)$　$16(3x-x^2)=32$　$3x-x^2=2$　$x^2-3x+2=0$　$(x-1)(x-2)=0$　$x=1,\ 2$　AR＜RSより，$x=1$

重要 (3) $\triangle ACD=\frac{1}{2}\times AC\times DH=\frac{1}{2}\times AD\times CD$　　$DH=\frac{8\times6}{10}=\frac{24}{5}$(cm)　三角錐D−ABC$=\frac{1}{3}\times\left(\frac{1}{2}\times6\times8\right)\times\frac{24}{5}=\frac{192}{5}$(cm³)

★ワンポイントアドバイス★

出題構成や難易度に大きな変化はない。あらゆる分野から標準レベルの問題が出題されている。基礎を固めておこう。

＜英語解答＞《学校からの正答の発表はありません。》

【A】 リスニングテスト解答省略
【B】 11 ①　12 ③
【C】 13 ③　14 ①　15 ②　16 ④　17 ③　18 ③　19 ②　20 ①
21 ③　22 ④　23 ②　24 ②　25 ③
【D】 26 ③　27 ②　28 ①　29 ⑦　30 ①　31 ④　32 ①　33 ⑥
34 ①
【E】 35 ①, ④　36 ③, ⑤　37 ④
【F】 38 ④　39 ⑥　40 ③
【G】 41 ③　42 ④　43 ②　44 ③　45 ②　46 ①　47 ②　48 ④
49 ③　50 ②, ③

○推定配点○
各2点×50(【E】35・36, 【G】50各完答)　計100点

＜英語解説＞

【A】 リスニングテスト解説省略。

【B】 (発音問題)

11 ①はすべて[uː]。②は左から[ɑːr], [iər], [iər]。③は左から[au], [ʌ], [ɔː]。

12 ③はすべて[ʌ]。①は左から[θ], [θ], [ð]。②は左から[ai], [ai], [i]。

基本 【C】 (語句補充・選択：疑問詞, 助動詞, 不定詞, 動名詞, 分詞, 熟語, 前置詞, 受動態, 代名詞, 比較)

13 A：ここから駅までどのくらいの距離ですか。／B：3kmくらいだと思います。How far は距離を尋ねる。

14 A：そこへ一人で行かなければなりませんか。／B：いえ, その必要はありません。助動詞 must を使った疑問文に対し,「その必要はない」と言う場合は< No, 主語＋ don't have to. >と答える。

15 A：彼に昼食を持ってくるよう伝えてください。／B：もうそのことについて彼に言いました。< tell ＋人＋ to ＋動詞の原形>「(人)に～するように言う」

16 A：週末はどうだった？／B：素晴らしかった！ 友達数人とテニスをして楽しんだよ。

enjoy ~ing「~して楽しむ」

17 A：手に本を持っているあの少女を知っていますか。／B：はい，彼女はマイクの妹です。形容詞的用法の現在分詞句 having a book in her hand が girl を後ろから修飾する。

18 A：犬は好きですか。／B：はい，でも子供の頃は犬が怖かったです。 be afraid of ~「~を怖がる」

19「私は彼女の新しい本を読むのを楽しみにしている」 look forward to ~ing「~するのを楽しみにする」

20「大きな窓のある家は私の祖父の家だ」 A with B「BがあるA」

21「この地域にはたくさんの家が建てられるだろう」 受動態「~される」の文。助動詞 willが前にあるので，< be +過去分詞>とする。

22「電車はすでに駅を出た」 完了を表す現在完了< have already +過去分詞>「すでに~した」

23「次の月曜日までにその仕事を終えることができますか」 by ~「~までに」

24「野球が好きな少年もいればサッカーが好きな少年もいる」 Some ~ and others …「~もいれば…もいる」

25「博多は日本の大都市の1つだ」 < one of the +最上級+複数名詞>「最も…な~の1つ」

重要【D】 (語句整序：助動詞，口語表現，受動態，疑問詞，現在完了，不定詞，間接疑問，熟語，接続詞，分詞，前置詞，動名詞)

26 Would you like to drink another cup(of tea ?)「お茶をもう1杯飲みませんか」< Would you like to +動詞の原形 ~ ?>「~してはいかがですか」 another「もう1つ，さらに1つ」

27 (The watch)was given to me by my grandfather.「その腕時計は祖父から私に与えられた」 < give +もの+ to +人>の文を「もの」を主語にして受動態に書き換えると，< もの + be 動詞+ given to +人>となる。

28 How many times have you been to(Kamakura ?)「あなたは鎌倉に何回行ったことがありますか」 How many times は回数を尋ねる。have been to ~「~へ行ったことがある」

29 (I)want to know when he will come(here.)「私は彼がいつここに来るか知りたい」 <want to +動詞の原形>「~したい」 where 以下は間接疑問<疑問詞+主語+動詞>。

30 (She)asked me to help her with her work.「彼女は私に仕事を手伝ってほしいと頼んだ」< ask +人+ to +動詞の原形>「(人)に~するように頼む」 < help +人+ with ~>「(人)が~するのを手伝う」

31 (Mr. Sato)talks so fast that I can't understand him.「サトウ氏はとても早く話すので私は彼の言うことが理解できない」 < so … that +主語+ can't ~>「とても…なので一は~することができない」 < understand +人>「(人)の言うことを理解する」

32 (Who)are those boys playing soccer in the park ?「公園でサッカーをしているあれらの少年たちは誰ですか」 形容詞的用法の現在分詞句 playing soccer in the park が boys を後ろから修飾する。

33 (Thank)you very much for inviting us to dinner.「私たちを夕食に招いてくださってありがとうございます」 Thank you for ~ing「~してくれてありがとう」

34 It's impossible for me to imagine life without(books.)「私には本のない生活を想

像することは不可能だ」 ＜ It is … for ＋人＋ to ＋動詞の原形＞「(人)にとって～することは…」

やや難 **【E】**（資料読解問題：内容吟味，内容一致）

（全訳）

2021年　第10回　麻布シティマラソン

☆フルマラソン＆10キロロードレース

2021年2月21日(日)

ランナーは麻布スタジアムを出発し，麻布市内の複数の町村を通過し，麻布スタジアムでゴールします。このイベントは健康向上と市民交流の促進を目的とします。

登録料

フルマラソン	大人	7,000円
	高校生，16歳～18歳	6,000円
	60歳以上	
10キロロードレース	大人	3,500円
	高校生，16歳～18歳	3,000円

・16歳以上の方はどなたでもレースに参加できます。

イベントスケジュール

申し込み　2020年10月5日―2020年12月4日

・申込用紙に記入し，料金と一緒に市の事務局に提出してください。

・インターネットで申し込み，クレジットカードで支払うこともできます。

・12月4日を過ぎてからはどのような場合でも申し込みできません。

↓

2021年2月8日―2021年2月19日

・ランナーは市の事務所でゼッケンを受け取ることができます。

・ゼッケンは住所へ郵送することもできます。

↓

2021年2月21日　日曜日

9:00　フルマラソン開始　→　15:30　フルマラソン終了

9:30　10キロロードレース開始　→　11:00　10キロロードレース終了

質問があればメールもしくはお電話ください。

E-mail : azabu_marathon_2021@azabu.ne.jp　電話：042 123 4567

35　①，④が正しい。　②(×)　そのような記述はない。　③(×)　いかなる場合も期日を過ぎて申し込むことはできない。　⑤(×)　フルマラソンは9時開始，15時30分終了である。

36　③(×)　レースに参加できるのは16歳以上なので中学生は不可。　⑤(×)　フルマラソンの開始時刻は9時，10キロロードレースの開始時刻は9時30分。

37　フルマラソン参加の2人は大人料金で7,000円×2＝14,000円。10キロロードレースは，母と祖父が大人料金で3,500円×2＝7,000円，娘は高校生料金で3,000円。合計24,000円。

【F】（会話文読解問題：文補充・選択）

（全訳）　エミリーはイングランド出身の交換留学生だ。彼女は1年間日本で勉強していて，来週帰国する予定である。ある日の放課後，彼女の友人のサクラが教室で彼女に話しかけている。

サクラ　：エミリー，あなたはもうすぐイングランドに帰ってしまうね。これはあなたにプレゼントよ。

エミリー：わあ，ありがとう。今，開けてもいい？

サクラ　：もちろんよ。気に入ってくれるといいな。

エミリー：わあ！　何てきれいな布なの！　色がとてもいいね。これは何？

サクラ　：この布は風呂敷と呼ばれているの。風呂敷がいつ日本の文化の一部になったかは正確にはわからないけれど，日本人はそれを長い間使っているのよ。

エミリー：本当？　[38]風呂敷を何に使うか教えて。

サクラ　：それは日本の伝統的な包むための布なの。私たちはそれを使ってものをいろいろな形に包んで持ち歩くの。

エミリー：ものをいろいろな形に？　[39]いくつか例を挙げてくれる？

サクラ　：お弁当，贈り物，瓶，本など，何でも包むのに使うことができるの。このお弁当箱をどのように包むか，あなたに見せるわね。私はこれをおばあちゃんから習ったの。

エミリー：わあ，すごい！

サクラ　：おばあちゃんは風呂敷でものを包む他の方法も知っているわ。それにおばあちゃんは買い物に行く時もよくそれを使っているよ。

エミリー：同じ風呂敷を何回も使えるのね？

サクラ　：そうよ。何度も使えるし，汚れたら他の布と同じように洗濯できるの，だからとても環境に優しいよ。クリスマスの日にたくさんの包装紙を捨てなくてもいいの。

エミリー：それは本当に便利ね！　[40]私は風呂敷で贈り物を包む方法を知りたいわ。

サクラ　：わかった。もし時間があればうちのおばあちゃんの家に来る？　おばあちゃんがあなたに教えるよ。

エミリー：それは楽しそうね。

【G】　**（長文読解問題・エッセイ：語句補充・選択，接続詞，内容吟味，語句解釈，英問英答，内容一致）**

（全訳）　外国で勉強することは人生における冒険になりうる。私は外国人学生の家族の出身だ(ア)から，そのことをわかっている。私の両親は2人とも海外留学した。父はカナダを離れ，アメリカで科学を勉強した。母はフランスで1年過ごし，パリで芸術を学んだ。そして私はロンドン近くの大学で勉強するためにカナダの高校を卒業後，イングランドに行った。

海外留学には4つの基本的な段階がある。最初は出発段階だ。あなたは外国の大学へ行くことを決め，入学試験を受ける。運が良ければ試験に合格する。次の数週間は出発の準備をするため忙しい。すぐに(イ)行く時になる。最後の数日の間に，家族や友人に別れを言わなくてはならない。あなたは感情があふれる。とうとう飛行機に乗り，長距離フライトでその国に出発する。

第2の段階は到着段階だ。外国に到着し，空港の外に出て，その後目的地に到着する。(ウ)海外にいるのはわくわくすることだ。何もかもが新しく，知らないものに見える。しかし生活はあわただしい。やることが非常にたくさんある。住む場所を見つけ，日常生活で使うものを買い，キャンパス内のたくさんの場所を訪れ，どのクラスを履修するか決めなくてはならない。

この段階は新しい出会いでいっぱいだ。先生方に会い，近くに住んでいる人々に挨拶し，クラスメートたちと知り合う。(エ)あなたの生活は良いことも悪いこともたくさんある。ホームシックになったり，新しい経験にわくわくしたり，文化の違いによって引き起こされることに戸惑ったりするかもしれない。

第3の段階は勉強の段階だ。だんだんと落ち着いて，より熱心に勉強し始める。あなたのスケジュールは授業，発表，宿題で忙しい。勉強が進むにつれ，あなたはリラックスした気分になり友達を作り始める。日増しにあなたの語学力が向上し，その土地の文化をどんどん理解していく。どの日も新しい冒険と新しい挑戦(オ)をもたらす。

第4の段階は帰国の段階だ。あなたの研究は終わり，テストも終了した。最後の数週間は帰国の準備をするため忙しい。最後の数日間で荷造りをし，先生やクラスメートに別れを言う。あなたは再び感情があふれる。やることは非常にたくさんあるが，時間はほとんどない。ついにあなたは飛行機に乗り，帰国する長距離フライトが始まる。家族が空港で待っている。家に帰るのは素晴らしいことだが，外国の友人たちが恋しくなる。

毎年，たくさんの若者が世界中の多くの国で海外留学する。彼らは学問分野で専門知識を身に着け，それと同時に，国際的な経験をし，外国語を学び，異文化間の友情を結び，国と国の間の懸け橋になる。

海外留学について考えてみてはどうか。そして日本にいる外国人学生を手伝うために何かやってみよう。

41 because ~「なぜなら~」

42 ＜ It is time to ＋動詞の原形＞「~する時間だ」

43 直後の文より，②が適切。

44 直後の文が，下線部エの具体例となっている。ホームシックになることや文化の違いに戸惑うことは悪いこと，新しい経験にわくわくすることは良いことと考えられる。

45 bring「~をもたらす」

46 ①「第4の段階で，私たちは勉強を終え，帰国する」

47 「海外で学ぶ学生は外国で何を得るか」②「彼らは専門知識だけでなく，国際経験や外国語も身につける」 最後から2番目の段落参照。

48 「筆者は私たちに何をしてほしいと思っているか」④「彼は私たちに外国へ行ってそこで勉強することを考えてほしいと思っている」

49 最後から2番目の段落参照。毎年多くの学生が海外留学する，と述べられており，留学希望者が減少傾向であるとは述べられていない。

50 ②「第1の段階で私たちは感情があふれる，なぜなら多くの人に別れを言わなくてはならないからだ」(○) ③「第2の段階で私たちはやることがたくさんある，そしてそれは私たちの生活をあわただしくする」(○)

★ワンポイントアドバイス★

【E】の資料読解問題は，内容一致問題の設問文が日本語で書かれているので，本文を読む前に先に日本語の選択肢に目を通し，読み取るポイントを把握しておこう。

＜国語解答＞《学校からの正答の発表はありません。》

一 1 ④ 2 ③ 3 ① 4 ④ 5 ② 6 ⑤ 7 ④ 8 ③ 9 ② 10 ①

二 1 ② 2 ④ 3 ① 4 ③ 5 ⑤

三 1 ⑤ 2 ① 3 ② 4 ② 5 ③

四　問一　②　問二　①　問三　②　問四　②　問五　③
五　問一　②　問二　③　問三　②　問四　④　問五　③
六　問一　①　問二　②　問三　④　問四　③　問五　④

○推定配点○
一　各2点×10　二・三　各1点×10　四　各4点×5　五・六　各5点×10
計100点

＜国語解説＞

基本　一　（漢字の書き取り）

1「耐久」，①「怠慢」②「逮捕」③「携帯」④「耐震」⑤「渋滞」。 2「追跡」，①「惜別」②「分析」③「奇跡」④「書籍」⑤「責任」。 3「別荘」，①「荘重」②「挿入」③「壮大」④「騒然」⑤「乾燥」。 4「警戒」，①「後悔」②「奇怪」③「解散」④「自戒」⑤「楷書」。5「被害」，①「批判」②「被告」③「披露」④「疲労」⑤「避暑」。 6「余裕」，①「優位」②「猶予」③「雄大」④「憂鬱」⑤「裕福」。 7「強烈」，①「優劣」②「破裂」③「卑劣」④「熱烈」⑤「系列」。 8「陰気」，①「隠居」②「韻文」③「光陰」④「婚姻」⑤「原因」。9「標本」，①「表明」②「目標」③「投票」④「評判」⑤「漂着」。 10「疎通」，①「過疎」②「阻止」③「訴訟」④「粗品」⑤「措置」。

重要　二　（語句の意味，慣用句，表現技法）

1は，欠けていること，不足すること。①は心から望むこと，③は全く無いこと，④はその数に達していないこと，⑤は貧乏に苦しむこと。2の《いぶかしい》は，不審に思うさま，疑わしいこと。3は英語の「orthodox」で，正統的であるさま。4の他の季語の季節は，①は夏，②は冬，④，⑤は春。5は，自分の都合のよいように数をごまかすこと。

やや難　三　（文学史）

1の他の作品は，①の撰者，主な歌人は紀友則，紀貫之，凡河内躬恒，壬生忠岑ら。②は島崎藤村の詩集。③の編者は大伴家持といわれている。④の編者は後白河法皇。2の他の作品の成立は，②は奈良時代。③，④は鎌倉時代。⑤は江戸時代。3の他の作者の作品は，①は『坊っちゃん』など。③は『浮雲』など。④は『金閣寺』など。⑤は『羅生門』など。4の他の作品の作者は，①は志賀直哉。③は宮沢賢治。④は芥川龍之介。⑤はヘルマン・ヘッセ。5の他の作者の作品は，①は『南総里見八犬伝』など。②は『浮世風呂』など。④は『おくのほそ道』など。⑤は『好色一代男』など。

四　（古文－内容吟味，文脈把握，脱語補充，口語訳）

〈口語訳〉　伊勢の国に修行者がいた。飢饉の起こった年で，宿を貸してくれる人も，食べ物を恵んでくれる人もいない。人をだますことをして生き延びようと思ったのだろうか，子どもたちの中に(分け入って)，「(誰か私から)術を，学んでくれないものか。馬を人に変え，人を馬に変える術を知っているのだが」と言うと，ある土地の若い地頭で，とても物好きである者が，この話を聞いて，「その修行者を呼んでこい」と言って，呼んで，「本当にそのような術を，ご存じなのか」と言う。(修行者が)「知っております」と言うと，(地頭は)「それではお教えください」と言う。(修行者が)「承知しました」と言うものの，もったいぶるので，(地頭は修行者の)機嫌をとろうとして，色々ともてなした。

四，五日にわたって，(修行者は地頭に)手厚くもてなされ，手土産まで受け取ったところで，「(では)今教えて差し上げましょう。馬を人に変える術は，馬を売って(その金で)人を買うのです。人を馬に変える術は，人を売りまして(その金で)馬を買うのです」と言うと，(地頭は)「これは何としたことか。そんなことは，誰でも知っている」と言うと，(修行者は)「これこそ，私にとっては秘蔵の術と思っております」と言った。

この修行者はしたたかな様子の者である。地頭がだまされたのは，愚かしいことだ。

仏法の中に，「四依に，言葉の意味するところをよりどころとして(うわべの)言葉(だけ)をよりどころとしない」と言うが，ただ言葉だけを頼って，言葉の意味するところを理解しないのは悪いことである。

問一　傍線部Aの「さらば」は「それでは，それならば」，「伝へ(ふ)」は「教える，伝授する」，「給へ」は尊敬の気持ちを含んで「～てください」という意味なので，②が正しい。

問二　傍線部Bは，「修行者」が，地頭から手土産まで受け取って，ということ。

重要　問三　傍線部Cは，直前で修行者が「馬を人になし……買ひ候ふ」と言ったことを指しているので，この言葉を説明している②が正しい。

基本　問四　修行者が地頭に教えた「馬を人になし，人を馬になす」術は，誰でも知っている当たり前のものだったが，したたかな修行者は「身には秘蔵の術と思ひ候へ」＝私にとっては秘蔵の術と思っております，と言って地頭をだました，ということである。

やや難　問五　最後の2行で，修行者はしたたかで，だまされた地頭は愚かであること，「『四依，義に依りて言に依らず』と云ふは，ただ言によりて，義を心得ぬ事は悪き事なり。」すなわち，言葉のうわべだけを頼って，言葉の意味するところを理解しないのは悪いことであること，を述べているので③が正しい。①の「気の毒である」とは述べていない。だまされた地頭を愚かしいと述べているので，②，④も正しくない。

五　(論説文－大意・要旨，内容吟味，文脈把握，接続語)

基本　問一　空欄Ⅰは，直前の内容を肯定しつつ，一部相反することを補足する内容が続いているので「もっとも」が入る。空欄Ⅱは，あるいは，それともまた，という意味で「はたまた」が入る。

問二　常識である傍線部A「暗黙知」は，直後で述べているように「人間的な経験を積むこと」で鍛えられ，「論理的には非常に遠い関係にある概念を……感性でいとも簡単に結び付けてしまう」ことなので，これらの内容を踏まえた③が正しい。経験の積み重ね，感性で結び付けることを説明していない他の選択肢は正しくない。

問三　傍線部B直前の段落で，将棋や囲碁の対局を例に挙げて述べているように，Bは自分より高段者が指した絶妙の一手に対する意図，目論見や意義を自分では理解できない，ということなので，②が正しい。相手が状況などを見通しているのに対し，自分はそのことを理解していないということを説明していない他の選択肢は正しくない。

重要　問四　傍線部C直後で，人工知能が我々の知能を凌駕することで理解不能となり「ブラックボックス」と化すことを多くの人が恐れているが，我々はすでに今でも電子レンジや自動車の構造や動作原理など多くのブラックボックスに囲まれていて，安全に使いこなしていること，さらに最後の段落で，「欲望」(悪意)を持っている心配がない分，人工知能は相当に筋の良いブラックボックスなのかもしれないこと，を述べているので④が正しい。①の「専門家……」以降，②の「どのような目的で……」以降，③の「人工知能にだまされない……」以降，はいずれも述べていないので正しくない。

やや難　問五　「結局……」で始まる段落で，常識である「暗黙知」は人間的な経験を積むこと以外では鍛えにくく，高性能の人工知能でもまだなかなか追いつけない，と述べているので①は正しくない。「しかし，それでも……」で始まる段落で，常識を理解するのはまだまだ追いつけないが，それでも人工知能はいつしか人間の持つ知恵や知識，常識などの本質まで解き明かしていきながら，人間の知能を超えてしまうだろうということを述べているので，「人工知能は……人間が自然に感知するようには感知できないはず」とある②も正しくない。「あるいは……」で始まる段落で，核のボタンを人工知能の思考に委ねるのは大変な問題であると述べているので，このことを踏まえて説明している③は正しい。④の「2045年問題」は，「とはいえ，……」で始まる段落で，知識や知識を使いこなす思考力という意味での「知能」が人間を追い越す時期を30～50年後の範囲で予測したことを称したものであることを述べているが，「危険性」や「何らかの禁止策」については述べていないので④は正しくない。

六 (論説文ー大意・要旨，内容吟味，文脈把握，接続語)

基本 問一　空欄Ⅰは，直前の内容と同じような内容を列挙しているので「また」が入る。空欄Ⅱは，直前の内容と相反する内容が続いているので「しかし」が入る。空欄Ⅲは，直前の内容を受けて，さらに付け加える内容が続いているので「そして」が入る。

問二　冒頭「南仏プロヴァンス……」で始まる段落で，セザンヌは，見る場所，季節，自分の気持ちによって姿を変える山に惹かれて何度も描き続けたこと，また傍線部Aのある段落で，山と初めて出会ったように，細部や表現を試行錯誤しながら描き続けたことを述べているので，②が正しい。①の「実際に山に足を踏み入れ」，③の「時を経てから」，④の「少しでも変化をもたせようと努力する」はいずれも述べていないので正しくない。

問三　傍線部Bは「牛乳を注ぐ女」を描いたフェルメールに対するもので，B前で，「牛乳を注ぐ女」はとりたてて劇的な瞬間ではないが，大変な根気で仕上げていくことで，ありふれた日常をきりとっただけの情景が女性の存在の充実した，重い空間に変えたということを述べているので，④が正しい。丹精込めて，大変な根気で仕上げたことを説明していない①，③は正しくない。「真面目な働き者のオランダ女性を美しく描いた作品だとして，オランダ政府が流出をくいとめたという逸話がある」ことは述べているが，「政府が絵画の流出をくいとめることを願い」とは述べていないので，②も正しくない。

重要 問四　傍線部Cのある段落から続く2段落で，「ビー玉という一般名詞を超えて，一つ一つのビー玉の世話をしているような感じになって……まさに自分の宝物だった」こと(＝②)，筆者のビー玉に対する「感覚を細分化していって，物の違いをどんどん見出し，奥に入り込んでいく」という態度は「偉大な芸術，学問をなすときの態度に似ていないだろうか」ということ(＝①)，ビー玉に好きな順番をつける遊びは「他の人から見れば，それはビー玉が二十個あるということでしかない」が，「子ども時代の刺激のなさが，そういう遊びにつながったのだろう」ということ(＝④)を述べている。「ビー玉の中の空気の泡のようなものの入り具合や繊細な欠け具合」は順序が決まる要素なので，③は当てはまらない。

やや難 問五　最後の2段落で「クリエイティブな仕事とは，天才の一瞬のひらめき，インスピレーションによって成し遂げられると考えられがちである」が，実際には「地味な作業の連続，地道な試行錯誤の中から，クリエイティブなものは生まれていった」ということを述べているので，④が正しい。①の「地味な作業の連続と地道な試行錯誤は常にクリエイティブなものを生み出す」の「常に」は正しくない。②の「一瞬のひらめきから生まれるものではない」も正しくない。「地味な作業の連続，地道な試行錯誤」を説明していない③も正しくない。

★ワンポイントアドバイス★

説話ジャンルの古文では，最後に筆者の考えや教訓を述べる場合が多いので，本文を通してまとめている最後の部分まで丁寧に読み取っていこう。

2020年度

★★★★★★★★★★★★★★★★★★★★★★★★

入　試　問　題

2020年度

麻布大学附属高等学校入試問題

【数　学】（50分）〈満点：100点〉

【注意】1. 問題文中の，[ア]，[イウ]などには，符号（－）または数字（0～9）が入ります。
ア，イ，ウ，…の一つひとつは，これらのいずれかに対応します。

2. 分数の形で解答する場合は，それ以上約分できない形で答えてください。
また，分数の符号は分子につけてください。
（例．答えが$-\dfrac{1}{2}$となるときは，$\dfrac{-1}{2}$として答える）

3. 根号を含む形で解答する場合，根号の中が最も小さい自然数となる形で答えてください。
また，分数の分母に根号を含む数は，分母を有理化した形で答えてください。

[1] 以下の問いに答えよ。

(1) $6+5\times(-2)$を計算すると，[アイ]である。

(2) $-4a^2\times 18b\div 9ab$を計算すると，[ウ]である。[ウ]に当てはまるものを以下の⓪～⑤から一つ選べ。

⓪ $-8a$　① $8a$　② $-8a^3b^2$　③ $32ab$　④ $-8ab$　⑤ 8

(3) 連立方程式$\begin{cases} x-2y=6 \\ 2x+5y=3 \end{cases}$を解くと，$x=$[エ]，$y=$[オカ]である。

(4) $\sqrt{45}-\dfrac{5}{\sqrt{5}}+3\sqrt{20}$を計算すると，[キ]$\sqrt{\text{[ク]}}$である。

(5) 次の(あ)～(お)の中から，正しい文章をすべて選ぶと，[ケ]である。[ケ]に当てはまるものを⓪～⑤から一つ選べ。

(あ) 7の平方根は$\sqrt{7}$である。

(い) xの値を決めると，それに対応してyの値がただ1つだけ決まるとき，yはxの関数である。

(う) 0は自然数である。

(え) 相似比が$m:n$である図形の面積比は$m^2:n^2$である。

(お) 円周率をπとすると，半径rの球の体積は$4\pi r^2$である。

⓪ (あ)，(お)　① (い)，(え)　② (え)，(お)　③ (あ)，(い)，(う)
④ (い)，(う)，(え)　⑤ (う)，(え)，(お)

(6) $(x+3)^2+5(x+3)+6$を因数分解すると$(x+$[コ]$)(x+$[サ]$)$である。

(7) 方程式$5x^2-x-2=0$を解くと，$x=\dfrac{\text{[シ]}\pm\sqrt{\text{[スセ]}}}{\text{[ソタ]}}$である。

(8) 次の資料は，ある野球チームの10試合の得点の記録である。

2，4，2，1，2，6，7，5，6，4　(点)

このとき，得点の中央値は[チ]点であり，最頻値は[ツ]点である。

[2]　図のように反比例のグラフ$y=\dfrac{a}{x}$と直線$y=3x+6$が2点A，Bで交わっている。点Aのx座標が2であり，原点をOとするとき，以下の問いに答えよ。

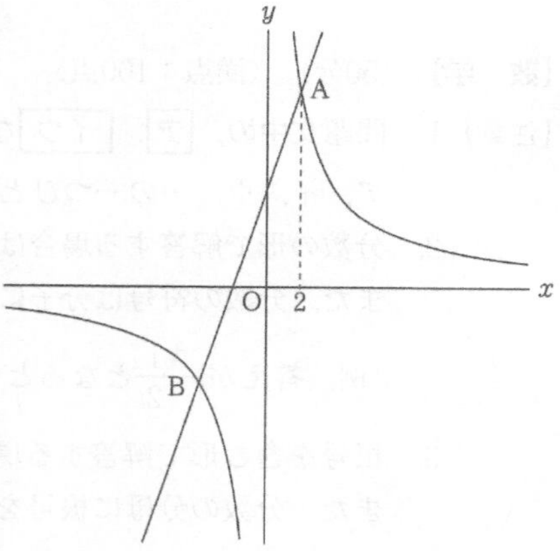

(1)　aの値は[テト]である。

また，点Bの座標は([ナニ]，[ヌネ])である。

(2)　△OABの面積は，[ノハ]である。

(3)　$y=\dfrac{a}{x}$ $(0<x<2)$上に点Pがあり，△OABと△OAPの面積が等しくなるとき，点Pの座標は([ヒ]，[フヘ])となる。

[3]　矢部くんと淵野さんは文化祭のクラスの企画で，タピオカミルクティーを販売するつもりである。次の文章を読んで，以下の問いに答えよ。

～文化祭数日前～

矢部：文化祭まであと少しになってきたね！

淵野：そうだね。そろそろタピオカとミルクティー買いに行かないとだね。

矢部：調べてみたんだけど，1袋500gで850円のタピオカがあったよ！ミルクティーは1Lのものが1本100円で売っているね。

淵野：そうすると，タピオカ2袋に対してミルクティー3本必要かな。予算が16000円だから，タピオカx袋とミルクティーy本買うとちょうどだね。

矢部：そしたらタピオカミルクティーは全部で600杯作ることができそうだね！

淵野：じゃあ早速買いに行こう！

～文化祭1日目終了後～

淵野：すごい！1日目に売る分の200杯が全部売れたね！明日は一般の人も来るからもっと売れそうだね！

矢部：この調子で600杯全部売り切れば，1杯100円だから売り上げ金額60000円で，利益として44000円もでるね！

淵野：残り400杯頑張って売り切ろう！

～文化祭2日目終了3時間前～

淵野：なんとか200杯は売れたけど，残り200杯もある。どうしよう。

矢部：少し割引してみようか。z%引いた値段で販売してみよう。

淵野：わかった。＿＿(i)＿＿円で販売するね。

～文化祭2日目終了後～

淵野：やったー！全部売り切れたね。

矢部：全部売り切ったから，2日間の利益として40000円もでたね。

淵野：じゃあみんなで焼肉に行こう！

(1)　x，yの値を求めると，$x=$ ホマ ，$y=$ ミム である。

(2)　下線部(i)に当てはまるものとして，正しいものを以下の⓪～③から一つ選ぶと メ である。

⓪　$100z$　　①　$100\times\dfrac{z}{100}$　　②　$100\times\left(1-\dfrac{z}{100}\right)$　　③　$100\times\left(1+\dfrac{z}{100}\right)$

(3)　zの値を求めると，$z=$ モヤ である。

4　3人の子どもがそれぞれ赤1枚，青1枚，黄1枚の合わせて3枚のカードを持っている。3人がそれぞれ持っている3枚のカードの中から1枚を取り出すとき，以下の問いに答えよ。

(1)　3人の取り出したカードがすべて同じ色である確率は$\dfrac{\boxed{\text{ユ}}}{\boxed{\text{ヨ}}}$である。

(2)　3色すべてのカードが取り出される確率は$\dfrac{\boxed{\text{ラ}}}{\boxed{\text{リ}}}$である。

(3)　2色だけのカードが取り出される確率は$\dfrac{\boxed{\text{ル}}}{\boxed{\text{レ}}}$である。

5　図のように，1辺の長さが6cmの正四面体ABCDの辺AB，AC，AD上に点E，F，GをAE = AF = 4cm，AG = 3cmとなるようにとる。以下の問いに答えよ。

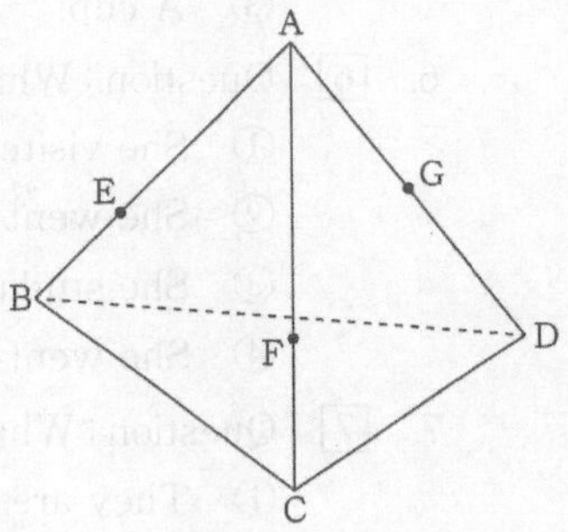

(1)　△BCDの面積は $\boxed{\text{ロ}}\sqrt{\boxed{\text{ワ}}}$ cm^2である。

(2)　正四面体ABCDの体積は $\boxed{\text{ヲン}}\sqrt{\boxed{\text{あ}}}$ cm^3である。

(3)　四面体AEFGの体積は $\boxed{\text{い}}\sqrt{\boxed{\text{う}}}$ cm^3である。

6　図のように，中心を点Oとする円周上に4点A，B，C，Dがあり，ABは直径，OD//BCである。また，直線ADと直線BCの交点をEとする。AB = 10cm，AD = 3cmであるとき，以下の問いに答えよ。

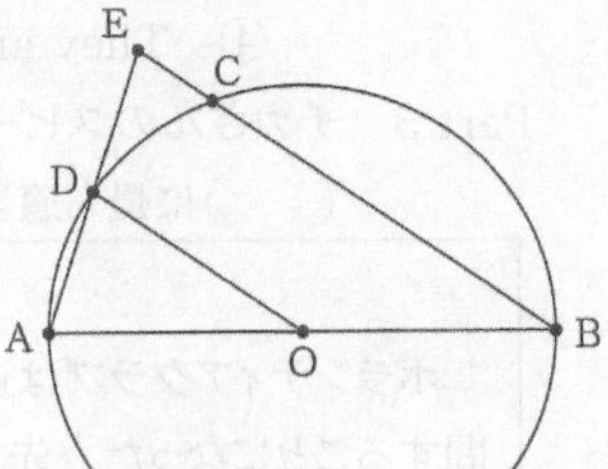

(1)　BEの長さは えお cmである。

(2)　∠AODと大きさが等しい角を以下の⓪～④の中から二つ選ぶと，か，き である。

⓪　∠CED　　①　∠OBC　　②　∠BDC

③　∠CDE　　④　∠ODB

(3)　BCの長さは$\dfrac{\boxed{\text{くけ}}}{\boxed{\text{こ}}}$cmである。

［問題はこれで終わりです。］

【英　語】（50分）〈満点：100点〉

【A】リスニングテスト（放送の指示にしたがって答えなさい。放送を聞きながらメモをとってもかまいません。）

Part 1　チャイムの箇所に入るエミリーの発言として最も適当なものを選び，番号をマークしなさい。

1. [1]　① Next Monday.　② Last Monday.　③ Just now.　④ For a week.

2. [2]　① No, I didn't.　② Me, too.　③ You're welcome.　④ That's a good idea.

3. [3]　① She doesn't like math.　② I met her this morning.　③ She has a cold.　④ I think so.

4. [4]　① No, thank you.　② Here you are.　③ That's too bad.　④ I'm not hungry.

Part 2　対話を聞き，それぞれのQuestionの答えとして最も適当なものを選び，番号をマークしなさい。

5. [5]　Question：What is Saori going to buy for her sister?
① A cap.　② A cat.
③ A cup.　④ A bag.

6. [6]　Question：What did Saori do yesterday?
① She visited many places in Kamakura.
② She went to the station to see her sister.
③ She studied English with James.
④ She went to shopping with her sister.

7. [7]　Question：What are they talking about?
① They are talking about going shopping.
② They are talking about having lunch.
③ They are talking about playing basketball.
④ They are talking about going to a baseball game.

Part 3　チカさんのスピーチを聞き，以下の〈チカさんのクラブ活動〉を完成させるために文中の空所（　　）に最も適当なものを選び，番号をマークしなさい。

〈チカさんのクラブ活動〉

ボランティアクラブは週に（　[8]　）活動している。今年は，学校の近くの老人ホームを訪問することになった。先週の土曜日に，初めてその老人ホームを訪問し，部屋の掃除をしたあと，みんなで（　[9]　）を楽しんだ。（　[10]　）の滞在で少し疲れたが,お年寄りたちの笑顔のおかげで幸せな気分になった。

8. [8]　① 1回　② 2回　③ 3回　④ 4回

9. [9]　① 昔の遊びや歌　② 会話や昔の遊び　③ 会話や歌　④ 歌や踊り

10. [10]　① 3時間　② 4時間　③ 5時間　④ 6時間

【B】 次の①②③から，下線部の発音がすべて同じものを選び，番号をマークしなさい。

11. 11

①	father	here	picture
②	loud	should	wood
③	best	dead	peace

12. 12

①	disease	baseball	case
②	dangerous	famous	mouth
③	drive	decide	mind

〈リスニングテスト放送台本〉

これから，リスニングテストを行います。リスニングテストは，全て放送による指示で行います。問題は，Part 1～Part 3の3つの部分に分かれています。英文は，それぞれ2回ずつ読まれます。放送を聞きながら，問題用紙の余白にメモをとってもかまいません。答えはすべて解答用紙にマークしなさい。

それでは，Part 1に入ります。Part 1は，1から4まで4つの対話を聞いて答える問題です。KojiとEmilyが話をしています。それぞれの対話の最後でEmilyが発言するかわりに（チャイムの音）というチャイムが鳴ります。Emilyの発言として最も適当なものを選び，番号をマークしなさい。それでは，始めます。

1 ［Koji：］ I heard your brother is going to Singapore.
［Emily：］ He's already there.
［Koji：］ Oh, really? When did he go?
［Emily：］ （チャイム）

2 ［Koji：］ It's very hot today. I don't want to play tennis.
［Emily：］ So what do you want to do?
［Koji：］ How about going to a swimming pool?
［Emily：］ （チャイム）

3 ［Koji：］ Did you see Aya this morning?
［Emil：］ No, I didn't. She is absent from school today.
［Koji：］ Really? What's wrong with her?
［Emily：］ （チャイム）

4 ［Koji：］ Help yourself please.
［Emily：］ Thanks. Your mother is really good at cooking. Everything is great.
［Koji：］ She'll be glad to hear that. Will you have another cup of coffee?
［Emily：］ （チャイム）

次に，Part 2に入ります。Part 2は，5から7まで3つの対話を聞いて答える問題です。同じ高校に通うJamesとSaoriが話をしています。対話を聞き，問題冊子に印刷されているそれぞれのQuestionの答えとして最も適当なものを選び，番号をマークしなさい。それでは，始めます。

5 ［James：］ What are you doing, Saori?
［Saori：］ I'm looking for a cup for my sister's birthday present. Her birthday is next Tuesday.
［James：］ Have you decided which one to buy yet?

[Saori：] Not yet. My sister likes cats. So I want to give her a cup with cats on it. But it's difficult to choose from so many. Which would be better?

[James：] Well, how about this one?

[Saori：] Yeah, it's so cute. OK I'll take it.

6 [James：] Hi, Saori. I saw you at the station yesterday.

[Saori：] Hi, James. Were you also there?

[James：] Yes. I took the train and I went to Kamakura with Kenta. We visited many places there. Why were you at the station?

[Saori：] I went there to meet my sister. She came back from England for the first time in a year.

[James：] Why was she in England?

[Saori：] She is studying English there, but summer vacation started, so she returned to Japan for a while.

7 [James：] Saori, do you like baseball? I'm going to see a game tomorrow. Why don't you come with me?

[Saori：] Well, I'll go shopping with my mother in the morning, but I have nothing to do after lunch.

[James：] Great! The game will start at two in the afternoon.

[Saori：] OK. I'll go with you, then.

[James：] How about meeting in front of the station at one?

[Saori：] Sure. See you tomorrow.

最後に，Part3に入ります，Part3では，チカさんが，クラブ活動についてのスピーチをしています。スピーチを聞き，問題冊子に印刷されている〈チカさんのクラブ活動〉を完成させるために文中の空所に最も適当なものを選び，番号をマークしなさい。それでは，始めます。それでは，始めます。

Hello, everyone. I am a member of the volunteer club. We meet every Wednesday and Saturday. At the beginning of April, we had a meeting and decided to visit a home for old people near our school. Last Saturday, we went to the home for the first time. First, we visited the old people's rooms and cleaned them. After that, we all enjoyed talldng and singing together in a big room. We got to the home at one and stayed there until five. We got a little tired, but their smiles made us happy. I hope we will meet them again soon. Thank you.

【C】( )の中から最も適当なものを選び，番号をマークしなさい。

13. A: Look at that woman (① which / ② this / ③ who / ④ what) is running over there. Who is she? 13

B: She is our new ALT, Ms. Smith.

14. A: How (① often / ② much / ③ about / ④ many) do you go to the concert? 14

B: Well, once or twice a month.

15. A: You speak English very well, Kenta.

B: Thank you. (① Speak / ② Speaking / ③ Spoken / ④ Spoke) English is not easy, but it's fun. [15]

16. A: I was so busy yesterday that I didn't watch the TV program.

B: I didn't, (① too / ② also / ③ then / ④ either). [16]

17. A: Will you tell me what (① should do / ② do I/ ③ to do / ④ has done) next? [17]

B: You should wash the dishes.

18. A: Which girl is Jane?

B: Oh, she is that girl (① on / ② for / ③ with / ④ under) long hair. [18]

19. I've lost my umbrella, so I'm (① go / ② going / ③ to go / ④ gone) to buy one tomorrow. [19]

20. There are a (① few / ② lot / ③ some / ④ little) students in the classroom. [20]

21. The man (① took / ② takes / ③ taking / ④ taken) pictures in the park is my uncle. [21]

22. Have you ever (① gone / ② visited / ③ went / ④ been) to New York? [22]

23. This book is as good for children (① that / ② as / ③ so / ④ than) for adults. [23]

24. You have to remember to come home (① before there / ② before it / ③ until it / ④ until there) gets dark. [24]

25. (① Some / ② Most / ③ Each / ④ Both) of them has a tablet PC. [25]

【D】 意味の通る文に並べ替えた際，[問題番号]にくる語句を選び，番号をマークしなさい。ただし，文の先頭にくる文字も小文字で表記されている。

26. I ____ ____ ____ [26] ____ ____ ____.

① time / ② with / ③ to / ④ my friend / ⑤ no / ⑥ talk / ⑦ have

27. It ____ ____ ____ ____ ____ [27] ____ clean.

① us / ② necessary / ③ the lake / ④ keep / ⑤ to / ⑥ for / ⑦ is

28. Mt. Fuji is ____ ____ ____ [28] ____ ____ ____ the world.

① most / ② one / ③ mountains / ④ of / ⑤ beautiful / ⑥ the / ⑦ in

29. I ____ ____ ____ ____ [29] ____ ____.

① remember / ② bag / ③ I / ④ cannot / ⑤ this / ⑥ where / ⑦ bought

30. ____ ____ [30] ____ ____ ____ ____.

① you / ② reading / ③ looks / ④ book / ⑤ difficult / ⑥ are / ⑦ the

31. The **maglev train* ____ ____ ____ [31] ____ ____ ____ ____ in 67 minutes.

① able / ② will / ③ between / ④ to / ⑤ and Osaka / ⑥ travel / ⑦ Tokyo / ⑧ be

**maglev train* リニアモーターカー

32. ____ ____ [32] ____ ____ ____ ____ ____ John.

① other / ② student / ③ our class / ④ taller / ⑤ no / ⑥ is / ⑦ than / ⑧ in

33. ____ ____ ____ [33] ____ ____ newspaper?

① anything / ② is / ③ today's / ④ there / ⑤ in / ⑥ interesting

34. He ____ ____ [34] ____ ____ ____ ____.

① too / ② got / ③ to / ④ late / ⑤ catch / ⑥ up / ⑦ the first train

【E】 次のみなと園(Minato Zoo & Amusement Park)の広告を読んで，あとの問いの答えとして最も適当なものを選び，番号をマークしなさい。

Welcome to Minato Zoo & Amusement Park!

☆ About Minato Zoo & Amusement Park

About 120 kinds, a total of 1,000 animals live in the zoo. You can have fun experiences, such as giving food to the animals.

From exciting [*1]*roller coasters* for young people to a lot of other attractions for families with small children like a merry-go-round and a coffee cup, there are about 30 different attractions for everyone to enjoy all day. Pools also open in summer.

☆ Admission Fees

	Adults (junior high and over)	Children (age 4 and over)	Seniors (age 60 and over)	Ride Ticket (1 ride)
Admission Ticket	¥1,700	¥800	¥1,700	¥300 ～ ¥1,000
One-Day Pass (Admission + Unlimited Rides)	¥5,500	¥4,300	¥3,800	

Notes: · Children of three years old and under are free.

· One-Day Pass cannot be used for special events or coin game machines.

· An [*2]*advanced ticket* can be bought at 10 percent discount on the Internet.

· Please get a stamp on the back of the hand at the exit if visitors want to enter again.

☆ Opening Hours

· Regular hours: 9:30 am to 5:30 pm

· Winter (December － March) : 9:30 am to 5:00 pm

(Visitors can enter up to 30 minutes before closing time.)

☆ Closed Days

· Every Monday (close the following Tuesday if Monday is a public holiday)

· December 29 through January 1

(注)

[*1] *roller coaster* ジェットコースター [*2]*advanced ticket* 前売り券

35. みなと園の説明として，正しいものを二つ選び，番号をマークしなさい。 35

（[35] に二つともマークすること）

① 動物園では，約120頭の動物たちが飼育されている。

② プールはすべて屋内にあるので，1年を通して利用が可能である。

③ 3歳以下の子供は入園料が無料だが，4歳以上の子供はチケットを購入する必要がある。

④ 再入園を希望する場合は，出口で再入園チケットをもらわなければならない。

⑤ 毎週月曜日が休園日だが，月曜日が休日の場合は，翌火曜日が休園日となる。

36. みなと園の説明として，<u>正しくないものを二つ</u>選び，番号をマークしなさい。[36]

（[36] に二つともマークすること）

① 遊園地には，メリーゴーランドなどの小さい子供向けのアトラクションが約30種類ある。

② 1日券を購入すると，すべての乗り物の利用が可能である。

③ 前売り券は，インターネットとみなと動物園の窓口のどちらでも購入が可能である。

④ 12月から3月の間は，午後4時30分までに入園しなければならない。

⑤ 年始年末の4日間は，動物園も遊園地も休園となっている。

37. 次の家族がみなと園を利用する場合，最も安い料金はいくらになるか。最も適当なものを選び，番号をマークしなさい。[37]

［父(40歳)，母(38歳)，息子(中学生)，娘(小学生)］…アトラクションをすべて利用する

［娘(2歳)，祖母(63歳)］…アトラクションを利用しない

① 22,500円　② 22,140円　③ 20,250円　④ 19,170円

【F】 次の会話文を読んで，あとの選択肢から空所に最もふさわしいものを選び，それぞれ番号をマークしなさい。

Daiki is a high school student and a member of the soccer team at his school. His team finally won a close game to get into the [*1]*finals* of the winter tournament. The finals will be held this weekend. He is talking to John, an exchange student from Australia, near the soccer ground.

Daiki : Hi, John. How's everything going?

John : Great. Oh, you look happy. What's up?

Daiki : I'm so excited for the finals this weekend! It's going to be a tough game, I think, but if we win, we'll [*2]*take part in* the [*3]*national tournament*.

John : Sounds great. ([38])

Daiki : Nankatsu High School. Nankatsu has a very strong team. Actually, last time our team lost the game by only one point because our team's defense made a mistake near the end of the game. Our coach, Mr. Shiroyama, got very angry. ([39]) So I'm sure we can win this time. Are you coming to the game?

John : I'm sorry I can't. Something [*4]*unexpected* happened.

Daiki : What's that?

John : My mother called me two days ago and told me that my parents would come to see me in Japan. ([40])

Daiki : Really? You're going to miss a great game.

John ：Yes. I think so, too. Instead, I'll be sure to see the game if your team takes part in the national tournament. Don't lose against Nankatsu!

Daiki ：Of course! Enjoy your weekend with your parents.

（注）

*[1]*finals* 決勝戦　*[2]*take part in* ～ ～に出場する　*[3]*national tournament* 全国大会

*[4]*unexpected* 予期していなかった

① Which team is likely to win the finals?

② Our team has a good defense.

③ Which team are you going to play against?

④ I have to be with them this weekend.

⑤ I went to Tokyo Skytree with them.

⑥ We've practiced harder than the players of any other team since then.

【G】 次の英文は，あるカナダ人の男性が書いたエッセイである。これを読んで，あとの問いの答えとして最も適当なものを選び，番号をマークしなさい。

I was born in Vancouver, on the west coast of Canada. When I was five years old, my family moved outside the city to a new *[1]*residential area* in the forest. Our community（ ア ）by the romantic name, "Sunshine Hills."

It was so（ イ ）for my brother, my sisters and me to *[2]*explore* our new environment. While our friends in the city spent their days at *[3]*kindergarten*,（ ウ ）. Each morning, we played *[4]*tag* or *[5]*hide-and-seek* in the woods. Our afternoons were spent catching fish, studying insects and climbing trees. Sometimes, we spent the day picking wild berries in the forest. We brought them home to our mother, and she made delicious berry pies for dessert.

When I became six years old, it was time to start school. Our school, エSunshine Hills Elementary School, was built in our areas just before my family moved there. There weren't many children, so it was quite small. The entire school *[6]*consisted of* just one room.

Our one-room school had only 22 people：20 children and two teachers. There were two blackboards — one at the front and one at the back. In the middle of the room there was a curtain. One teacher taught smaller children on one side and the other teacher taught older children on the other. It often got quite noisy.

Attending a school located beside a forest meant frequent *[7]*encounters* with nature. I still remember one such event. It was a typical day just like always. We were sitting in class learning English. Our teacher was writing on the blackboard.

オSuddenly, a classmate pointed toward the forest and shouted, "Look over there!" We quickly turned our heads to look out the window. We were surprised at the thing we saw.

Just across the school ground, 70 meters away, a deer came out from the forest. Its head was *[8]*bent* low to the ground as it ate some grass. It slowly lifted its head and looked slowly at us for several moments *[9]*as soon as* it heard our shouts.

It was a *[10]*magnificent* animal, over two meters tall, and has beautiful big *[11]*antlers*. After a minute or two, it turned around and disappeared into the forest. You can imagine how excited we were. A wild deer! Just outside our school!

When I look back, it's hard to believe I had such a *[12]carefree childhood. Playing in the forest, seeing wild animals, attending a one-room school. These all sound like experiences from the 19th century, or like *[13]fairy tales such as Snow White or Hansel and Gretel.

I was lucky to grow up near a forest and feel *[14]nostalgic about my childhood. Many children today are so busy with computer games, DVDs and smartphones that カthey've lost something important. Children need sunshine, fresh air and contact with the great outdoors. Let's *[15]appreciate the natural world and teach our children to respect it.

（注）

*[1]residential area　住宅地　　*[2]explore　探検する　　*[3]kindergarten　幼稚園

*[4]tag　鬼ごっこ　　*[5]hide-and-seek　かくれんぼ　　*[6]consist of ～　～からなる

*[7]encounter　出会い　　*[8]bent dend　(曲げる)の過去分詞

*[9]as soon as ～　～するとすぐに　　*[10]magnificent　堂々とした

*[11]antler　(鹿の)枝角　　*[12]carefree　のんきな　　*[13]fairy tale　おとぎ話

*[14]nostalgic　懐かしい　　*[15]appreciate　感謝する

41.（ ア ）に入れるのに最も適当なものを選び，番号をマークしなさい。[41]

① was said　② said　③ was called　④ called

42.（ イ ）に入れるのに最も適当なものを選び，番号をマークしなさい。[42]

① sad　② exciting　③ surprising　③ sorry

43.（ ウ ）に入れるのに最も適当なものを選び，番号をマークしなさい。[43]

① they enjoyed playing outside

② they were free

③ we had to study at home

④ we had much free time

44. 下線部エの説明として最も適当なものを選び，番号をマークしなさい。[44]

① 全校生徒がわずか22人の自然に囲まれた小さな小学校である。

② 教室の前と後ろにホワイトボードが1つずつ備え付けられている。

③ 筆者と家族がこの地域に引っ越してきた直後に建てられたばかりである。

④ 1つしかない教室がカーテンで低学年用と高学年用に仕切られている。

45. 下線部オの理由として最も適当なものを選び，番号をマークしなさい。[45]

① 大きな美しい角の生えた，堂々とした鹿が教室の窓のすぐそばまで来ていたから。

② 校庭の向こう側に，森の中から大きな鹿が姿を現したから。

③ 身長が2メートル以上もある鹿が，森の中へ消えていくところだったから。

④ 2頭の鹿がゆっくりと頭を上げて，校庭の向こう側から生徒たちの方を見ていたから。

46. 下線部カの内容として最も適当なものを選び，番号をマークしなさい。[46]

① 宅地造成によって自然が失われてしまった。

② 伝統的な遊びが行われなくなってきた。

③ 自然との触れ合いが失われてしまった。

④ 伝統的な文化が尊重されなくなってきた。

47. The writer's mother [47] .

① sometimes made berry pies with the wild berries her children picked

② sometimes picked wild berries by herself and made berry pies for dessert

③ sometimes enjoyed making delicious berry pies with her children

④ sometimes bought many berries and made berry pies for dessert

48. What was the writer doing when he saw a deer? [48]

① He was enjoying talking with his classmates.

② He was taking an English class in a classroom.

③ He was writing something on the blackboard.

④ He was teaching English to his students.

49. What does the writer want children today to do? [49]

① He wants them to grow up near a forest.

② He wants them to play traditional games.

③ He wants them to stop using smartphones.

④ He wants them to respect the natural world.

50. 以下の各文について，本文の内容と一致するものを二つ選び，番号をマークしなさい。[50]（[50] に二つともマークすること）

① The writer was born in Sunshine Hills in Vancouver and had a very fun time there.

② The writer always played outside all day before he entered elementary school.

③ The deer with big antlers the writer saw outside the window ate the flowers he grew.

④ One day, the writer suddenly shouted in class because he saw a deer outside the window.

⑤ The school the writer attended was near the forest, so he often felt closer to nature.

⑥ The writer liked reading fairy tales such as Snow White or Hansel and Gretel at school.

以上で問題は終わりです。

や飼い猫の様子などの例を通して、結論を絶対化している。最後に「同じ」という概念について真に理解しているのはヒトのみであるとし、動物の感性による「=」とは差があるとまとめている。

以上で問題は終わりです。

② 一円玉がアルミニウムを加工して作られているように、ある物がある物をもとに作られている感覚を持たないこと。

③ 硬貨を重ねてタワーにするように、ある物がある物を総合してできているという感覚を持たないこと。

④ 百円玉十枚と千円札とが両替できるように、ある物とある物の価値が等しいという感覚を持たないこと。

問三 空欄 Ⅰ に当てはまる表現として最も適切なものを、後の①～④のうちから一つ選び、その記号を解答欄にマークしなさい。問番号は33。

① お姉さんの立場に立つことができる、つまり「自分がお姉さんだったら」と、お姉さんと自分を交換できる

② お姉さんの行動を読むことができる、つまり「自分がお姉さんだったら」と、お姉さんの思考を正確に予測できる

③ お姉さんの心情を推察することができる、つまり「自分がお姉さんだったら」と、お姉さんの気持ちを代弁できる

④ お姉さんの状況を考えることができる、つまり「自分がお姉さんだったら」と、お姉さんの迷いを振り払える

問四 傍線部C「当然が当然ではない社会」とはどういうものか。正しいものを、後の①～④のうちから一つ選び、その記号を解答欄にマークしなさい。問番号は34。

① 全てのものの個性を尊重すべきという当然の発想が、十分に教えられているとは言えない社会。

② 同質であることで波風が立たないという当然の発想が、十分に認識されているとはいえない社会。

③ 平等であることが当たり前という当然の発想が、十分に是認されているとはいえない社会。

④ 個々のもの同士には差異があるという当然の発想が、十分に浸透しているとはいえない社会。

問五 本文の構成として正しいものを、後の①～④のうちから一つ選び、その記号を解答欄にマークしなさい。問番号は35。

① まず、動物に「イコール」の概念が理解できないことを、数式を用いて科学的に説明している。次に、ことわざや労働制度などの例を通して、結論を言い直している。最後に、イコールの概念を持たない動物はヒトに劣るという結論を再提示し、それがヒト社会の優性を特徴づける要素であるとまとめている。

② まず、「イコール」はヒトのみが理解する概念であるという結論を、具体例を用いて説明している。次に、故事や認知科学者の実験などの例を通して、結論を補完している。最後に、交換こそヒト社会の特徴であるという結論を再提示し、それがヒト社会に存在するさまざまな現象の発生要因になっているとまとめている。

③ まず、算数などの高度な知的活動を行えるのはヒトのみであるという結論を、中学生の実例をもとに説明している。次に、実験や脳のメカニズムなどの例を通して、結論を証拠づけている。最後に、流行曲の歌詞を例に挙げながらヒト社会の問題点を指摘し、ヒトの思い上がりに対する一定の制御が必要であるとまとめている。

④ まず、「=」の記号について、動物とヒトとでは使い方が違うという結論を、知人の例を紹介して説明している。次に、経済活動

交換可能だという意味である。

だからこそ逆に、ＳＭＡＰは「世界に一つだけの花」と歌った。「世界に一つだけの花」は交換可能ではない。なぜ花なのかというと、花は見るもので、つまり感覚的な存在だからである。ヒトを感覚で捉えたら、平等どころの騒ぎではない。みんなそれぞれ違うに決まっている。だから「世界に一つだけの花」はその意味では当然である。

その当然をわざわざ歌い、それがヒットするのは、C当然が当然ではない社会だからである。つまり違いを主張する感覚所与が排除されている社会だからである。

ヒトの意識は「同じ」という機能を持ち、それによって動物とは異なるヒト社会を創り出した。むろんヒトであれ、動物であれ、社会は意識が創り出す。その中でも、とくにヒト社会を私は脳化社会と呼んできた。それは脳の機能である意識が創り出す社会という意味である。

そろそろとりあえずの結論を出そう。動物もヒトも同じように意識を持っている。ただしヒトの意識だけが「同じ」という機能を獲得した。それが言葉、お金、民主主義などを生み出したのである。

心の理論及びそれが発展した機能について、心理学では「心を読む(mind-reading)」と表現することがある。ここではその表現は使わない。交換はいわゆる操作的な概念であって、交換さえ想定すれば、「心を読む」必要はない。私はそう考える。自分が相手の立場だったら、どうするか。それはあくまでも自分についての思考であって、相手の心を読んでいるのではない。心理学者が「心を読みたがる」のはよくわかるが、「読んでいるのは自分だ」というチェックは常に必要であろう。

（養老孟司『遺言』、一部改変）

（注）感覚所与……感覚器に与えられた第一次印象のこと。「目に光が入る」「耳に音が入る」など。

問一 傍線部Ａ「朝三暮四についての通常の解釈は、うがちすぎとも言えるし、浅すぎるとも言える」と筆者がいうのはなぜか。その理由として最も適切なものを、後の①～④のうちから一つ選び、その記号を解答欄にマークしなさい。問番号は[31]。

① サルが狙公の申し出を拒否した本質は、目先の利益を優先したいという欲求からではなく、いち早く食料を確保することが動物の本能であるから。

② サルが狙公の申し出を拒否した本質は、ドングリの総数が同じであればよいという発想ではなく、最初にもらえる数の多寡が最も重要だと考えたところにあるから。

③ サルが狙公の申し出を拒否した本質は、ドングリの配分順序の問題ではなく、狙公がまったく違うことを提示してきたと考えたところにあるから。

④ サルが狙公の申し出を拒否した本質は、朝夕どちらに多く配分されるかではなく、朝も夕も数が同じでないことを不可解に思ったところにあるから。

問二 傍線部Ｂ「動物にはイコールがない」とはどういうことか。最も適切なものを、後の①～④のうちから一つ選び、その記号を解答欄にマークしなさい。問番号は[32]。

① 紙幣が燃え尽きると灰になるように、ある物がある物に変化するという感覚を持たないこと。

「同じ」つまりイコールつまり交換が、ヒト社会の特徴を創り出す。その意味でのヒト社会の特徴とは、どういうことだろうか。

　自分の子どもが生まれた時に、同じころに生まれたチンパンジーの子を探してきて、兄弟みたいに一緒に育てた米国の研究者がいる。ヒトとチンパンジーの発育を比較した（１９７０年代に行われた「プロジェクト・ニム」のこと）のだが、生後三年までは、どう見てもチンパンジーが上だった。運動能力は高いし、何をするにも気が利いている。ところが三歳を過ぎて、四歳から五歳になると、ヒトはどんどん発育が進むが、チンパンジーは停滞してしまう。身体はもちろん発育するのだが、頭がダメなのである。その頃にヒトとチンパンジーを分ける、なにかが現れるに違いない。

　認知科学者はこの問題を追究した。三歳から五歳までの間に、ヒトとチンパンジーを分けるなにかの能力が出現するはずである。それはなんだろうか。簡単な実験でそれを確かめることができる。これを認知科学では「心の理論」と名付ける。

　例えば三歳児と五歳児に舞台を見せておく。舞台には箱Ａと箱Ｂがある。そこへお姉さんがやってきて、箱Ａに人形を入れ、箱に蓋をして行ってしまう。次にお母さんが登場する。お母さんは箱Ａに入っている人形を取り出し、箱Ｂに移してしまう。さらに箱Ｂに蓋をして、舞台からいなくなる。

　次にお姉さんが舞台に再登場し、舞台を見ている三歳児、五歳児のそれぞれに研究者が質問する。お姉さんは箱Ａ、箱Ｂのどちらを開けるでしょうか。

　三歳児なら、箱Ｂと答える。なぜなら人形が箱Ｂに入っていることを三歳児は知っている。ところが三歳児にとっては、自分の知識がすべてなのである。それなら姉さんは人形が今入っている箱Ｂを開けるに決まっていると思ってしまう。お姉さんの頭の中がどうなっているのか、そんなことは考えない。

　五歳児はどうか。五歳児ならお姉さんは箱Ａを開けると正解する。なぜならお母さんが箱Ｂに人形を移したのを、お姉さんは見ていない。「お姉さんは人形が箱Ｂに移されたのを見ていないのだから、元の箱Ａに入ったままだと思っているに違いない、ゆえに箱Ａを開ける」と正解するのである。

　ここでなにが起こっているか、それは明らかであろう。五歳児は［Ⅰ］のである。三歳児ではまだそれができない。だから自分が箱Ｂに人形が入っていると知っている以上、お姉さんもそれを知っていると単純に決めてしまう。それを知らない人は、三歳児にとっては、要するにただのバカなのである。三歳児であれ、チンパンジーであれ、まったくの自己中心なんですなあ。

　動物社会がボス支配となるのは、おそらくそのためである。利害が対立する局面で、相手の立場を考慮しなければ、必ず喧嘩になる。喧嘩になれば、強い方が勝つに決まっている。ニワトリに至っては、十羽いれば、一番から十番まで、突つきの順位が付いてしまう。もっとも六番とか七番になると、どっちが上だったか、わからなくなるので、あらためて時々突つきなおしてみるらしい。

　ヒト社会はかならずしもボス支配にならない。しかもいずれ民主主義に行き着くはずなのである。なぜなら人間は平等だからである。平等とはたがいに「同じ」人間じゃないかということであり、たがいに朝三暮四という四字熟語がある。サルを飼っていた宋の狙公《そこう》が、サルに朝にはドングリを三つ、夜には四つやるといったら、サルがイヤだといった。ではというので、朝四つ、夜三つにしたら、それでいいといったという話である。一日に七つなんだから、同じことじゃないかと考えるのがヒトだが、じつは違う。ここにもみごとにa＝bならば、b＝aだという問題の理解が表れている。動物にとってはa＝bでもb＝aにはならない。だって、左辺だけ見たら、すでにaとbで「違う」んですからね。

以前から中国人はそこにサルとヒトの違いがあると、ちゃんと知っていたのである。

朝三暮四は目先の利益を優先するバカのこと、とするのが通常の解釈であろう。朝が三ではなくて、四になるからである。夕方のことなんか、知ったことじゃない。

でも私のように考えると、通常のそうした解釈は意味が限定されてしまっていることがわかる。狙公のサルは中学生以前の池田清彦だったのである。A朝三暮四についての通常の解釈は、うがちすぎとも言えるし、浅すぎるとも言える。

a＝bとb＝aは明らかに違っている。見れば違いがわかる。前の式では左にaがあり、あとの式では同じ左にbがある。違うじゃないですか。それがなぜ「同じ」なんだ。それが動物の意見であり、中学生以前の池田清彦の意見である。朝三暮四という事例自体が、「感(注)覚所与を優先する」という動物の特質をみごとに表現しているのである。

この「交換」が理解できると、次に何ができるか。交換にさらにイコールを重ねることが可能になる。これを等価交換という。そのための道具がお金である。お金を使うと、あらゆる商品がお金を介して交換可能となる。あなたの労働が給与やアルバイト代になり、それがお昼のカレーになったり、中古のパソコンになったりする。これって、考えようによっては、メチャメチャだと思いませんか。なぜ労働がパソコンに変化するのだ。

動物はこれが理解できない。うちの猫に一万円札を見せると、しばし臭いを嗅いで、すぐに寝てしまう。これを昔の人は「猫に小判」といった。動物はお金つまり等価交換をまったく理解しないことを、昔の人だってよく知っていた。「猫に小判」になってしまうのは、B動物にはイコールがないからなのである。

等価とは「価値が同じ」ということで、交換も同じということだから、等価交換では同じが二重に使われることになる。「同じ」が一つだって動物にはわからないのだから、「同じ」が二重に使われるお金は、もっとわからなくて当然であろう。「金がすべて」だという人が時にいるが、それは「すべてのものは交換可能だ」といっているのである。そういう人はまさに「頭の中に住んでいる」。感覚はいわば外の世界の違いを捉えるもので、それを無視すれば、「すべては交換可能だ」という結論である。乱暴にいうなら、脳の中だけでいえば、すべてが交換可能である。なぜならすべては電気信号だからである。

社会そのものに話を戻そう。動物の社会とヒトの社会は明らかに違う。「同じ」つまりイコールの理解が、ヒト社会を特徴づけてしまう。

六　次の文章を読み、後の問いに答えなさい。なお、設問の都合上、一部改変した箇所がある。

まず結論からいこう。動物の意識にイコール「＝」はない。

小学校の算数で$3+3=6$などと習う。この時に「＝」という記号を覚えたはずである。これがわからなかった人はほとんどいないであろう。この程度の計算なら、チンパンジーにだって簡単にできる。でもそれができるからチンパンジーが「＝」つまり等号を理解しているかというと、じつは理解していない。私はそう考えている。

三足す三が六になるということと、「$3+3=6$」とは違う。この二つは同じことだとふつうは思う。そう思うのは、あなたがヒトだからである。同じに決まっているじゃないか。以上終わり、である。

これがかならずしも「同じ」ではないことは、ヒトの場合でも中学生の段階になるとわかる。私がいま書いていることを中学生が理解するという意味ではない。中学生になると、「＝」がわからなくなるヒトが出てくるからわかるのである。

ああ、なにがなんだか、わからなくなった。どういうことか、説明する。中学の数学になると、文字式が出てくる。方程式というヤツ。

$2x=6$　ゆえに　$x=3$

これがわからない。わからないというより、気に入らない。だってxは3ではないからである。

方程式を解いたら、

$a=b$

になった。これだともっと気に入らない。$a=b$なら、bという字は明日からいらない。aと書けばいいじゃないか。そもそもaとbという文字は、わざわざ違うように作ったんですからね。

あなたの子どもさんは、これほどヘソ曲がりではないと思う。でも中学生がここで数学をやめてしまう例がないではない。知り合いの早稲田大学教授、池田清彦は中学生の時に、はじめて文字式の出てくる教科書を読んで、わからなかった。しばらくしたら突然わかって、三年生までの教科書を全部読んでしまったという。わかるまでの池田はドウブツ的だったのである。「＝」が完全には理解できていなかったからである。

$a=b$がわかったとする。でも動物はこれがわからない。なにがどうわからないか。

$a=b$ならば、$b=a$である。

これが動物にはわからない。わからないと私は思う。これを数学基礎論では交換の法則という。法則じゃなくて、当たり前じゃないの。そう、あなたはヒトだから、交換が当たり前なのです。動物は交換を理解しませんよ。

ネコがキュウリをくわえて、サルがウサギの死んだのを拾ってきて、あそこの市場で交換していた。そういう状況を見たことがありますか。それが可能になると、生態系はいかに豊かになることか。文化人類学者のレヴィ＝ストロースは「人類社会は交換からはじまる」と述べた（らしい）。私はそれに対抗して、「人類社会はイコールからはじまる」といいたい。

んでいる人は経過する時計の時間に対して、筆者のいう「時間の自由」を感じているといえるね。

③ たとえば「趣味に打ち込んでいるとき」は、人によって、時間を有効に使っているという場合と、時間を有効につくっているという場合があるだろうから、筆者のいう二種類の「時間の自由」のどちらにも当てはまる可能性があるね。

④ 「あなたは、どんなときに充実していると感じますか」という問いの立て方自体に、「時間を有効に使いなさい」ではなくて「時間を有効につくりなさい」という筆者の考えにぴったり一致する質問者の感覚が表れていると思うよ。

【資料】

あなたは、どんなときに充実していると感じますか。当てはまるものをそれぞれ1つ選んでください。（回答はそれぞれ１つずつ）

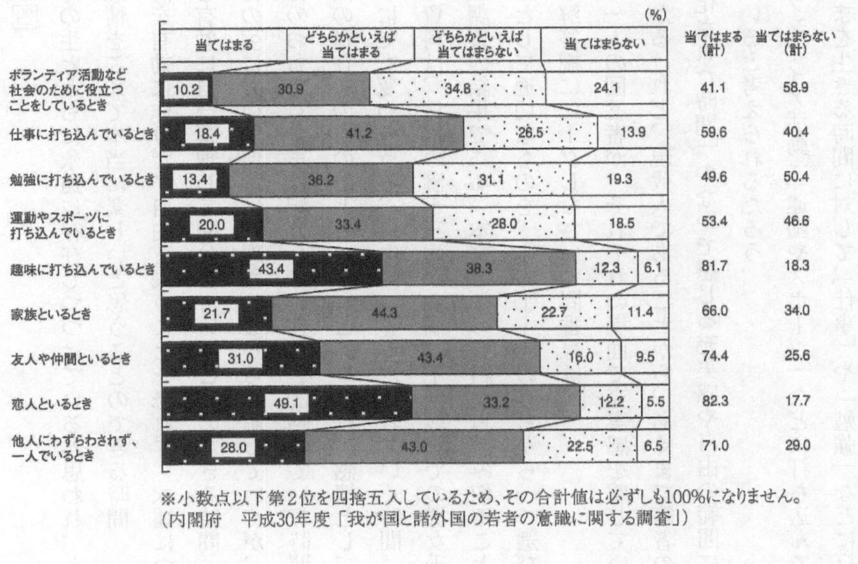

※小数点以下第２位を四捨五入しているため、その合計値は必ずしも100%になりません。
（内閣府　平成30年度「我が国と諸外国の若者の意識に関する調査」）

ずだと考えた。

④　最初は時計のない学校というものを想像できなくて混乱したが、よく考えてみると、明治の学校に限っては時計がなかっただろうと予想した。

問二　本文中の空欄 Ⅰ ～ Ⅲ に当てはまる語句の組み合わせとして正しいものを、後の①～④のうちから一つ選び、その記号を解答欄にマークしなさい。問番号は27。

①　Ⅰ　すなわち　Ⅱ　たとえば　Ⅲ　というのは
②　Ⅰ　しかし　Ⅱ　そして　Ⅲ　たとえば
③　Ⅰ　つまり　Ⅱ　だが　Ⅲ　なぜなら
④　Ⅰ　それで　Ⅱ　もっとも　Ⅲ　ただし

問三　傍線部B「私も、若い人も、生まれたばかりの子供も、同じように生きているのです」とあるが、筆者は最終的にこの言葉をどのようなことだと考えたか。正しいものを、後の①～④のうちから一つ選び、その記号を解答欄にマークしなさい。問番号は28。

①　どのような人も、失われることのない未来の時間をもっているように思い、過去の経過した時間を過ごしてきたと考えながら生きているということ。

②　どのような人も、年齢による差がないいまという失われることのない時間とともに、永遠の生を得ているような感覚をもって生きているということ。

③　どのような人も、不思議なことに人間には寿命があることを知っており、過ぎていく時間をできるだけ大切に過ごそうとして生きているということ。

④　どのような人も、さまざまな人生の違いをこえて同等の特別性において毎日を生きながら、永遠に存在しつづけている時間を生きているということ。

問四　傍線部C「それ」が指している内容として正しいものを、後の①～④のうちから一つ選び、その記号を解答欄にマークしなさい。問番号は29。

①　自分の生とともに永遠に存在しつづけていると思われ、さまざまな感情をこえて本当に楽しいと思うことのできる時間。

②　時間を有効に作りだす自由を失うことを恐れず、永遠につづくものを有効に自己管理して配分していくことのできる時間。

③　毎日の生において他者に管理されながら経過していくが、本来は自分のおもむくままに配分していきたいと感じている時間。

④　人間の存在そのものとともにずっとあり続け、感情としてはどのようにでも変わりうる、自由につくりだされていく時間。

問五　次の資料は、日本の満十三歳から満二十九歳までの男女千人による意識調査の結果である。本文とこの資料から読み取ることができる内容として適切なものを、後の①～④のうちから一つ選び、その記号を解答欄にマークしなさい。問番号は30。

①　一人一人の回答者が、それぞれの場面で充実感を感じていることがわかるけれど、現代人であることから、あくまで筆者のいう「外部化された時間」のなかで感じる充実感や自由の範囲におさまっていると考えられるだろう。

②　「ボランティア活動」「運動やスポーツ」などに打ち込んでいる人はいまを生きる時間に対して、「仕事」や「勉強」などに打ち込

私たちは不思議なことに、人間には寿命があることを知っているのに、かたわらでは、永遠の生を得ているとでもいうような感覚をいだいている。それも、おそらくこのふたつの時間の違いからきているもので、経過する時間をとおして考えたとき、人間には明らかに寿命があり、逆に存在しつづけるいまという時間をとおしてみると、この時間が永遠に存在しつづけているように、ここにある生も永遠のものであるように、感じられるのであろう。

もしかすると、この永遠の時間は、感情をもっているのかもしれない。それはときに楽しい時間になり、悲しい時間になる。激しい時間になることも、おだやかな時間になることもあるだろう。どんな時間にでも変わることができる。なぜそんなことが可能なのかといえば、この時間は人間の存在そのものとともにあるからであろう。ここでは、時間は自由に変わり、自由につくりだされていく。

ところが、今日私たちが、毎日時間に追われ、時間の自由を失っていると感じている時間とは、それ（C）とは別のものである。ここでは経過する時間が問題になり、過ぎ失ってしまうから、その時間に追いかけられる。

そして、この経過する時間の自由を得ようとして、人々は時間を配分する自由を問題にする。時間の使い方を他者に管理され、自由に時間を配分できないとき、私たちは時間の自由を奪われていると感じる。たとえば、退職したらもっと自由に時間を過ごしてみようと考えるとき、ここで求められているものも、おもむくままに経過する時間を配分する自由である。

このように考えてみれば、時間の自由には、ふたつのものがあるのではなかろうか。自在に時間を配分する自由、もうひとつは、失われることのない、いまという時間を自在につくりだす自由である。ところが今日の社会は、経過する時間の配分しか問題にしようとはしない。経済は時間の有効な配分によって成り立っているし、最近の余暇拡大論も、時間の配分の仕方についての議論である。

もちろん私は、時間の配分の重要さも、否定しようとは思わない。しかしそれだけが時間の自由になってしまったら、あの老人の話の意味はわからなくなってしまうだろう。彼が語っていたことは、誰もが自在につくりだしうるいまという時間を生きている、ということである。この時間こそが、人間を平等にし、創造の自由を与えているということである。この自由は、論理的に説明しつくせるものではないだろう。しかし、人間とは何かを考えさせてくれる自由なのである。

（内山節『自由論――自然と人間のゆらぎの中で』）

問一 傍線部A「こんな話」とあるが、この話を聞いた筆者についての説明として正しいものを、後の①～④のうちから一つ選び、その記号を解答欄にマークしなさい。問番号は26。

① 最初は時計のない学校がどのような教え方をしていたのかに興味がわいたが、よく考えるうちに、都市部と地方の教育の違いに興味がわいた。

② 最初は時計のない学校の話は事実に基づかないものだと感じたが、教育学の研究者に聞いて、時計のない学校はあったかもしれないと考えた。

③ 最初は自分がもっている学校のイメージに合わないので戸惑ったが、過去をいろいろ想像するうち、時計のない学校はあったは

との会話の時間をつくりだした。時間は自分たちの手で創造されるものであり、またそうであるからこそ子供たちにとっては、時間の自由がありつづけた。

もしかすると、現代人は、時間を創造するものではなくしてしまったのかもしれない。自分の外の何者かに、時間を手渡してしまった。ここに外部化された時間が成立した。その時間は時計によって刻みつづけられる。こうして私たちは、時計の時間に支配されるようになり、時間を創造する自由を失った。

時計がなかった頃の学校は、先生と生徒の手によって、自由に時間がつくりだされていたのかもしれない。学校は、学校の時間を創造する場であった。

そして学校にまだそんな雰囲気があった頃は、大人たちもまた、仕事の時間をつくりだし、生活の時間をつくりだしながら、その生涯を過ごしていたに違いない。

戦後生まれの私は、小学校に入学する頃から、時間を有効に使いなさいと、いろいろな人たちから言われてきた。しかしいまでは、それにうなずいてはいけなかったと思うようになった。これでは、時計の時間に支配されることが、前提化されてしまっている。

時間について話をするなら、「時間を有効に使いなさい」ではなくて、「時間を有効につくりなさい」でなければ、ならなかったのである。

「私は八十歳に近づいていますから」と、ある日、知り合いの老人が私に話しかけたことがあった。「もう十分に生きてきた、それほど生に執着することもないだろうと、若い人は私をみて思うでしょうね」。そして次のようにつづけた。「ところが歳をとってみると、生きるということは、年齢で変わるものではないことが、わかってくるのですよ。B私も、若い人も、生まれたばかりの子供も、同じように生きているのです」。

そう述べたとき、老人はとてもやさしい表情をしていた。そしてこの話を聞いたとき、まだ二十歳代だった私は、なぜかホッとした。年齢とともに変わる必要はないのだという安堵《あんど》感のようなものを、私は感じていた。

しかし、後によく考えてみると、老人はとてもむずかしいことを話していたのである。

私たちは時間を経過するものとしてとらえている。だから、若い人や子供たちは、未来の時間をもっているように思い、老人たちは過去の経過した時間を過ごしてきたと考える。もちろん、それも誤りではない。だがそれは、時間を経過するものとして考えるときにのみ妥当なことにすぎないのである。

ところが私たちには、もうひとつの時間がある。いまを生きているという時間である。いまという時間は経過しない。つねに、いまここに存在しつづけている。

知り合いの老人が話してくれたのは、この時間である。だから、老人も、若者も、子供も、誰もが同じようにいまという時間を生きていて、この時間には年齢による差は生じない。いまという失われることのない時間、存在しつづけている時間とともに、誰もが生きているのである。

② 山の上の木に置いてきた生き胆を取ってくるように虬から言われた猿は、要求に応じて山に戻った。

③ 猿は、海の中に山がないのは約束が違うので、生き肝をあげることはできないと、虬の要求を断った。

④ 猿は、自分の生き肝を山の上の木に置いてくることを忘れたと虬に言って、山に戻らせてもらった。

五 次の文章を読み、後の問いに答えなさい。

以前に東北の農村で、村人からAこんな話を聞いたことがある。それは、その村にはじめて時計が入ってきたのは、日露戦争後のことで、村に学校ができてずいぶんたった頃のことだった、という話である。

この話を聞いたときは、私の頭は一瞬にして混乱した。時計のない学校などというものは、私には想像のできないものであった。時計のない学校は、どんな教え方をしていたのだろう。時計のない試験とはどのようなものなのだろう。私にとって学校のイメージとは、時計に支配された世界そのものである。

しかし、よく考えてみればそうだったのかもしれない。明治になって村々に学校がつくられていったとき、はたして山の分教場にまで時計があっただろうか。もっとさかのぼれば、都市部なら江戸の寺小屋でも、お寺の鐘程度の時間の目安はあったであろうが、それでも、この問題を十分で解きなさいというような、厳密な時計の時間はなかったはずである。とすれば、時計の時間に支配されない学校は、確かにあったはずなのである。

その後教育学の研究者に聞いてみると、学校教育のなかで時計の時間が価値基準になったのは、欧米でも二十世紀に入ってからのことで、それまでは一定の時間内で覚えたり、問題を解いたりすることは、重要な価値として意識されてはいなかったという。

それが変わったのは、欧米では、労働の価値基準が時計の時間で示されるようになった頃と、時期を同じくしているらしい。［Ⅰ］、その仕事をやりとげることが重要で、そのためにどれだけの時間がかかったのかは二の次だった時代から、仕事は決められた時間内に仕上げてこそ価値がある、と考える時代への転換が労働の世界ですすんだ時期に、学校教育でも、時間内に覚え、時間内に答えられることが能力だと、みなされるようになっていったというのである。

おそらく現代の人々は、誰もが、時間に縛られているとか、もっと自由な時間をもちたいと感じていることだろう。［Ⅱ］そう述べる前に、もうひとつ考えておかなければならないことがあるように、私には思える。というのは、時間の自由には、二種類のものがあるのだから。

そのひとつは、ある程度の自由な時間量をもちたいという意味である。忙しさから解放されたいとか、ときには何日間か自由に時を過ごしてみたいという感覚が、このことを表現している。だがそれだけが時間の自由ではない。［Ⅲ］もうひとつ、外部化された時間に支配されることなく、自由に時間世界をつくりだしていきたいということが、時間の自由にはあるからである。

私たちは子供の頃は、時計であらわされる外部化された時間というものを、ほとんど意識してはいなかった。時間は、子供たちの手で勝手につくりだされていた。子供たちは遊びの時間をつくりだし、友達云ふ。「さては、(注8)肝の料《れう》にてこそ具して来つれ」と思ひて、「さらば返りて、取りて給《た》べ」と云ふ。(注9)「左右《さう》なし。安き事」と云ひけり。さて、返りて山へ行きぬ。猿の木に登りて、「海の中に山無し。身を離れて肝無し」とて、山深く隠れぬ。蚪、(注10)ぬけぬけとして帰りぬ。

これは獣《けだもの》までも(注11)誑惑《わうわく》の心ある事を、経に出《い》だせり。かかれば、虫の中に問答せむ事も、(注12)上代ならば不思議とも申さじ。さもありぬべし。

(『沙石集』)

(注1) 知音……知り合い。 (注2) 時のほど……ちょっとの間。

(注3) 見参せん……お目にかかりたい。

(注4) 蚪……角のない竜。 (注5) 志……妻への誠意。

(注6) 菓……木の実。 (注7) ありつる……さっきの。

(注8) 肝の料にてこそ具して来つれ……肝をとるために連れてきたのに意味がない。

(注9) 左右なし……もちろんだ。

(注10) ぬけぬけとして……間抜けな様子で。

(注11) 誑惑の心……相手をだます気持ち。 (注12) 上代……大昔。

問一 傍線部A「つれづれなりける時」の意味として正しいものを、後の①～④のうちから一つ選び、その記号を解答欄にマークしなさい。問番号は21。

① いそがしくてたまらない時

② 寂しくてどうしようもない時

③ ほかに何もすることがない時

④ いてもたってもいられない時

問二 傍線部B「あぶなき見参なり」とあるが、筆者がこのように言うのはなぜか。正しいものを、後の①～④のうちから一つ選び、その記号を解答欄にマークしなさい。問番号は22。

① この訪問をするための体力が、蛙には残っていなかったから。

② この訪問をする前に、蛇も亀も死んでしまうだろうから。

③ この訪問は、蛇にとっても蛙にとっても利点があるとはいえないから。

④ この訪問をすれば、蛙は命を落としてしまうことになるから。

問三 傍線部C「背に乗りぬ」の説明として正しいものを、後の①～④のうちから一つ選び、その記号を解答欄にマークしなさい。問番号は23。

① 蚪の背に猿が乗った。

② 蚪の背に蚪の妻が乗った。

③ 猿の背に蚪が乗った。

④ 猿の背に菓が乗った。

問四 傍線部D「げには海中に争でか山あるべき」の意味として正しいものを、後の①～④のうちから一つ選び、その記号を解答欄にマークしなさい。問番号は24。

① なるほど海の中には山があったのだ

② なるほど海の中に山があるかもしれない

③ 本当に海の中に山があるのだろうか

④ 本当に海の中に山があるわけがないだろう

問五 本文中の内容として正しいものを、後の①～④のうちから一つ選び、その記号を解答欄にマークしなさい。問番号は25。

① 蚪は猿をだまして海の中へ連れてきたつもりだったが、実は猿のほうが蚪をだましていて蚪をやりこめた。

①『梁塵秘抄』
②『金槐和歌集』
③『新古今和歌集』
④『万葉集』
⑤『古今和歌集』

2　平安時代の成立ではない作品。問番号は17。
①『源氏物語』
②『伊勢物語』
③『方丈記』
④『土佐日記』
⑤『枕草子』

3　芥川龍之介の著作。問番号は18。
①『舞姫』
②『しろばんば』
③『潮騒』
④『河童』
⑤『明暗』

4　『黒い雨』の作者。問番号は19。
①　太宰治
②　森鷗外
③　井伏鱒二
④　三島由紀夫
⑤　宮沢賢治

5　近松門左衛門の著作。問番号は20。
①『風姿花伝』
②『曽根崎心中』
③『おらが春』
④『おくのほそ道』
⑤『世間胸算用』

四　次の文章を読み、後の問いに答えなさい。

経の中に、畜類の問答、多く見えたり。ある池の中に、蛇と亀、蛙《かへる》と(注1)知音《ちいん》にて住みけり。天下旱《ひでり》して、池の水も失せ、食物《じきもつ》も無くして、飢《うゑ》んとして。Aつれづれなりける時、蛇、亀をもて使者として、蛙の許《もと》へ「(注2)時のほどおはしませ。(注3)見参《げんざん》せん」と云《い》ふに、蛙、返事に申しけるは、「飢渇《きかつ》にせめらるれば、仁義を忘れて食《じき》をのみ思ふ。情けも好《よし》みも世の常の時こそあれ。かかる比《ころ》なれば、え参らじ」とぞ返事しける。Bげにもあぶなき見参なり。

また、海中に(注4)虬《きう》と云ふ物あり。蛇に似て、角なき物と云へり。妻の孕《はら》みて、猿の生《い》け肝《ぎも》を願ひければ、得難《がた》き物なれども、(注5)志の色も見えむとて、山の中へ行きて、海辺《かいへん》の山に猿多き処《ところ》へ尋ね行きて、云はく、「海中に(注6)菓《このみ》多き山あり。あはれ、おはしませかし。我が背《せなか》に乗せて、具してこそ行かめ」と云ふ。「さらば具して行け」とて、C背に乗りぬ。

海中遥《はる》かに行けども、山も見えず。「何《い》かに、山は何《いづ》くぞ」といへば、D「げには海中に争《いか》でか山あるべき。我が妻、猿の生け肝を願へば、そのためぞ」と云ふ。猿、色を失ひて、せむ方なくていふやう、「さらば、山にて仰《おほ》せられたらば、安き事なりけるを、我が生け肝は、(注7)ありつる山の木の上に置きたりつるを、俄《にはか》に来つるほどに忘れたり」と

④ 権力にテイコウする
⑤ コウミョウな手口

10 情報をケンサクする
10
① 試行サクゴを重ねる
② 不要な項目をサクジョする
③ 図鑑のサクインを見る
④ うまいサクリャクを立てる
⑤ サクジツからの雨

二

1 次の語句の意味を後の①～④のうちから一つ選び、その記号を解答欄にマークしなさい。問番号は11。

《嘆賞》
① 感心してほめること
② 心を集中すること
③ 思いこがれること
④ なげき悲しむこと

2 次の語句の意味を後の①～④のうちから一つ選び、その記号を解答欄にマークしなさい。問番号は12。

《なぞらえる》
① 他をたよりとする
② あらかじめ用意する
③ いぶかしく思う
④ 仮にそれとみなす

3 次の語句の意味を後の①～④のうちから一つ選び、その記号を解答欄にマークしなさい。問番号は13。

《キャパシティ》
① 管理
② 融通
③ 忍耐
④ 容量

4 冬の季語を後の①～④のうちから一つ選び、その記号を解答欄にマークしなさい。問番号は14。

① りんご
② さざんか
③ きゅうり
④ すみれ

5 次の慣用句の意味として正しいものを後の①～④のうちから一つ選び、その記号を解答欄にマークしなさい。問番号は15。

《あごを出す》
① 時間がなくあせっている様子。
② 自分からでしゃばる様子。
③ ひどく疲れている様子。
④ 生意気な態度をとる様子。

三

次の説明に該当する選択肢を次の①～⑤のうちから一つ選び、その記号を解答欄にマークしなさい。

1 紀貫之が「仮名序」を書いたことで知られる和歌集。
問番号は16。

【国語】〈五〇分〉〈満点：一〇〇点〉

一 傍線部の漢字と同じ漢字を含むものを、次の①～⑤のうちから一つ選び、その記号を解答欄にマークしなさい。問番号は1～10。

1 作品をシンラツに批評する [1]
① 患者をシンリョウする
② 波が岩をシンショクする
③ 料理にコウシンリョウを使う
④ シュウシン時間が早い
⑤ シンチョウに行動する

2 ジョウカク都市 [2]
① 敵をイカクする
② カクセイの感
③ カクメイが起こる
④ 人のリンカクを描く
⑤ 二つの作品をヒカクする

3 メイロウな若者 [3]
① 結婚式でシンロウがあいさつする
② ロウデンを防ぐ
③ 人をグロウするのはよくない
④ 詩をロウドクする
⑤ 長いロウカを歩く

4 河にカキョウする工事 [4]
① カダイの残る結果
② けが人をタンカで運ぶ
③ 誤ったカショを指摘する
④ カモツ列車が走る
⑤ 商品をシュッカする

5 イゲンに満ちた様子 [5]
① イジンの伝記を読む
② イジョウな自然現象
③ イフの念を抱く
④ 他者にイゾンする
⑤ イリョクのあるパンチ

6 チョウカクの検査 [6]
① 作品のトクチョウを語る
② 常人をチョウエツした考え
③ 新記録にチョウセンする
④ 講演会に集まったチョウシュウ
⑤ 山のチョウジョウに立つ

7 キドウに沿って惑星が動く [7]
① 送別会をキカクする
② キケンな場所には行かない
③ 実力をハッキする
④ キカガク模様の図形
⑤ ジョウキを逸した考え

8 表情をコチョウして描く [8]
① 部活動のコモンの先生
② 権力をコジする
③ コドクな気持ちになる
④ 資源がコカツする
⑤ 働き手をコヨウする

9 名人のギコウを尽くす [9]
① 社会にコウケンする
② 記録をコウシンする
③ 敵をコウゲキする

MEMO

大切なことはメモしておこうネ！

2020年度

解　答　と　解　説

《2020年度の配点は解答欄に掲載してあります。》

＜数学解答＞

《学校からの正答の発表はありません。》

1　(1)　ア　－　イ　4　(2)　ウ　0　(3)　エ　4　オ　－　カ　1
(4)　キ　8　ク　5　(5)　ケ　1　(6)　コ　5　サ　6 [コ　6　サ　5]
(7)　シ　1　ス　4　セ　1　ソ　1　タ　0　(8)　チ　4　ツ　2

2　(1)　テ　2　ト　4　ナ　－　ニ　4　ヌ　－　ネ　6　(2)　ノ　1　ハ　8
(3)　ヒ　1　フ　2　ヘ　4

3　(1)　ホ　1　マ　6　ミ　2　ム　4　(2)　メ　2　(3)　モ　2　ヤ　0

4　(1)　ユ　1　ヨ　9　(2)　ラ　2　リ　9　(3)　ル　2　レ　3

5　(1)　ロ　9　ワ　3　(2)　ヲ　1　ン　8　あ　2　(3)　い　4　う　2

6　(1)　え　1　お　0　(2)　か　1　き　3 [か　3　き　1]
(3)　く　4　け　1　こ　5

○推定配点○

1　各5点×8　　2～6　各4点×15　　計100点

＜数学解説＞

基本　1　(正負の数，単項式の乗除，連立方程式，平方根，正誤問題，因数分解，二次方程式，資料の整理)

(1)　$6+5\times(-2)=6+(-10)=-4$

(2)　$-4a^2\times18b\div9ab=-\dfrac{4a^2\times18b}{9ab}=-8a$　よって，⓪

(3)　$x-2y=6\cdots$①，$2x+5y=3\cdots$②　①×2－②より，$-9y=9$　$y=-1$　これを①に代入して，$x-2\times(-1)=6$　$x=4$

(4)　$\sqrt{45}-\dfrac{5}{\sqrt{5}}+3\sqrt{20}=\sqrt{9\times5}-\dfrac{5\times\sqrt{5}}{\sqrt{5}\times\sqrt{5}}+3\sqrt{4\times5}=3\sqrt{5}-\sqrt{5}+6\sqrt{5}=8\sqrt{5}$

(5)　(あ)　7の平方根は$\pm\sqrt{7}$であるから，誤り。
(い)　関数の定義であるから，正しい。
(う)　0は正でも負でもない整数だから，誤り。
(え)　相似な図形の面積比は相似比の2乗に等しいから，正しい。
(お)　半径rの球の体積は，$\dfrac{4}{3}\pi r^3$だから，誤り。
よって，①

(6)　$(x+3)^2+5(x+3)+6=X^2+5X+6=(X+2)(X+3)=(x+3+2)(x+3+3)=(x+5)(x+6)$

(7)　$5x^2-x-2=0$　解の公式を用いて，$x=\dfrac{-(-1)\pm\sqrt{(-1)^2-4\times5\times(-2)}}{2\times5}=\dfrac{1\pm\sqrt{41}}{10}$

(8)　資料を得点の小さい順に並べると，1，2，2，2，4，4，5，6，6，7となるから，中央値は，5番目と6番目の値の平均をとって，$\dfrac{4+4}{2}=4$(点)　また，最頻値は，2点

2　(図形と関数・グラフの融合問題)

基本　(1)　$y=3x+6$に$x=2$を代入して，$y=3\times2+6=12$　よって，A$(2,\ 12)$　点Aは$y=\dfrac{a}{x}$上の点だから，$12=\dfrac{a}{2}$　$a=24$　$y=3x+6$と$y=\dfrac{24}{x}$からyを消去して，$3x+6=\dfrac{24}{x}$　$x^2+2x-8=0$　$(x-2)(x+4)=0$　$x=2,\ -4$　よって，B$(-4,\ -6)$

基本　(2)　$y=3x+6$に$y=0$を代入して，$0=3x+6$　$x=-2$　C$(-2,\ 0)$とすると，$\triangle\mathrm{OAB}=\triangle\mathrm{OAC}+\triangle\mathrm{OBC}=\dfrac{1}{2}\times2\times12+\dfrac{1}{2}\times2\times6=18$

重要　(3)　点Bを通り直線OAに平行な直線と$y=\dfrac{24}{x}$との交点をPとすれば，OA//BPより，$\triangle\mathrm{OAB}=\triangle\mathrm{OAP}$となる。直線OAの傾きは，$\dfrac{12-0}{2-0}=6$だから，直線BPの式を$y=6x+b$とおくと，点Bを通るから，$-6=6\times(-4)+b$　$b=18$　よって，$y=6x+18$　$y=6x+18$と$y=\dfrac{24}{x}$からyを消去して，$6x+18=\dfrac{24}{x}$　$x^2+3x-4=0$　$(x-1)(x+4)=0$　$x=1,\ -4$　よって，P$(1,\ 24)$

3　(方程式の利用)

(1)　タピオカとミルクティーの量について，$2:x=3:y$より，$3x=2y$…①　予算について，$850x+100y=16000$より，$17x+2y=320$…②　①を②に代入して，$17x+3x=320$　$x=16$　これを①に代入して，$3\times16=2y$　$y=24$

基本　(2)　100円のz%引きだから，売り値は，$100\times\left(1-\dfrac{z}{100}\right)$円　よって，②

(3)　売り上げと利益の関係から，$100\times400+100\times\left(1-\dfrac{z}{100}\right)\times200-16000=40000$　$40000+20000-200z-16000=40000$　$-200z=-4000$　$z=20$

4　(確率)

基本　(1)　3人のカードの出し方は全部で，$3\times3\times3=27$(通り)　このうち，題意を満たすのは，3人とも赤または青または黄を出すときの3通りだから，求める確率は，$\dfrac{3}{27}=\dfrac{1}{9}$

基本　(2)　赤，青，黄が1枚ずつ取り出される場合の数は，$3\times2\times1=6$(通り)だから，求める確率は，$\dfrac{6}{27}=\dfrac{2}{9}$

重要　(3)　(1)と(2)を除く場合だから，求める確率は，$1-\dfrac{1}{9}-\dfrac{2}{9}=\dfrac{2}{3}$

重要　5　(空間図形の計量)

(1)　1辺aの正三角形の高さは$\dfrac{\sqrt{3}}{2}a$で表されるから，$\triangle\mathrm{BCD}=\dfrac{1}{2}\times6\times\left(\dfrac{\sqrt{3}}{2}\times6\right)=9\sqrt{3}\,(\mathrm{cm}^2)$

(2)　辺BCの中点をMとすると，$\mathrm{DM}=\dfrac{\sqrt{3}}{2}\times6=3\sqrt{3}$　正四面体の高さをAHとすると，Hは線分DMを$2:1$に分ける点であるから，$\mathrm{DH}=\dfrac{2}{2+1}\mathrm{DM}=\dfrac{2}{3}\times3\sqrt{3}=2\sqrt{3}$　△ADHに三平方の定理を用いて，$\mathrm{AH}=\sqrt{\mathrm{AD}^2-\mathrm{DH}^2}=\sqrt{6^2-(2\sqrt{3})^2}=\sqrt{24}=2\sqrt{6}$　よって，正四面体ABCDの体積は，$\dfrac{1}{3}\times\triangle\mathrm{BCD}\times\mathrm{AH}=\dfrac{1}{3}\times9\sqrt{3}\times2\sqrt{6}=18\sqrt{2}\,(\mathrm{cm}^3)$

(3)　$\mathrm{AE}:\mathrm{AB}=\mathrm{AF}:\mathrm{AC}=4:6=2:3$，∠A共通だから，$\triangle\mathrm{AEF}\backsim\triangle\mathrm{ABC}$　$\triangle\mathrm{AEF}:\triangle\mathrm{ABC}=2^2:3^2=4:9$　よって，$\triangle\mathrm{AEF}=\dfrac{4}{9}\triangle\mathrm{ABC}$　G，Dから△ABCにひいた垂線をそれぞれGI，DJ

とすると，GI：DJ＝AG：AD＝3：6＝1：2　よって，$GI=\frac{1}{2}DJ$　ここで，△ABC＝△BCD, DJ＝AHだから，四面体AEFGの体積は，$\frac{1}{3}\times\frac{4}{9}\triangle BCD\times\frac{1}{2}AH=\frac{2}{9}$正四面体ABCD$=\frac{2}{9}\times18\sqrt{2}$ $=4\sqrt{2}$ (cm^3)

重要 6 （平面図形の計量）

(1)　△AODと△ABEにおいて，∠Aは共通　平行線の同位角は等しいから，∠AOD＝∠ABE　2組の角がそれぞれ等しいので，△AOD∽△ABE　AO：AB＝OD：BE　$BE=\frac{10\times5}{5}=10$ (cm)

(2)　(1)より，∠AOD＝∠ABE　よって，∠AOD＝∠OBC　四角形ABCDは円に内接するから，∠ABC＝∠CDE　よって，∠AOD＝∠CDE　したがって，①と③

(3)　(1)より，AD：AE＝1：2だから，DE＝AD＝3，AE＝6　△CDEと△ABEにおいて，∠Eは共通　(2)より，∠CDE＝∠ABE　2組の角がそれぞれ等しいので，△CDE∽△ABE　DE：BE＝CE：AE　$CE=\frac{3\times6}{10}=\frac{9}{5}$　よって，$BC=10-\frac{9}{5}=\frac{41}{5}$ (cm)

★ワンポイントアドバイス★
いくつかの小問からなる大問では，前問を手がかりにして考えていく。マークシートの場合，解答欄もヒントになるので，あきらめずに解こう。

＜英語解答＞《学校からの正答の発表はありません。》

【A】 1 ②　2 ④　3 ③　4 ①　5 ③　6 ②　7 ④　8 ②
9 ③　10 ②

【B】 11 ①　12 ③

【C】 13 ③　14 ①　15 ②　16 ④　17 ③　18 ③　19 ②　20 ①
21 ③　22 ④　23 ②　24 ②　25 ③

【D】 26 ③　27 ④　28 ①　29 ⑦　30 ①　31 ④　32 ②　33 ⑥
34 ①

【E】 35 ③，⑤　36 ①，③　37 ③

【F】 38 ③　39 ⑥　40 ④

【G】 41 ③　42 ②　43 ④　44 ④　45 ②　46 ③　47 ①　48 ②
49 ④　50 ②，⑤

○推定配点○
各2点×50（35・36・50各完答）　計100点

＜英語解説＞

【A】　リスニングテスト解説省略。

【B】　（発音問題）

11　①はすべて[ər]。②は左から[au]，[u]，[u]。③は左から[e]，[e]，[iː]。

[12] ③はすべて[ai]。①は左から[z], [s], [s]。②は左から[ə], [ə], [au]。

基本 **【C】** （語句補充・選択：関係代名詞，疑問詞，動名詞，不定詞，前置詞，時制，分詞，現在完了，比較，接続詞，代名詞）

[13] A：向こうで走っている女性を見て。彼女は誰？／B：私たちの新しいALTのスミス先生よ。 who は主格の関係代名詞で who is running over there が woman を後ろから修飾する。

[14] A：どのくらいの頻度でコンサートに行くの？／B：1か月に1，2回だよ。 頻度を尋ねる文。

[15] A：ケンタ，君は英語をとても上手に話すね。／B：ありがとう。英語を話すことは簡単ではないけれど，楽しいよ。 動名詞句 Speaking English「英語を話すこと」が主語の文。

[16] A：昨日はとても忙しくてそのテレビ番組を見なかったよ。／B：私も。 否定文で「…も(～ない)」と言う時は文末に either を置く。

[17] A：次に何をするべきか教えてくれませんか。／B：皿洗いをするべきです。 what to do「何をすべきか」

[18] A：どちらの女の子がジェーン？／B：髪の毛の長い，あの女の子よ。 with ～ は「～を持った」という意味で，「長い髪の毛を持った女の子」と表す。

[19] 「私は傘を失くしたので，明日買うつもりだ」〈be going to ＋動詞の原形〉「～するつもりだ」

[20] 「教室には数人の生徒がいる」〈a few ＋複数名詞〉「2，3の～」

[21] 「公園で写真を撮っている男性は私のおじだ」 形容詞的用法の現在分詞句 taking pictures in the park が man を後ろから修飾する。

[22] 「あなたはニューヨークに行ったことがありますか」 Have you ever been to ～？「あなたは～に行ったことがありますか」

[23] 「この本は大人にも良く子供にも良い」 as … as ～「～と同じくらい…」

[24] 「暗くなる前に帰宅することを必ず覚えていなさい」 before it gets dark「暗くなる前に」 天気・寒暖・明暗などを表す文では it を主語にする。

[25] 「彼らはそれぞれタブレットPCを持っている」 文の動詞が has であることから，主語は単数だとわかる。よって単数扱いの each が正答となる。

重要 **【D】** （語句整序：不定詞，比較，間接疑問，関係代名詞，助動詞，文型）

[26] (I) have no time to talk with my friends.「私は友達と話す時間がない」〈no ＋名詞〉「～がない」〈time to ＋動詞の原形〉「～する時間」

[27] (It) is necessary for us to keep the lake (clean.)「私たちはその湖をきれいに保つ必要がある」〈It is … for ＋人＋ to ＋動詞の原形〉「(人)にとって～することは…」

[28] (Mt. Fuji) is one of the most beautiful mountains in (the world.)「富士山は世界で最も美しい山の1つだ」〈one of the ＋最上級＋複数名詞〉「最も…な(名詞)の1つ」

[29] (I) cannot remember where I bought this bag.「私はこのバッグをどこで買ったか思い出せない」 where 以下は間接疑問で〈疑問詞＋主語＋動詞〉の語順。

[30] The book you are reading looks difficult.「あなたが読んでいる本は難しそうだ」 you の前に目的格の関係代名詞が省略されており，you are reading が book を後ろから修飾する。〈look ＋形容詞〉「～に見える，～そうだ」

[31] (The maglev train) will be able to travel between Tokyo and Osaka (in 67 minutes.)「リニアモーターカーは東京大阪間を67分で移動できるだろう」〈will be able to ＋動詞の原形〉「～することができるだろう」 between A and B「AとBの間」

[32] No other student in our class is taller than (John.)「ジョンより背の高い生徒は私たちのクラスにいない」〈No other ＋単数名詞＋比較級＋ than ～〉「～より…な(名詞)はない」

33 Is there anything interesting in today's newspaper ?「今日の新聞には何かおもしろいものがありますか」 There is ～「～がある」の疑問文は Is there ～？となる。〈anything ＋形容詞〉「何か…なもの」

34 (He) got up too late to catch the first train.「彼は起きるのが遅すぎて始発電車に間に合わなかった」〈too … to ＋動詞の原形〉「…すぎて～できない」

やや難 **【E】（資料読解問題：内容吟味）**

（全訳）

みなと園にようこそ！

☆みなと園について

約120種，合計1,000頭の動物たちが動物園に住んでいます。動物たちへのエサやりなど楽しい体験ができます。

若者向けのどきどきするジェットコースターから，メリーゴーランドやコーヒーカップのような小さい子供がいる家族向けのたくさんのアトラクションまで，皆さまに終日お楽しみいただける，約30種のアトラクションがあります。夏期はプールも営業します。

☆入場料

	大人（中学生以上）	子供（4歳以上）	シニア（60歳以上）	乗り物券（1回）
入場料	1,700円	800円	1,700円	300円～1,000円
1日券（入場料＋乗り放題）	5,500円	4,300円	3,800円	

注：・3歳以下の子供は無料です。
・1日券は特別イベントやコインゲーム機には使えません。
・前売り券はインターネットで10％引きで購入できます。
・再入場を希望する場合は，出口で手の甲にスタンプを押してもらってください。

☆営業時間

・通常時間　午前9時30分から午後5時30分
・冬期（12月～3月）：午前9時30分から午後5時
（閉館時間の30分前まで入園できます）

☆休園日

・毎週月曜日（月曜日が祝日の場合は，翌日の火曜日に休館します）
・12月29日から1月1日

35 ③，⑤が正しい。　①（×）約120頭ではなく，約120種。②（×）夏しか利用できない。④（×）再入園チケットではなく，手の甲にスタンプを押してもらう。

36 ①（×）小さい子供向けのアトラクションが約30種類ではなく，全体で約30種類のアトラクションがある。③（×）前売り券はインターネットで購入する。窓口で買えるとは書かれていない。

37 父・母・中学生の息子は，大人料金の1日券を買い，5,500円×3＝16,500円。小学生の娘の1日券は4,300円。2歳の子は無料，63歳の祖母は入場券だけを買うので1,700円。合計で 16,500＋4,300＋1,700＝22,500円となる。これをインターネットで前売り券として購入すると，1割引きで，22,500×0.9＝20,250円となる。

【F】（会話文読解問題：文補充・選択）

（全訳）　ダイキは高校生で学校のサッカー部の一員だ。彼のチームはついに接戦に勝ち，冬季大会の決勝戦に進んだ。決勝戦はこの週末に行われる予定だ。彼はサッカー場の近くで，オーストラリアからの交換留学生のジョンと話している。

ダイキ：やあ，ジョン。調子はどう？

ジョン：すごくいいよ。君はうれしそうだね。どうしたの？

ダイキ：今週末の決勝戦にわくわくしているんだ！　厳しい試合になるだろうと思うけど，もし勝ったら全国大会に出場するんだ。

ジョン：すごいね。[38]どのチームと対戦することになっているの？

ダイキ：ナンカツ高校だよ。ナンカツはすごく強いチームだ。実は前回，僕たちのチームはたった1点差で負けたんだよ，試合終了近くにディフェンスがミスしたせいで。僕たちのコーチのシロヤマ先生はすごく怒った。[39]それ以来，僕たちはどのチームの選手たちよりも一生懸命練習している。だから今回はきっと勝てると思う。君は試合に来る？

ジョン：残念だけど行けない。予期していなかったことが起きたんだ。

ダイキ：それは何？

ジョン：母が2日前に僕に電話してきて，両親が僕に会いに日本に来るんだって。[40]僕は今週末，彼らと一緒にいなくてはならないんだよ。

ダイキ：本当？　君はすごい試合を見逃すことになるよ。

ジョン：うん。僕もそう思うよ。代わりに，君のチームが全国大会に出場したら，必ず見るよ。ナンカツに負けるなよ！

ダイキ：もちろん！　両親と一緒に週末を楽しんでね。

【G】（長文読解問題・エッセイ：語句補充・選択，語句解釈，内容吟味，英問英答，内容一致）

（全訳）　私はカナダの西海岸のバンクーバーで生まれた。私が5歳の時，家族は市内を出て森の中の新しい住宅地に引っ越した。私たちのコミュニティは「サンシャインヒルズ」という素敵な名前で(ア)呼ばれていた。

私の弟，姉妹，そして私にとって，新しい環境を探索することはとても(イ)わくわくすることだった。市内の友達が日々を幼稚園で過ごしている一方で，(ウ)私たちには自由時間がたくさんあった。毎朝私たちは森の中で鬼ごっこやかくれんぼをした。午後は，魚を捕まえたり，昆虫を観察したり，木に登ったりして過ごした。時には一日中森の中で野生のベリーを摘んで過ごした。私たちはそれを家に持って帰って母に渡し，彼女はデザートにおいしいベリーパイを作ってくれた。

私が6歳になると，学校が始まった。私たちの学校，エサンシャインヒルズ小学校は，私たち家族が引っ越してくる直前に，地域内に建てられた。子供はあまり多くなかったので，それはかなり小さかった。学校全体がたった1つの教室からできていた。

私たちの1教室だけの学校は22人しかいなかった。子供20人と先生2人だ。2つ黒板があって，1つは前に，もう1つは後ろにあった。部屋の真ん中にはカーテンがあった。1人の先生が年少の子供たちを片側で教え，もう1人の先生が年長の子供たちをもう片側で教えた。しょっちゅう騒がしくなった。

森の横にある学校に通うことは，自然と頻繁に出会うことを意味した。私は今でもそのような出来事を1つ覚えている。それはいつもと同じ，よくある1日だった。私たちは教室に座って英語を勉強していた。先生が板書していた。

オ突然，1人のクラスメートが森の方を指さし，「向こうを見て！」と叫んだ。私たちはすぐに振り向いて窓の外を見た。私たちは自分が見たものに驚いた。

ちょうど校庭の反対側に，70メートル離れたところに，1頭の鹿が森から出てきた。それは頭を地面まで低く下げ，草を食べた。それは私たちの叫び声を聞くとすぐにゆっくりと頭を持ち上げて数秒間私たちをじっと見つめた。

それは堂々とした動物で，高さが2メートル以上あり，美しい大きな枝角をしていた。1，2分後，それは向きを変えて森の中へ消えた。私たちがどれほどわくわくしたか，想像できるだろう。野生の鹿が！ 学校のすぐ外に！

振り返ってみると，私がそれほどまでのんきな子供時代を過ごしたとは信じがたいことだ。森の中で遊び，野生の動物に会い，1教室だけの学校に通う。これらは皆，19世紀の出来事か白雪姫やヘンゼルとグレーテルなどのおとぎ話のように聞こえる。

私は森の近くで育って幸運だったし，自分の子供時代を懐かしく思う。現代の子供たちの多くはコンピューターゲーム，DVD，スマートフォンなどでとても忙しいので，カ大切なものを失ってしまった。子供たちには日光，新鮮な空気，すばらしい自然との触れ合いが必要だ。自然界に感謝し，子供たちに自然を尊重するよう教えよう。

41 受動態の文で「呼ばれている」とする。

42 形式主語構文〈It is … for ＋人＋ to ＋動詞の原形〉「(人)にとって～することは…」

43 空所(ウ)の前の部分に着目する。while は対比を表す接続詞で，「市内の友達が幼稚園に通うこと」と対照的な内容が空所(ウ)に入る。

重要 44 下線部エを含む段落の次の段落参照。

45 下線部オを含む段落の次の段落参照。

46 ここでの something important「大切なこと」とは，自然との触れ合いを表す。

47 ① 「筆者の母親は時々，子供たちが摘んだ野生のベリーを使ってベリーパイを作った」

48 「筆者は鹿を見た時，何をしていたか」 ② 「教室で英語の授業を受けていた」

重要 49 「筆者は現代の子供たちに何をしてほしいと思っているか」「自然界を尊重してほしいと思っている」

50 ② 「筆者は小学校に入学する前，いつも1日中外で遊んでいた」(○) ⑤ 「筆者が通った学校は森に近かったので，彼はよく自然に近いと感じた」(○)

★ワンポイントアドバイス★

【E】は資料読解問題で，料金を計算する問題が昨年度に引き続き出題された。十分練習しておこう。

＜国語解答＞ 《学校からの正答の発表はありません。》

一 1 ③ 2 ④ 3 ④ 4 ② 5 ⑤ 6 ④ 7 ⑤ 8 ② 9 ⑤ 10 ③

二 1 ① 2 ④ 3 ④ 4 ② 5 ③

三 1 ⑤ 2 ③ 3 ④ 4 ③ 5 ②

四 問一 ③ 問二 ④ 問三 ① 問四 ④ 問五 ②

五 問一 ③ 問二 ③ 問三 ② 問四 ④ 問五 ①

六 問一 ② 問二 ④ 問三 ① 問四 ④ 問五 ②

○推定配点○

一 各2点×10 二・三 各1点×10 四 各4点×5 五・六 各5点×10 計100点

＜国語解説＞

一 （漢字の書き取り）

1「辛辣」，①「診療」②「浸食」③「香辛料」④「就寝」⑤「慎重」。 2「城郭」，①「威嚇」②「隔世」③「革命」④「輪郭」⑤「比較」。 3「明朗」，①「新郎」②「漏電」③「愚弄」④「朗読」⑤「廊下」。 4「架橋」，①「課題」②「担架」③「箇所」④「貨物」⑤「出荷」。 5「威厳」，①「偉人」②「異常」③「畏怖」④「依存」⑤「威力」。 6「聴覚」，①「特徴」②「超越」③「挑戦」④「聴衆」⑤「頂上」。 7「軌道」，①「企画」②「危険」③「発揮」④「幾何学」⑤「常軌」。 8「誇張」，①「顧問」②「誇示」③「孤独」④「枯渇」⑤「雇用」。 9「技巧」，①「貢献」②「更新」③「攻撃」④「抵抗」⑤「巧妙」。 10「検索」，①「錯誤」②「削除」③「索引」④「策略」⑤「昨日」。

重要 二 （語句の意味，慣用句，表現技法）

1は，「嘆賞に値する」「嘆賞の的」などと用いる。2は，「人生を航海になぞらえる」などと用いる。3は英語の「capacity」で，「タンクのキャパシティ」などと用いる。4の他の季語の季節は，①は秋，③は夏，④は春。5は，ひどく疲れて足が動かず，あごだけが前に出る様子。

やや難 三 （文学史）

1の他の作品は，①の編者は後白河法皇，②は源実朝の編纂，③は後鳥羽上皇の勅命による勅撰和歌集，④は大伴家持らの編纂。2の③の成立は鎌倉時代。3の他の作品の作者は，①は森鷗外，②は井上靖，③は三島由紀夫，⑤は夏目漱石。4の他の作者の作品は，①は『走れメロス』など，②は『高瀬舟』など，④は『金閣寺』など，⑤は『銀河鉄道の夜』など。5の他の作品の著者は，①は世阿弥，③は小林一茶，④は松尾芭蕉，⑤は井原西鶴。

四 （古文－内容吟味，文脈把握，脱語補充，口語訳）

〈口語訳〉 経の中には，動物の問答が，多く見られる。ある池の中に，蛇と亀と，蛙が知り合いとして住んでいた。日照りで，池の水もなくなり，食物も無かったので，飢えてしまいそうになり，ほかに何もすることがない時，蛇が，亀を使者として，蛙のもとへ(やり)「ちょっとの間おいでください。お目にかかりたい。」と言う(ことを伝えさせる)と，蛙は，返事に申すには，「飢えと渇きに苦しめられると，仁義を忘れて食べることばかりを思います。情けも親しくつきあうのも平常(に暮らしている)時だからこそのものです。このような状況なので，参上できません」と返事した。(なるほど)本当に危険な面会だった。

また，海中に虯という動物がいる。蛇に似て，角がない動物という。(その虯の)妻が妊娠し，猿の生き胆を欲しがったので，手に入れにくい物だが，(虯は)妻への誠意を見てもらおうと，山の中へ行って，海辺の山で猿の多いところへ訪ねて行って，言うには，「海中には木の実がたくさんある山があります。さあ，いらっしゃいな。私の背中に乗って，一緒に行きましょう」と言う。(猿は)「それならば一緒に連れて行け」と言って，(虯の)背中に乗った。

海中深く行ったけれども，山も見えない。(猿が)「どうしたのか，山はどこだ」と言うと，(虯は)「本当に海の中に山があるわけがないだろう。私の妻が，猿の生き肝を欲しがったので，そのため(に連れて来たの)だ。」と言う。猿は，(恐怖のあまり)顔色が悪くなって，どうすることもできずに言うには，「それならば，山でおっしゃってくだされば，簡単なことだったのに，私の生き肝は，さっきの山の木の上に置いてきてしまったのを，急いで来たので忘れてしまった」と言う。(虯は)「それでは，肝をとるために連れてきたのに意味がない。」と思って，「それならば戻って，取って来てください」と言う。(猿は)「もちろんだ。たやすいことだ」と言った。そして，戻って山へ行った。猿は木に登って，「海の中に山は無い。体から離れた肝は無い。」と言って，山奥深くに(逃げて)隠れてしまった。虯は，間抜けな様子で帰ったのだった。

これは動物も相手をだます気持ちがあることを，経に示しているのである。こういうわけで，虫の間で問答する事も，大昔なら考えられないこととも申せないだろう。そういうこともあったに違いない。

基本 問一　傍線部Aの「つれづれ」は，何もすることがなく，手持ちぶさたなさま，退屈なさま，という意味なので，③が正しい。

やや難 問二　傍線部B前の「飢饉に……」で始まる言葉で，蛙が蛇の誘いを断っているのは「仁義を忘れて食をのみ思ふ。情けも好みも世の常の時こそあれ」とあるように，普段は親しくしているが，蛇は蛙を食べることもあり，飢饉の時はなおさら食べることばかり考えて，自分＝蛙が蛇に食べられてしまう危険があるからなので，④が正しい。

問三　傍線部Cは，「海中に菓多き山あり。……我が背に乗せて，具してこそ行かめ」と，虬が猿をだまして海中へ誘って自分の背に乗せているので，①が正しい。

問四　傍線部Dの「争(いか)でか」は「どうして～か，いや～ない」という反語の意味で，「どうして本当に海の中に山があるだろうか，いやあるわけがない」という意味なので，④が正しい。

重要 問五　猿は虬にだまされて海の中に連れてこられたことがわかったため，虬に嘘をついて山に戻ったので，「実は猿のほうが虬をだましていて虬をやりこめた」とある①，「生き肝をあげることはできない，と虬の要求を断った」とある③は，いずれも誤り。『さらば……忘れたり』」と言う猿に，虬は「『さらば返りて，取りて給べ』」と言い，猿は「左右なし。安き事」と言って山に戻ったので，②は正しい。猿は「我が生け肝は，ありつる山の木の上に置きたりつるを，俄かに来つるほどに忘れたり」と話しているので，「自分の生き肝を山の上の木に置いてくることを忘れた」とある④は誤り。

五 （論説文ー大意・要旨，内容吟味，文脈把握，指示語，接続語，脱語補充）

問一　傍線部Aは，東北の農村にはじめて時計が入ってきたのは，村に学校ができてずいぶんたった頃のことだった，という話のことで，この話を聞いた筆者は，時計のない学校は想像のできないものであったが，時計の時間に支配されない学校は確かにあったはずなのである，と述べているので，③が正しい。時計のない学校は想像できないこと，しかし時計のない学校は確かにあったはずであること，の2点を説明していない他の選択肢は誤り。

基本 問二　空欄Ⅰは，直前の内容を言い換えた内容が続いているので「つまり」，Ⅱは，直前の内容とは相反する内容が続いているので「だが」，Ⅲは，「……からである」の形で，直前の内容の理由が続いているので「なぜなら」，が当てはまる。

重要 問三　傍線部B後で，老人が話してくれたBの時間は，年齢の差は生じず，いまという失われることのない時間とともに誰もが生きていて，永遠の生を得ているとでもいうような感覚をいだいている，と述べているので，②が正しい。Bの時間には「年齢による差は生じない」こと，「永遠の生を得ているとでもいうような感覚をいだいている」ことを説明していない他の選択肢は誤り。

問四　傍線部Cは，直前の段落で述べているように，「どんな時間にでも変わることができる」ものであり，「人間の存在そのものとともにあ」り，「自由に変わり，自由につくりだされていく」時間のことなので，④が正しい。①の「本当に楽しいと思うことのできる時間」は誤り。「時間の自由を失っていると感じている時間」の説明になっている②，③も誤り。

やや難 問五　「もしかすると……」で始まる段落で，現代人は，自分の外の何者かに時間を手渡したことで，外部化された時間が成立し，時間を創造する自由を失ったことを述べているので，①は適切だが，④は不適切。「時間の自由」について，本文では「自在に時間を配分する自由」と「失われることのない，いまという時間を自在につくりだす自由」のふたつのものがあることを述べているので，「いまを生きる時間」と「経過する時計の時間」に対して「『時間の自由』を感じている」とする②は不適切。「このように……」で始まる段落で，今日の社会は「時間の配分の仕方についての議論である」と述べているので，「筆者の言う二種類の『時間の自由』のどちらにも当てはまる可能性がある」も不適切。

六 （論説文ー大意・要旨，内容吟味，文脈把握，文章構成，脱文補充）

問一　傍線部A前で，狙公がサルに，朝にはドングリを三つ，夜には四つやるといったら，サルがイヤだといったので，朝四つ，夜三つにしたら，それでいいといったという，目先の利益を優先するバカのことというのが，朝三暮四の通常の解釈であると述べているので，②が適切。Aの「通常の解釈」を説明していない他の選択肢は不適切。

問二　傍線部Bは，直前の2段落で述べているように，あらゆる商品がお金を介して交換可能となる，等価交換をまったく理解しない，ということなので，「ある物とある物の価値が等しいという感覚を持たない」とある④が適切。

基本　問三　空欄Ⅰ直後の2段落で，動物社会では相手の立場を考慮しないためボス支配となるのに対し，ヒト社会では人間は平等であり，たがいに交換可能なためボス支配にならないことを説明していることから，Ⅰは「お姉さんの立場」を考慮し，「自分と交換できる」ことを説明している①が適切。

重要　問四　傍線部C前後で，ヒトはみんなそれぞれ違うに決まっており，その意味において「世界に一つだけの花」は当然であるが，C=「違いを主張する感覚所与が排除されている社会」だから，「世界に一つだけの花」がヒットする，ということを述べているので，「差異があるという当然の発想」を説明している④が正しい。

やや難　問五　本文は，冒頭～「ネコがキュウリを……」で始まる段落までで，方程式を例に，動物の意識に「イコール」はなく，「人類社会はイコールからはじまる」という結論を述べ，「朝三暮四という四字熟語……」～「ヒト社会はかならずしも……」で始まる段落までで，四字熟語の朝三暮四や，ヒトとチンパンジーを分ける能力を追究した認知科学者による「心の理論」の実験を通して，結論を補う形でイコールの理解がヒト社会を特徴づけるということを述べ，「だからこそ～……」～最後までで，ヒトの意識は「同じ」という機能を持つことで，動物とは異なる社会を創り出し，言葉，お金，民主主義などを生み出したことを述べているので，これらの要旨を説明している②が正しい。①の「動物はヒトに劣るという結論」は誤り。「イコール」の概念を説明しておらず，「ヒト社会の問題点を指摘し，ヒトの思い上がりに対する一定の制御が必要」とある③も誤り。「＝」について「動物とヒトでは使い方が違うという結論」とある④も誤り。

★ワンポイントアドバイス★

論説文では，二つの事がらを対比させて論を進めていくことが多い。対比しているそれぞれを，筆者がどのように捉えているかを読み取ろう。

解答用紙集

○月×日　△曜日　天気（合格日和）

◆ご利用のみなさまへ
＊解答用紙の公表を行っていない学校につきましては、弊社の責任において、解答用紙を制作いたしました。
＊編集上の理由により一部縮小掲載した解答用紙がございます。
＊編集上の理由により一部実物と異なる形式の解答用紙がございます。

人間の最も偉大な力とは、その一番の弱点を克服したところから生まれてくるものである。――カール・ヒルティ――

東京学参株式会社

麻布大学附属高等学校　2024年度

◇数学◇

※ 118％に拡大していただくと，解答欄は実物大になります。

記号	解答欄										
ア	⊖	⓪	①	②	③	④	⑤	⑥	⑦	⑧	⑨
イ	⊖	⓪	①	②	③	④	⑤	⑥	⑦	⑧	⑨
ウ	⊖	⓪	①	②	③	④	⑤	⑥	⑦	⑧	⑨
エ	⊖	⓪	①	②	③	④	⑤	⑥	⑦	⑧	⑨
オ	⊖	⓪	①	②	③	④	⑤	⑥	⑦	⑧	⑨
カ	⊖	⓪	①	②	③	④	⑤	⑥	⑦	⑧	⑨
キ	⊖	⓪	①	②	③	④	⑤	⑥	⑦	⑧	⑨
ク	⊖	⓪	①	②	③	④	⑤	⑥	⑦	⑧	⑨
ケ	⊖	⓪	①	②	③	④	⑤	⑥	⑦	⑧	⑨
コ	⊖	⓪	①	②	③	④	⑤	⑥	⑦	⑧	⑨
サ	⊖	⓪	①	②	③	④	⑤	⑥	⑦	⑧	⑨
シ	⊖	⓪	①	②	③	④	⑤	⑥	⑦	⑧	⑨
ス	⊖	⓪	①	②	③	④	⑤	⑥	⑦	⑧	⑨
セ	⊖	⓪	①	②	③	④	⑤	⑥	⑦	⑧	⑨
ソ	⊖	⓪	①	②	③	④	⑤	⑥	⑦	⑧	⑨
タ	⊖	⓪	①	②	③	④	⑤	⑥	⑦	⑧	⑨
チ	⊖	⓪	①	②	③	④	⑤	⑥	⑦	⑧	⑨
ツ	⊖	⓪	①	②	③	④	⑤	⑥	⑦	⑧	⑨
テ	⊖	⓪	①	②	③	④	⑤	⑥	⑦	⑧	⑨
ト	⊖	⓪	①	②	③	④	⑤	⑥	⑦	⑧	⑨
ナ	⊖	⓪	①	②	③	④	⑤	⑥	⑦	⑧	⑨
ニ	⊖	⓪	①	②	③	④	⑤	⑥	⑦	⑧	⑨
ヌ	⊖	⓪	①	②	③	④	⑤	⑥	⑦	⑧	⑨

記号	解答欄										
ネ	⊖	⓪	①	②	③	④	⑤	⑥	⑦	⑧	⑨
ノ	⊖	⓪	①	②	③	④	⑤	⑥	⑦	⑧	⑨
ハ	⊖	⓪	①	②	③	④	⑤	⑥	⑦	⑧	⑨
ヒ	⊖	⓪	①	②	③	④	⑤	⑥	⑦	⑧	⑨
フ	⊖	⓪	①	②	③	④	⑤	⑥	⑦	⑧	⑨
ヘ	⊖	⓪	①	②	③	④	⑤	⑥	⑦	⑧	⑨
ホ	⊖	⓪	①	②	③	④	⑤	⑥	⑦	⑧	⑨
マ	⊖	⓪	①	②	③	④	⑤	⑥	⑦	⑧	⑨
ミ	⊖	⓪	①	②	③	④	⑤	⑥	⑦	⑧	⑨
ム	⊖	⓪	①	②	③	④	⑤	⑥	⑦	⑧	⑨
メ	⊖	⓪	①	②	③	④	⑤	⑥	⑦	⑧	⑨
モ	⊖	⓪	①	②	③	④	⑤	⑥	⑦	⑧	⑨
ヤ	⊖	⓪	①	②	③	④	⑤	⑥	⑦	⑧	⑨
ユ	⊖	⓪	①	②	③	④	⑤	⑥	⑦	⑧	⑨
ヨ	⊖	⓪	①	②	③	④	⑤	⑥	⑦	⑧	⑨
ラ	⊖	⓪	①	②	③	④	⑤	⑥	⑦	⑧	⑨
リ	⊖	⓪	①	②	③	④	⑤	⑥	⑦	⑧	⑨
ル	⊖	⓪	①	②	③	④	⑤	⑥	⑦	⑧	⑨
レ	⊖	⓪	①	②	③	④	⑤	⑥	⑦	⑧	⑨
ロ	⊖	⓪	①	②	③	④	⑤	⑥	⑦	⑧	⑨
ワ	⊖	⓪	①	②	③	④	⑤	⑥	⑦	⑧	⑨
ヲ	⊖	⓪	①	②	③	④	⑤	⑥	⑦	⑧	⑨
ン	⊖	⓪	①	②	③	④	⑤	⑥	⑦	⑧	⑨

記号	解答欄										
あ	⊖	⓪	①	②	③	④	⑤	⑥	⑦	⑧	⑨
い	⊖	⓪	①	②	③	④	⑤	⑥	⑦	⑧	⑨
う	⊖	⓪	①	②	③	④	⑤	⑥	⑦	⑧	⑨
え	⊖	⓪	①	②	③	④	⑤	⑥	⑦	⑧	⑨
お	⊖	⓪	①	②	③	④	⑤	⑥	⑦	⑧	⑨
か	⊖	⓪	①	②	③	④	⑤	⑥	⑦	⑧	⑨
き	⊖	⓪	①	②	③	④	⑤	⑥	⑦	⑧	⑨
く	⊖	⓪	①	②	③	④	⑤	⑥	⑦	⑧	⑨
け	⊖	⓪	①	②	③	④	⑤	⑥	⑦	⑧	⑨
こ	⊖	⓪	①	②	③	④	⑤	⑥	⑦	⑧	⑨
さ	⊖	⓪	①	②	③	④	⑤	⑥	⑦	⑧	⑨
し	⊖	⓪	①	②	③	④	⑤	⑥	⑦	⑧	⑨
す	⊖	⓪	①	②	③	④	⑤	⑥	⑦	⑧	⑨
せ	⊖	⓪	①	②	③	④	⑤	⑥	⑦	⑧	⑨
そ	⊖	⓪	①	②	③	④	⑤	⑥	⑦	⑧	⑨
た	⊖	⓪	①	②	③	④	⑤	⑥	⑦	⑧	⑨
ち	⊖	⓪	①	②	③	④	⑤	⑥	⑦	⑧	⑨
つ	⊖	⓪	①	②	③	④	⑤	⑥	⑦	⑧	⑨
て	⊖	⓪	①	②	③	④	⑤	⑥	⑦	⑧	⑨
と	⊖	⓪	①	②	③	④	⑤	⑥	⑦	⑧	⑨
な	⊖	⓪	①	②	③	④	⑤	⑥	⑦	⑧	⑨
に	⊖	⓪	①	②	③	④	⑤	⑥	⑦	⑧	⑨
ぬ	⊖	⓪	①	②	③	④	⑤	⑥	⑦	⑧	⑨

注意事項

1. マークにはHBかBの黒色鉛筆を使用し良い例のように濃く(下の数字が見えないように)塗りつぶしてください。
   【マーク例：良い例 ●　悪い例 ① ② ③ ④ 】
2. 折り曲げたり、汚したりしてはいけません。
3. 訂正は必ずプラスチック製の消しゴムで完全に消し、消し跡が残らないようにしてください。消し方が悪いと採点されません。
4. 所定欄以外にはマークしたり、記入したりしてはいけません。

麻布大学附属高等学校　2024年度

◇英語◇

※ 111％に拡大していただくと，解答欄は実物大になります。

問番号	解			答				欄		
1	①	②	③	④	⑤	⑥	⑦	⑧	⑨	⓪
2	①	②	③	④	⑤	⑥	⑦	⑧	⑨	⓪
3	①	②	③	④	⑤	⑥	⑦	⑧	⑨	⓪
4	①	②	③	④	⑤	⑥	⑦	⑧	⑨	⓪
5	①	②	③	④	⑤	⑥	⑦	⑧	⑨	⓪
6	①	②	③	④	⑤	⑥	⑦	⑧	⑨	⓪
7	①	②	③	④	⑤	⑥	⑦	⑧	⑨	⓪
8	①	②	③	④	⑤	⑥	⑦	⑧	⑨	⓪
9	①	②	③	④	⑤	⑥	⑦	⑧	⑨	⓪
10	①	②	③	④	⑤	⑥	⑦	⑧	⑨	⓪
11	①	②	③	④	⑤	⑥	⑦	⑧	⑨	⓪
12	①	②	③	④	⑤	⑥	⑦	⑧	⑨	⓪
13	①	②	③	④	⑤	⑥	⑦	⑧	⑨	⓪
14	①	②	③	④	⑤	⑥	⑦	⑧	⑨	⓪
15	①	②	③	④	⑤	⑥	⑦	⑧	⑨	⓪
16	①	②	③	④	⑤	⑥	⑦	⑧	⑨	⓪
17	①	②	③	④	⑤	⑥	⑦	⑧	⑨	⓪
18	①	②	③	④	⑤	⑥	⑦	⑧	⑨	⓪
19	①	②	③	④	⑤	⑥	⑦	⑧	⑨	⓪
20	①	②	③	④	⑤	⑥	⑦	⑧	⑨	⓪

問番号	解			答				欄		
21	①	②	③	④	⑤	⑥	⑦	⑧	⑨	⓪
22	①	②	③	④	⑤	⑥	⑦	⑧	⑨	⓪
23	①	②	③	④	⑤	⑥	⑦	⑧	⑨	⓪
24	①	②	③	④	⑤	⑥	⑦	⑧	⑨	⓪
25	①	②	③	④	⑤	⑥	⑦	⑧	⑨	⓪
26	①	②	③	④	⑤	⑥	⑦	⑧	⑨	⓪
27	①	②	③	④	⑤	⑥	⑦	⑧	⑨	⓪
28	①	②	③	④	⑤	⑥	⑦	⑧	⑨	⓪
29	①	②	③	④	⑤	⑥	⑦	⑧	⑨	⓪
30	①	②	③	④	⑤	⑥	⑦	⑧	⑨	⓪
31	①	②	③	④	⑤	⑥	⑦	⑧	⑨	⓪
32	①	②	③	④	⑤	⑥	⑦	⑧	⑨	⓪
33	①	②	③	④	⑤	⑥	⑦	⑧	⑨	⓪
34	①	②	③	④	⑤	⑥	⑦	⑧	⑨	⓪
35	①	②	③	④	⑤	⑥	⑦	⑧	⑨	⓪
36	①	②	③	④	⑤	⑥	⑦	⑧	⑨	⓪
37	①	②	③	④	⑤	⑥	⑦	⑧	⑨	⓪
38	①	②	③	④	⑤	⑥	⑦	⑧	⑨	⓪
39	①	②	③	④	⑤	⑥	⑦	⑧	⑨	⓪
40	①	②	③	④	⑤	⑥	⑦	⑧	⑨	⓪

問番号	解			答				欄		
41	①	②	③	④	⑤	⑥	⑦	⑧	⑨	⓪
42	①	②	③	④	⑤	⑥	⑦	⑧	⑨	⓪
43	①	②	③	④	⑤	⑥	⑦	⑧	⑨	⓪
44	①	②	③	④	⑤	⑥	⑦	⑧	⑨	⓪
45	①	②	③	④	⑤	⑥	⑦	⑧	⑨	⓪
46	①	②	③	④	⑤	⑥	⑦	⑧	⑨	⓪
47	①	②	③	④	⑤	⑥	⑦	⑧	⑨	⓪
48	①	②	③	④	⑤	⑥	⑦	⑧	⑨	⓪
49	①	②	③	④	⑤	⑥	⑦	⑧	⑨	⓪
50	①	②	③	④	⑤	⑥	⑦	⑧	⑨	⓪
51	①	②	③	④	⑤	⑥	⑦	⑧	⑨	⓪
52	①	②	③	④	⑤	⑥	⑦	⑧	⑨	⓪
53	①	②	③	④	⑤	⑥	⑦	⑧	⑨	⓪
54	①	②	③	④	⑤	⑥	⑦	⑧	⑨	⓪
55	①	②	③	④	⑤	⑥	⑦	⑧	⑨	⓪
56	①	②	③	④	⑤	⑥	⑦	⑧	⑨	⓪
57	①	②	③	④	⑤	⑥	⑦	⑧	⑨	⓪
58	①	②	③	④	⑤	⑥	⑦	⑧	⑨	⓪
59	①	②	③	④	⑤	⑥	⑦	⑧	⑨	⓪
60	①	②	③	④	⑤	⑥	⑦	⑧	⑨	⓪

注意事項

1. マークにはHBかBの黒色鉛筆を使用し良い例のように濃く（下の数字が見えないように）塗りつぶしてください。
   【マーク例：良い例 ●　悪い例 ● ② ③ ④ 】
2. 折り曲げたり、汚したりしてはいけません。
3. 訂正は必ずプラスチック製の消しゴムで完全に消し、消し跡が残らないようにしてください。消し方が悪いと採点されません。
4. 所定欄以外にはマークしたり、記入したりしてはいけません。

麻布大学附属高等学校　2024年度

◇国語◇

※ 111％に拡大していただくと，解答欄は実物大になります。

問番号	解答欄									
1	①	②	③	④	⑤	⑥	⑦	⑧	⑨	⓪
2	①	②	③	④	⑤	⑥	⑦	⑧	⑨	⓪
3	①	②	③	④	⑤	⑥	⑦	⑧	⑨	⓪
4	①	②	③	④	⑤	⑥	⑦	⑧	⑨	⓪
5	①	②	③	④	⑤	⑥	⑦	⑧	⑨	⓪
6	①	②	③	④	⑤	⑥	⑦	⑧	⑨	⓪
7	①	②	③	④	⑤	⑥	⑦	⑧	⑨	⓪
8	①	②	③	④	⑤	⑥	⑦	⑧	⑨	⓪
9	①	②	③	④	⑤	⑥	⑦	⑧	⑨	⓪
10	①	②	③	④	⑤	⑥	⑦	⑧	⑨	⓪
11	①	②	③	④	⑤	⑥	⑦	⑧	⑨	⓪
12	①	②	③	④	⑤	⑥	⑦	⑧	⑨	⓪
13	①	②	③	④	⑤	⑥	⑦	⑧	⑨	⓪
14	①	②	③	④	⑤	⑥	⑦	⑧	⑨	⓪
15	①	②	③	④	⑤	⑥	⑦	⑧	⑨	⓪
16	①	②	③	④	⑤	⑥	⑦	⑧	⑨	⓪
17	①	②	③	④	⑤	⑥	⑦	⑧	⑨	⓪
18	①	②	③	④	⑤	⑥	⑦	⑧	⑨	⓪
19	①	②	③	④	⑤	⑥	⑦	⑧	⑨	⓪
20	①	②	③	④	⑤	⑥	⑦	⑧	⑨	⓪

問番号	解答欄									
21	①	②	③	④	⑤	⑥	⑦	⑧	⑨	⓪
22	①	②	③	④	⑤	⑥	⑦	⑧	⑨	⓪
23	①	②	③	④	⑤	⑥	⑦	⑧	⑨	⓪
24	①	②	③	④	⑤	⑥	⑦	⑧	⑨	⓪
25	①	②	③	④	⑤	⑥	⑦	⑧	⑨	⓪
26	①	②	③	④	⑤	⑥	⑦	⑧	⑨	⓪
27	①	②	③	④	⑤	⑥	⑦	⑧	⑨	⓪
28	①	②	③	④	⑤	⑥	⑦	⑧	⑨	⓪
29	①	②	③	④	⑤	⑥	⑦	⑧	⑨	⓪
30	①	②	③	④	⑤	⑥	⑦	⑧	⑨	⓪
31	①	②	③	④	⑤	⑥	⑦	⑧	⑨	⓪
32	①	②	③	④	⑤	⑥	⑦	⑧	⑨	⓪
33	①	②	③	④	⑤	⑥	⑦	⑧	⑨	⓪
34	①	②	③	④	⑤	⑥	⑦	⑧	⑨	⓪
35	①	②	③	④	⑤	⑥	⑦	⑧	⑨	⓪
36	①	②	③	④	⑤	⑥	⑦	⑧	⑨	⓪
37	①	②	③	④	⑤	⑥	⑦	⑧	⑨	⓪
38	①	②	③	④	⑤	⑥	⑦	⑧	⑨	⓪
39	①	②	③	④	⑤	⑥	⑦	⑧	⑨	⓪
40	①	②	③	④	⑤	⑥	⑦	⑧	⑨	⓪

問番号	解答欄									
41	①	②	③	④	⑤	⑥	⑦	⑧	⑨	⓪
42	①	②	③	④	⑤	⑥	⑦	⑧	⑨	⓪
43	①	②	③	④	⑤	⑥	⑦	⑧	⑨	⓪
44	①	②	③	④	⑤	⑥	⑦	⑧	⑨	⓪
45	①	②	③	④	⑤	⑥	⑦	⑧	⑨	⓪
46	①	②	③	④	⑤	⑥	⑦	⑧	⑨	⓪
47	①	②	③	④	⑤	⑥	⑦	⑧	⑨	⓪
48	①	②	③	④	⑤	⑥	⑦	⑧	⑨	⓪
49	①	②	③	④	⑤	⑥	⑦	⑧	⑨	⓪
50	①	②	③	④	⑤	⑥	⑦	⑧	⑨	⓪
51	①	②	③	④	⑤	⑥	⑦	⑧	⑨	⓪
52	①	②	③	④	⑤	⑥	⑦	⑧	⑨	⓪
53	①	②	③	④	⑤	⑥	⑦	⑧	⑨	⓪
54	①	②	③	④	⑤	⑥	⑦	⑧	⑨	⓪
55	①	②	③	④	⑤	⑥	⑦	⑧	⑨	⓪
56	①	②	③	④	⑤	⑥	⑦	⑧	⑨	⓪
57	①	②	③	④	⑤	⑥	⑦	⑧	⑨	⓪
58	①	②	③	④	⑤	⑥	⑦	⑧	⑨	⓪
59	①	②	③	④	⑤	⑥	⑦	⑧	⑨	⓪
60	①	②	③	④	⑤	⑥	⑦	⑧	⑨	⓪

注意事項

1．マークにはHBかBの黒色鉛筆を使用し良い例のように濃く(下の数字が見えないように)塗りつぶしてください。
【マーク例：良い例 ●　悪い例 ① ② ③ ④ 】

2．折り曲げたり、汚したりしてはいけません。

3．訂正は必ずプラスチック製の消しゴムで完全に消し、消し跡が残らないようにしてください。消し方が悪いと採点されません。

4．所定欄以外にはマークしたり、記入したりしてはいけません。

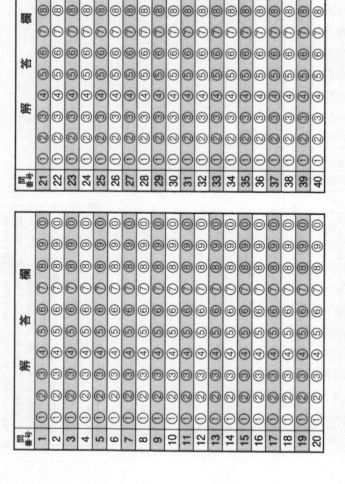

麻布大学附属高等学校　　2023年度

◇数学◇

※ 125%に拡大していただくと，解答欄は実物大になります。

記号	解答欄										
ア	⊖	⓪	①	②	③	④	⑤	⑥	⑦	⑧	⑨
イ	⊖	⓪	①	②	③	④	⑤	⑥	⑦	⑧	⑨
ウ	⊖	⓪	①	②	③	④	⑤	⑥	⑦	⑧	⑨
エ	⊖	⓪	①	②	③	④	⑤	⑥	⑦	⑧	⑨
オ	⊖	⓪	①	②	③	④	⑤	⑥	⑦	⑧	⑨
カ	⊖	⓪	①	②	③	④	⑤	⑥	⑦	⑧	⑨
キ	⊖	⓪	①	②	③	④	⑤	⑥	⑦	⑧	⑨
ク	⊖	⓪	①	②	③	④	⑤	⑥	⑦	⑧	⑨
ケ	⊖	⓪	①	②	③	④	⑤	⑥	⑦	⑧	⑨
コ	⊖	⓪	①	②	③	④	⑤	⑥	⑦	⑧	⑨
サ	⊖	⓪	①	②	③	④	⑤	⑥	⑦	⑧	⑨
シ	⊖	⓪	①	②	③	④	⑤	⑥	⑦	⑧	⑨
ス	⊖	⓪	①	②	③	④	⑤	⑥	⑦	⑧	⑨
セ	⊖	⓪	①	②	③	④	⑤	⑥	⑦	⑧	⑨
ソ	⊖	⓪	①	②	③	④	⑤	⑥	⑦	⑧	⑨
タ	⊖	⓪	①	②	③	④	⑤	⑥	⑦	⑧	⑨
チ	⊖	⓪	①	②	③	④	⑤	⑥	⑦	⑧	⑨
ツ	⊖	⓪	①	②	③	④	⑤	⑥	⑦	⑧	⑨
テ	⊖	⓪	①	②	③	④	⑤	⑥	⑦	⑧	⑨
ト	⊖	⓪	①	②	③	④	⑤	⑥	⑦	⑧	⑨
ナ	⊖	⓪	①	②	③	④	⑤	⑥	⑦	⑧	⑨
ニ	⊖	⓪	①	②	③	④	⑤	⑥	⑦	⑧	⑨

記号	解答欄										
ヌ	⊖	⓪	①	②	③	④	⑤	⑥	⑦	⑧	⑨
ネ	⊖	⓪	①	②	③	④	⑤	⑥	⑦	⑧	⑨
ノ	⊖	⓪	①	②	③	④	⑤	⑥	⑦	⑧	⑨
ハ	⊖	⓪	①	②	③	④	⑤	⑥	⑦	⑧	⑨
ヒ	⊖	⓪	①	②	③	④	⑤	⑥	⑦	⑧	⑨
フ	⊖	⓪	①	②	③	④	⑤	⑥	⑦	⑧	⑨
ヘ	⊖	⓪	①	②	③	④	⑤	⑥	⑦	⑧	⑨
ホ	⊖	⓪	①	②	③	④	⑤	⑥	⑦	⑧	⑨
マ	⊖	⓪	①	②	③	④	⑤	⑥	⑦	⑧	⑨
ミ	⊖	⓪	①	②	③	④	⑤	⑥	⑦	⑧	⑨
ム	⊖	⓪	①	②	③	④	⑤	⑥	⑦	⑧	⑨
メ	⊖	⓪	①	②	③	④	⑤	⑥	⑦	⑧	⑨
モ	⊖	⓪	①	②	③	④	⑤	⑥	⑦	⑧	⑨
ヤ	⊖	⓪	①	②	③	④	⑤	⑥	⑦	⑧	⑨
ユ	⊖	⓪	①	②	③	④	⑤	⑥	⑦	⑧	⑨
ヨ	⊖	⓪	①	②	③	④	⑤	⑥	⑦	⑧	⑨
ラ	⊖	⓪	①	②	③	④	⑤	⑥	⑦	⑧	⑨
リ	⊖	⓪	①	②	③	④	⑤	⑥	⑦	⑧	⑨
ル	⊖	⓪	①	②	③	④	⑤	⑥	⑦	⑧	⑨
レ	⊖	⓪	①	②	③	④	⑤	⑥	⑦	⑧	⑨
ロ	⊖	⓪	①	②	③	④	⑤	⑥	⑦	⑧	⑨
ワ	⊖	⓪	①	②	③	④	⑤	⑥	⑦	⑧	⑨

記号	解答欄										
ヲ	⊖	⓪	①	②	③	④	⑤	⑥	⑦	⑧	⑨
ン	⊖	⓪	①	②	③	④	⑤	⑥	⑦	⑧	⑨
あ	⊖	⓪	①	②	③	④	⑤	⑥	⑦	⑧	⑨
い	⊖	⓪	①	②	③	④	⑤	⑥	⑦	⑧	⑨
う	⊖	⓪	①	②	③	④	⑤	⑥	⑦	⑧	⑨
え	⊖	⓪	①	②	③	④	⑤	⑥	⑦	⑧	⑨
お	⊖	⓪	①	②	③	④	⑤	⑥	⑦	⑧	⑨
か	⊖	⓪	①	②	③	④	⑤	⑥	⑦	⑧	⑨
き	⊖	⓪	①	②	③	④	⑤	⑥	⑦	⑧	⑨
く	⊖	⓪	①	②	③	④	⑤	⑥	⑦	⑧	⑨
け	⊖	⓪	①	②	③	④	⑤	⑥	⑦	⑧	⑨
こ	⊖	⓪	①	②	③	④	⑤	⑥	⑦	⑧	⑨
さ	⊖	⓪	①	②	③	④	⑤	⑥	⑦	⑧	⑨
し	⊖	⓪	①	②	③	④	⑤	⑥	⑦	⑧	⑨
す	⊖	⓪	①	②	③	④	⑤	⑥	⑦	⑧	⑨
せ	⊖	⓪	①	②	③	④	⑤	⑥	⑦	⑧	⑨
そ	⊖	⓪	①	②	③	④	⑤	⑥	⑦	⑧	⑨
た	⊖	⓪	①	②	③	④	⑤	⑥	⑦	⑧	⑨
ち	⊖	⓪	①	②	③	④	⑤	⑥	⑦	⑧	⑨
つ	⊖	⓪	①	②	③	④	⑤	⑥	⑦	⑧	⑨
て	⊖	⓪	①	②	③	④	⑤	⑥	⑦	⑧	⑨
と	⊖	⓪	①	②	③	④	⑤	⑥	⑦	⑧	⑨

注意事項

1. マークにはHBかBの黒色鉛筆を使用し良い例のように濃く(下の数字が見えないように)塗りつぶしてください。
【マーク例：良い例 ●　悪い例 ① ② ③ ④ 】
2. 折り曲げたり、汚したりしてはいけません。
3. 訂正は必ずプラスチック製の消しゴムで完全に消し、消し跡が残らないようにしてください。消し方が悪いと採点されません。
4. 所定欄以外にはマークしたり、記入したりしてはいけません。

麻布大学附属高等学校　2023年度

◇英語◇

※ 111％に拡大していただくと，解答欄は実物大になります。

問番号	解	答	欄							
1	①	②	③	④	⑤	⑥	⑦	⑧	⑨	⓪
2	①	②	③	④	⑤	⑥	⑦	⑧	⑨	⓪
3	①	②	③	④	⑤	⑥	⑦	⑧	⑨	⓪
4	①	②	③	④	⑤	⑥	⑦	⑧	⑨	⓪
5	①	②	③	④	⑤	⑥	⑦	⑧	⑨	⓪
6	①	②	③	④	⑤	⑥	⑦	⑧	⑨	⓪
7	①	②	③	④	⑤	⑥	⑦	⑧	⑨	⓪
8	①	②	③	④	⑤	⑥	⑦	⑧	⑨	⓪
9	①	②	③	④	⑤	⑥	⑦	⑧	⑨	⓪
10	①	②	③	④	⑤	⑥	⑦	⑧	⑨	⓪
11	①	②	③	④	⑤	⑥	⑦	⑧	⑨	⓪
12	①	②	③	④	⑤	⑥	⑦	⑧	⑨	⓪
13	①	②	③	④	⑤	⑥	⑦	⑧	⑨	⓪
14	①	②	③	④	⑤	⑥	⑦	⑧	⑨	⓪
15	①	②	③	④	⑤	⑥	⑦	⑧	⑨	⓪
16	①	②	③	④	⑤	⑥	⑦	⑧	⑨	⓪
17	①	②	③	④	⑤	⑥	⑦	⑧	⑨	⓪
18	①	②	③	④	⑤	⑥	⑦	⑧	⑨	⓪
19	①	②	③	④	⑤	⑥	⑦	⑧	⑨	⓪
20	①	②	③	④	⑤	⑥	⑦	⑧	⑨	⓪

問番号	解	答	欄							
21	①	②	③	④	⑤	⑥	⑦	⑧	⑨	⓪
22	①	②	③	④	⑤	⑥	⑦	⑧	⑨	⓪
23	①	②	③	④	⑤	⑥	⑦	⑧	⑨	⓪
24	①	②	③	④	⑤	⑥	⑦	⑧	⑨	⓪
25	①	②	③	④	⑤	⑥	⑦	⑧	⑨	⓪
26	①	②	③	④	⑤	⑥	⑦	⑧	⑨	⓪
27	①	②	③	④	⑤	⑥	⑦	⑧	⑨	⓪
28	①	②	③	④	⑤	⑥	⑦	⑧	⑨	⓪
29	①	②	③	④	⑤	⑥	⑦	⑧	⑨	⓪
30	①	②	③	④	⑤	⑥	⑦	⑧	⑨	⓪
31	①	②	③	④	⑤	⑥	⑦	⑧	⑨	⓪
32	①	②	③	④	⑤	⑥	⑦	⑧	⑨	⓪
33	①	②	③	④	⑤	⑥	⑦	⑧	⑨	⓪
34	①	②	③	④	⑤	⑥	⑦	⑧	⑨	⓪
35	①	②	③	④	⑤	⑥	⑦	⑧	⑨	⓪
36	①	②	③	④	⑤	⑥	⑦	⑧	⑨	⓪
37	①	②	③	④	⑤	⑥	⑦	⑧	⑨	⓪
38	①	②	③	④	⑤	⑥	⑦	⑧	⑨	⓪
39	①	②	③	④	⑤	⑥	⑦	⑧	⑨	⓪
40	①	②	③	④	⑤	⑥	⑦	⑧	⑨	⓪

問番号	解	答	欄							
41	①	②	③	④	⑤	⑥	⑦	⑧	⑨	⓪
42	①	②	③	④	⑤	⑥	⑦	⑧	⑨	⓪
43	①	②	③	④	⑤	⑥	⑦	⑧	⑨	⓪
44	①	②	③	④	⑤	⑥	⑦	⑧	⑨	⓪
45	①	②	③	④	⑤	⑥	⑦	⑧	⑨	⓪
46	①	②	③	④	⑤	⑥	⑦	⑧	⑨	⓪
47	①	②	③	④	⑤	⑥	⑦	⑧	⑨	⓪
48	①	②	③	④	⑤	⑥	⑦	⑧	⑨	⓪
49	①	②	③	④	⑤	⑥	⑦	⑧	⑨	⓪
50	①	②	③	④	⑤	⑥	⑦	⑧	⑨	⓪
51	①	②	③	④	⑤	⑥	⑦	⑧	⑨	⓪
52	①	②	③	④	⑤	⑥	⑦	⑧	⑨	⓪
53	①	②	③	④	⑤	⑥	⑦	⑧	⑨	⓪
54	①	②	③	④	⑤	⑥	⑦	⑧	⑨	⓪
55	①	②	③	④	⑤	⑥	⑦	⑧	⑨	⓪
56	①	②	③	④	⑤	⑥	⑦	⑧	⑨	⓪
57	①	②	③	④	⑤	⑥	⑦	⑧	⑨	⓪
58	①	②	③	④	⑤	⑥	⑦	⑧	⑨	⓪
59	①	②	③	④	⑤	⑥	⑦	⑧	⑨	⓪
60	①	②	③	④	⑤	⑥	⑦	⑧	⑨	⓪

注意事項

1. マークにはHBかBの黒色鉛筆を使用し良い例のように濃く（下の数字が見えないように）塗りつぶしてください。
   【マーク例：良い例 ●　悪い例 ① ② ③ ④ 】
2. 折り曲げたり、汚したりしてはいけません。
3. 訂正は必ずプラスチック製の消しゴムで完全に消し、消し跡が残らないようにしてください。消し方が悪いと採点されません。
4. 所定欄以外にはマークしたり、記入したりしてはいけません。

麻布大学附属高等学校　2023年度

◇国語◇

※ 111％に拡大していただくと，解答欄は実物大になります。

問番号	解答欄									
1	①	②	③	④	⑤	⑥	⑦	⑧	⑨	⓪
2	①	②	③	④	⑤	⑥	⑦	⑧	⑨	⓪
3	①	②	③	④	⑤	⑥	⑦	⑧	⑨	⓪
4	①	②	③	④	⑤	⑥	⑦	⑧	⑨	⓪
5	①	②	③	④	⑤	⑥	⑦	⑧	⑨	⓪
6	①	②	③	④	⑤	⑥	⑦	⑧	⑨	⓪
7	①	②	③	④	⑤	⑥	⑦	⑧	⑨	⓪
8	①	②	③	④	⑤	⑥	⑦	⑧	⑨	⓪
9	①	②	③	④	⑤	⑥	⑦	⑧	⑨	⓪
10	①	②	③	④	⑤	⑥	⑦	⑧	⑨	⓪
11	①	②	③	④	⑤	⑥	⑦	⑧	⑨	⓪
12	①	②	③	④	⑤	⑥	⑦	⑧	⑨	⓪
13	①	②	③	④	⑤	⑥	⑦	⑧	⑨	⓪
14	①	②	③	④	⑤	⑥	⑦	⑧	⑨	⓪
15	①	②	③	④	⑤	⑥	⑦	⑧	⑨	⓪
16	①	②	③	④	⑤	⑥	⑦	⑧	⑨	⓪
17	①	②	③	④	⑤	⑥	⑦	⑧	⑨	⓪
18	①	②	③	④	⑤	⑥	⑦	⑧	⑨	⓪
19	①	②	③	④	⑤	⑥	⑦	⑧	⑨	⓪
20	①	②	③	④	⑤	⑥	⑦	⑧	⑨	⓪

問番号	解答欄									
21	①	②	③	④	⑤	⑥	⑦	⑧	⑨	⓪
22	①	②	③	④	⑤	⑥	⑦	⑧	⑨	⓪
23	①	②	③	④	⑤	⑥	⑦	⑧	⑨	⓪
24	①	②	③	④	⑤	⑥	⑦	⑧	⑨	⓪
25	①	②	③	④	⑤	⑥	⑦	⑧	⑨	⓪
26	①	②	③	④	⑤	⑥	⑦	⑧	⑨	⓪
27	①	②	③	④	⑤	⑥	⑦	⑧	⑨	⓪
28	①	②	③	④	⑤	⑥	⑦	⑧	⑨	⓪
29	①	②	③	④	⑤	⑥	⑦	⑧	⑨	⓪
30	①	②	③	④	⑤	⑥	⑦	⑧	⑨	⓪
31	①	②	③	④	⑤	⑥	⑦	⑧	⑨	⓪
32	①	②	③	④	⑤	⑥	⑦	⑧	⑨	⓪
33	①	②	③	④	⑤	⑥	⑦	⑧	⑨	⓪
34	①	②	③	④	⑤	⑥	⑦	⑧	⑨	⓪
35	①	②	③	④	⑤	⑥	⑦	⑧	⑨	⓪
36	①	②	③	④	⑤	⑥	⑦	⑧	⑨	⓪
37	①	②	③	④	⑤	⑥	⑦	⑧	⑨	⓪
38	①	②	③	④	⑤	⑥	⑦	⑧	⑨	⓪
39	①	②	③	④	⑤	⑥	⑦	⑧	⑨	⓪
40	①	②	③	④	⑤	⑥	⑦	⑧	⑨	⓪

問番号	解答欄									
41	①	②	③	④	⑤	⑥	⑦	⑧	⑨	⓪
42	①	②	③	④	⑤	⑥	⑦	⑧	⑨	⓪
43	①	②	③	④	⑤	⑥	⑦	⑧	⑨	⓪
44	①	②	③	④	⑤	⑥	⑦	⑧	⑨	⓪
45	①	②	③	④	⑤	⑥	⑦	⑧	⑨	⓪
46	①	②	③	④	⑤	⑥	⑦	⑧	⑨	⓪
47	①	②	③	④	⑤	⑥	⑦	⑧	⑨	⓪
48	①	②	③	④	⑤	⑥	⑦	⑧	⑨	⓪
49	①	②	③	④	⑤	⑥	⑦	⑧	⑨	⓪
50	①	②	③	④	⑤	⑥	⑦	⑧	⑨	⓪
51	①	②	③	④	⑤	⑥	⑦	⑧	⑨	⓪
52	①	②	③	④	⑤	⑥	⑦	⑧	⑨	⓪
53	①	②	③	④	⑤	⑥	⑦	⑧	⑨	⓪
54	①	②	③	④	⑤	⑥	⑦	⑧	⑨	⓪
55	①	②	③	④	⑤	⑥	⑦	⑧	⑨	⓪
56	①	②	③	④	⑤	⑥	⑦	⑧	⑨	⓪
57	①	②	③	④	⑤	⑥	⑦	⑧	⑨	⓪
58	①	②	③	④	⑤	⑥	⑦	⑧	⑨	⓪
59	①	②	③	④	⑤	⑥	⑦	⑧	⑨	⓪
60	①	②	③	④	⑤	⑥	⑦	⑧	⑨	⓪

注意事項

1．マークにはHBかBの黒色鉛筆を使用し良い例のように濃く（下の数字が見えないように）塗りつぶしてください。

【マーク例：良い例 ●　悪い例 】

2．折り曲げたり、汚したりしてはいけません。

3．訂正は必ずプラスチック製の消しゴムで完全に消し、消し跡が残らないようにしてください。消し方が悪いと採点されません。

4．所定欄以外にはマークしたり、記入したりしてはいけません。

麻布大学附属高等学校　2022年度

◇数学◇

※ 125%に拡大していただくと，解答欄は実物大になります。

記号	解答欄										
ア	⊖	⓪	①	②	③	④	⑤	⑥	⑦	⑧	⑨
イ	⊖	⓪	①	②	③	④	⑤	⑥	⑦	⑧	⑨
ウ	⊖	⓪	①	②	③	④	⑤	⑥	⑦	⑧	⑨
エ	⊖	⓪	①	②	③	④	⑤	⑥	⑦	⑧	⑨
オ	⊖	⓪	①	②	③	④	⑤	⑥	⑦	⑧	⑨
カ	⊖	⓪	①	②	③	④	⑤	⑥	⑦	⑧	⑨
キ	⊖	⓪	①	②	③	④	⑤	⑥	⑦	⑧	⑨
ク	⊖	⓪	①	②	③	④	⑤	⑥	⑦	⑧	⑨
ケ	⊖	⓪	①	②	③	④	⑤	⑥	⑦	⑧	⑨
コ	⊖	⓪	①	②	③	④	⑤	⑥	⑦	⑧	⑨
サ	⊖	⓪	①	②	③	④	⑤	⑥	⑦	⑧	⑨
シ	⊖	⓪	①	②	③	④	⑤	⑥	⑦	⑧	⑨
ス	⊖	⓪	①	②	③	④	⑤	⑥	⑦	⑧	⑨
セ	⊖	⓪	①	②	③	④	⑤	⑥	⑦	⑧	⑨
ソ	⊖	⓪	①	②	③	④	⑤	⑥	⑦	⑧	⑨
タ	⊖	⓪	①	②	③	④	⑤	⑥	⑦	⑧	⑨
チ	⊖	⓪	①	②	③	④	⑤	⑥	⑦	⑧	⑨
ツ	⊖	⓪	①	②	③	④	⑤	⑥	⑦	⑧	⑨
テ	⊖	⓪	①	②	③	④	⑤	⑥	⑦	⑧	⑨
ト	⊖	⓪	①	②	③	④	⑤	⑥	⑦	⑧	⑨
ナ	⊖	⓪	①	②	③	④	⑤	⑥	⑦	⑧	⑨
ニ	⊖	⓪	①	②	③	④	⑤	⑥	⑦	⑧	⑨

記号	解答欄										
ヌ	⊖	⓪	①	②	③	④	⑤	⑥	⑦	⑧	⑨
ネ	⊖	⓪	①	②	③	④	⑤	⑥	⑦	⑧	⑨
ノ	⊖	⓪	①	②	③	④	⑤	⑥	⑦	⑧	⑨
ハ	⊖	⓪	①	②	③	④	⑤	⑥	⑦	⑧	⑨
ヒ	⊖	⓪	①	②	③	④	⑤	⑥	⑦	⑧	⑨
フ	⊖	⓪	①	②	③	④	⑤	⑥	⑦	⑧	⑨
ヘ	⊖	⓪	①	②	③	④	⑤	⑥	⑦	⑧	⑨
ホ	⊖	⓪	①	②	③	④	⑤	⑥	⑦	⑧	⑨
マ	⊖	⓪	①	②	③	④	⑤	⑥	⑦	⑧	⑨
ミ	⊖	⓪	①	②	③	④	⑤	⑥	⑦	⑧	⑨
ム	⊖	⓪	①	②	③	④	⑤	⑥	⑦	⑧	⑨
メ	⊖	⓪	①	②	③	④	⑤	⑥	⑦	⑧	⑨
モ	⊖	⓪	①	②	③	④	⑤	⑥	⑦	⑧	⑨
ヤ	⊖	⓪	①	②	③	④	⑤	⑥	⑦	⑧	⑨
ユ	⊖	⓪	①	②	③	④	⑤	⑥	⑦	⑧	⑨
ヨ	⊖	⓪	①	②	③	④	⑤	⑥	⑦	⑧	⑨
ラ	⊖	⓪	①	②	③	④	⑤	⑥	⑦	⑧	⑨
リ	⊖	⓪	①	②	③	④	⑤	⑥	⑦	⑧	⑨
ル	⊖	⓪	①	②	③	④	⑤	⑥	⑦	⑧	⑨
レ	⊖	⓪	①	②	③	④	⑤	⑥	⑦	⑧	⑨
ロ	⊖	⓪	①	②	③	④	⑤	⑥	⑦	⑧	⑨
ワ	⊖	⓪	①	②	③	④	⑤	⑥	⑦	⑧	⑨

記号	解答欄										
ヲ	⊖	⓪	①	②	③	④	⑤	⑥	⑦	⑧	⑨
ン	⊖	⓪	①	②	③	④	⑤	⑥	⑦	⑧	⑨
あ	⊖	⓪	①	②	③	④	⑤	⑥	⑦	⑧	⑨
い	⊖	⓪	①	②	③	④	⑤	⑥	⑦	⑧	⑨
う	⊖	⓪	①	②	③	④	⑤	⑥	⑦	⑧	⑨
え	⊖	⓪	①	②	③	④	⑤	⑥	⑦	⑧	⑨
お	⊖	⓪	①	②	③	④	⑤	⑥	⑦	⑧	⑨
か	⊖	⓪	①	②	③	④	⑤	⑥	⑦	⑧	⑨
き	⊖	⓪	①	②	③	④	⑤	⑥	⑦	⑧	⑨
く	⊖	⓪	①	②	③	④	⑤	⑥	⑦	⑧	⑨
け	⊖	⓪	①	②	③	④	⑤	⑥	⑦	⑧	⑨
こ	⊖	⓪	①	②	③	④	⑤	⑥	⑦	⑧	⑨
さ	⊖	⓪	①	②	③	④	⑤	⑥	⑦	⑧	⑨
し	⊖	⓪	①	②	③	④	⑤	⑥	⑦	⑧	⑨
す	⊖	⓪	①	②	③	④	⑤	⑥	⑦	⑧	⑨
せ	⊖	⓪	①	②	③	④	⑤	⑥	⑦	⑧	⑨
そ	⊖	⓪	①	②	③	④	⑤	⑥	⑦	⑧	⑨
た	⊖	⓪	①	②	③	④	⑤	⑥	⑦	⑧	⑨
ち	⊖	⓪	①	②	③	④	⑤	⑥	⑦	⑧	⑨
つ	⊖	⓪	①	②	③	④	⑤	⑥	⑦	⑧	⑨
て	⊖	⓪	①	②	③	④	⑤	⑥	⑦	⑧	⑨
と	⊖	⓪	①	②	③	④	⑤	⑥	⑦	⑧	⑨

注意事項

1. マークにはHBかBの黒色鉛筆を使用し良い例のように濃く(下の数字が見えないように)塗りつぶしてください。
【マーク例：良い例 ●　悪い例 ① ② ③ ④ 】
2. 折り曲げたり、汚したりしてはいけません。
3. 訂正は必ずプラスチック製の消しゴムで完全に消し、消し跡が残らないようにしてください。消し方が悪いと採点されません。
4. 所定欄以外にはマークしたり、記入したりしてはいけません。

麻布大学附属高等学校　2022年度

◇英語◇

※ 111％に拡大していただくと，解答欄は実物大になります。

問番号	解答欄									
1	①	②	③	④	⑤	⑥	⑦	⑧	⑨	⓪
2	①	②	③	④	⑤	⑥	⑦	⑧	⑨	⓪
3	①	②	③	④	⑤	⑥	⑦	⑧	⑨	⓪
4	①	②	③	④	⑤	⑥	⑦	⑧	⑨	⓪
5	①	②	③	④	⑤	⑥	⑦	⑧	⑨	⓪
6	①	②	③	④	⑤	⑥	⑦	⑧	⑨	⓪
7	①	②	③	④	⑤	⑥	⑦	⑧	⑨	⓪
8	①	②	③	④	⑤	⑥	⑦	⑧	⑨	⓪
9	①	②	③	④	⑤	⑥	⑦	⑧	⑨	⓪
10	①	②	③	④	⑤	⑥	⑦	⑧	⑨	⓪
11	①	②	③	④	⑤	⑥	⑦	⑧	⑨	⓪
12	①	②	③	④	⑤	⑥	⑦	⑧	⑨	⓪
13	①	②	③	④	⑤	⑥	⑦	⑧	⑨	⓪
14	①	②	③	④	⑤	⑥	⑦	⑧	⑨	⓪
15	①	②	③	④	⑤	⑥	⑦	⑧	⑨	⓪
16	①	②	③	④	⑤	⑥	⑦	⑧	⑨	⓪
17	①	②	③	④	⑤	⑥	⑦	⑧	⑨	⓪
18	①	②	③	④	⑤	⑥	⑦	⑧	⑨	⓪
19	①	②	③	④	⑤	⑥	⑦	⑧	⑨	⓪
20	①	②	③	④	⑤	⑥	⑦	⑧	⑨	⓪

問番号	解答欄									
21	①	②	③	④	⑤	⑥	⑦	⑧	⑨	⓪
22	①	②	③	④	⑤	⑥	⑦	⑧	⑨	⓪
23	①	②	③	④	⑤	⑥	⑦	⑧	⑨	⓪
24	①	②	③	④	⑤	⑥	⑦	⑧	⑨	⓪
25	①	②	③	④	⑤	⑥	⑦	⑧	⑨	⓪
26	①	②	③	④	⑤	⑥	⑦	⑧	⑨	⓪
27	①	②	③	④	⑤	⑥	⑦	⑧	⑨	⓪
28	①	②	③	④	⑤	⑥	⑦	⑧	⑨	⓪
29	①	②	③	④	⑤	⑥	⑦	⑧	⑨	⓪
30	①	②	③	④	⑤	⑥	⑦	⑧	⑨	⓪
31	①	②	③	④	⑤	⑥	⑦	⑧	⑨	⓪
32	①	②	③	④	⑤	⑥	⑦	⑧	⑨	⓪
33	①	②	③	④	⑤	⑥	⑦	⑧	⑨	⓪
34	①	②	③	④	⑤	⑥	⑦	⑧	⑨	⓪
35	①	②	③	④	⑤	⑥	⑦	⑧	⑨	⓪
36	①	②	③	④	⑤	⑥	⑦	⑧	⑨	⓪
37	①	②	③	④	⑤	⑥	⑦	⑧	⑨	⓪
38	①	②	③	④	⑤	⑥	⑦	⑧	⑨	⓪
39	①	②	③	④	⑤	⑥	⑦	⑧	⑨	⓪
40	①	②	③	④	⑤	⑥	⑦	⑧	⑨	⓪

問番号	解答欄									
41	①	②	③	④	⑤	⑥	⑦	⑧	⑨	⓪
42	①	②	③	④	⑤	⑥	⑦	⑧	⑨	⓪
43	①	②	③	④	⑤	⑥	⑦	⑧	⑨	⓪
44	①	②	③	④	⑤	⑥	⑦	⑧	⑨	⓪
45	①	②	③	④	⑤	⑥	⑦	⑧	⑨	⓪
46	①	②	③	④	⑤	⑥	⑦	⑧	⑨	⓪
47	①	②	③	④	⑤	⑥	⑦	⑧	⑨	⓪
48	①	②	③	④	⑤	⑥	⑦	⑧	⑨	⓪
49	①	②	③	④	⑤	⑥	⑦	⑧	⑨	⓪
50	①	②	③	④	⑤	⑥	⑦	⑧	⑨	⓪
51	①	②	③	④	⑤	⑥	⑦	⑧	⑨	⓪
52	①	②	③	④	⑤	⑥	⑦	⑧	⑨	⓪
53	①	②	③	④	⑤	⑥	⑦	⑧	⑨	⓪
54	①	②	③	④	⑤	⑥	⑦	⑧	⑨	⓪
55	①	②	③	④	⑤	⑥	⑦	⑧	⑨	⓪
56	①	②	③	④	⑤	⑥	⑦	⑧	⑨	⓪
57	①	②	③	④	⑤	⑥	⑦	⑧	⑨	⓪
58	①	②	③	④	⑤	⑥	⑦	⑧	⑨	⓪
59	①	②	③	④	⑤	⑥	⑦	⑧	⑨	⓪
60	①	②	③	④	⑤	⑥	⑦	⑧	⑨	⓪

注意事項

1. マークにはHBかBの黒色鉛筆を使用し良い例のように濃く(下の数字が見えないように)塗りつぶしてください。
【マーク例：良い例 ●　悪い例 ① ② ③ ④ 】
2. 折り曲げたり、汚したりしてはいけません。
3. 訂正は必ずプラスチック製の消しゴムで完全に消し、消し跡が残らないようにしてください。消し方が悪いと採点されません。
4. 所定欄以外にはマークしたり、記入したりしてはいけません。

麻布大学附属高等学校　2022年度

◇国語◇

※ 111％に拡大していただくと，解答欄は実物大になります。

問番号	解	答	欄							
1	①	②	③	④	⑤	⑥	⑦	⑧	⑨	⓪
2	①	②	③	④	⑤	⑥	⑦	⑧	⑨	⓪
3	①	②	③	④	⑤	⑥	⑦	⑧	⑨	⓪
4	①	②	③	④	⑤	⑥	⑦	⑧	⑨	⓪
5	①	②	③	④	⑤	⑥	⑦	⑧	⑨	⓪
6	①	②	③	④	⑤	⑥	⑦	⑧	⑨	⓪
7	①	②	③	④	⑤	⑥	⑦	⑧	⑨	⓪
8	①	②	③	④	⑤	⑥	⑦	⑧	⑨	⓪
9	①	②	③	④	⑤	⑥	⑦	⑧	⑨	⓪
10	①	②	③	④	⑤	⑥	⑦	⑧	⑨	⓪
11	①	②	③	④	⑤	⑥	⑦	⑧	⑨	⓪
12	①	②	③	④	⑤	⑥	⑦	⑧	⑨	⓪
13	①	②	③	④	⑤	⑥	⑦	⑧	⑨	⓪
14	①	②	③	④	⑤	⑥	⑦	⑧	⑨	⓪
15	①	②	③	④	⑤	⑥	⑦	⑧	⑨	⓪
16	①	②	③	④	⑤	⑥	⑦	⑧	⑨	⓪
17	①	②	③	④	⑤	⑥	⑦	⑧	⑨	⓪
18	①	②	③	④	⑤	⑥	⑦	⑧	⑨	⓪
19	①	②	③	④	⑤	⑥	⑦	⑧	⑨	⓪
20	①	②	③	④	⑤	⑥	⑦	⑧	⑨	⓪

問番号	解	答	欄							
21	①	②	③	④	⑤	⑥	⑦	⑧	⑨	⓪
22	①	②	③	④	⑤	⑥	⑦	⑧	⑨	⓪
23	①	②	③	④	⑤	⑥	⑦	⑧	⑨	⓪
24	①	②	③	④	⑤	⑥	⑦	⑧	⑨	⓪
25	①	②	③	④	⑤	⑥	⑦	⑧	⑨	⓪
26	①	②	③	④	⑤	⑥	⑦	⑧	⑨	⓪
27	①	②	③	④	⑤	⑥	⑦	⑧	⑨	⓪
28	①	②	③	④	⑤	⑥	⑦	⑧	⑨	⓪
29	①	②	③	④	⑤	⑥	⑦	⑧	⑨	⓪
30	①	②	③	④	⑤	⑥	⑦	⑧	⑨	⓪
31	①	②	③	④	⑤	⑥	⑦	⑧	⑨	⓪
32	①	②	③	④	⑤	⑥	⑦	⑧	⑨	⓪
33	①	②	③	④	⑤	⑥	⑦	⑧	⑨	⓪
34	①	②	③	④	⑤	⑥	⑦	⑧	⑨	⓪
35	①	②	③	④	⑤	⑥	⑦	⑧	⑨	⓪
36	①	②	③	④	⑤	⑥	⑦	⑧	⑨	⓪
37	①	②	③	④	⑤	⑥	⑦	⑧	⑨	⓪
38	①	②	③	④	⑤	⑥	⑦	⑧	⑨	⓪
39	①	②	③	④	⑤	⑥	⑦	⑧	⑨	⓪
40	①	②	③	④	⑤	⑥	⑦	⑧	⑨	⓪

問番号	解	答	欄							
41	①	②	③	④	⑤	⑥	⑦	⑧	⑨	⓪
42	①	②	③	④	⑤	⑥	⑦	⑧	⑨	⓪
43	①	②	③	④	⑤	⑥	⑦	⑧	⑨	⓪
44	①	②	③	④	⑤	⑥	⑦	⑧	⑨	⓪
45	①	②	③	④	⑤	⑥	⑦	⑧	⑨	⓪
46	①	②	③	④	⑤	⑥	⑦	⑧	⑨	⓪
47	①	②	③	④	⑤	⑥	⑦	⑧	⑨	⓪
48	①	②	③	④	⑤	⑥	⑦	⑧	⑨	⓪
49	①	②	③	④	⑤	⑥	⑦	⑧	⑨	⓪
50	①	②	③	④	⑤	⑥	⑦	⑧	⑨	⓪
51	①	②	③	④	⑤	⑥	⑦	⑧	⑨	⓪
52	①	②	③	④	⑤	⑥	⑦	⑧	⑨	⓪
53	①	②	③	④	⑤	⑥	⑦	⑧	⑨	⓪
54	①	②	③	④	⑤	⑥	⑦	⑧	⑨	⓪
55	①	②	③	④	⑤	⑥	⑦	⑧	⑨	⓪
56	①	②	③	④	⑤	⑥	⑦	⑧	⑨	⓪
57	①	②	③	④	⑤	⑥	⑦	⑧	⑨	⓪
58	①	②	③	④	⑤	⑥	⑦	⑧	⑨	⓪
59	①	②	③	④	⑤	⑥	⑦	⑧	⑨	⓪
60	①	②	③	④	⑤	⑥	⑦	⑧	⑨	⓪

注意事項

1. マークにはHBかBの黒色鉛筆を使用し良い例のように濃く（下の数字が見えないように）塗りつぶしてください。
【マーク例：良い例 ●　悪い例 　】
2. 折り曲げたり、汚したりしてはいけません。
3. 訂正は必ずプラスチック製の消しゴムで完全に消し、消し跡が残らないようにしてください。消し方が悪いと採点されません。
4. 所定欄以外にはマークしたり、記入したりしてはいけません。

麻布大学附属高等学校　2021年度

◇数学◇

※132％に拡大していただくと，解答欄は実物大になります。

記号	解答欄										
ア	⊖	⓪	①	②	③	④	⑤	⑥	⑦	⑧	⑨
イ	⊖	⓪	①	②	③	④	⑤	⑥	⑦	⑧	⑨
ウ	⊖	⓪	①	②	③	④	⑤	⑥	⑦	⑧	⑨
エ	⊖	⓪	①	②	③	④	⑤	⑥	⑦	⑧	⑨
オ	⊖	⓪	①	②	③	④	⑤	⑥	⑦	⑧	⑨
カ	⊖	⓪	①	②	③	④	⑤	⑥	⑦	⑧	⑨
キ	⊖	⓪	①	②	③	④	⑤	⑥	⑦	⑧	⑨
ク	⊖	⓪	①	②	③	④	⑤	⑥	⑦	⑧	⑨
ケ	⊖	⓪	①	②	③	④	⑤	⑥	⑦	⑧	⑨
コ	⊖	⓪	①	②	③	④	⑤	⑥	⑦	⑧	⑨
サ	⊖	⓪	①	②	③	④	⑤	⑥	⑦	⑧	⑨
シ	⊖	⓪	①	②	③	④	⑤	⑥	⑦	⑧	⑨
ス	⊖	⓪	①	②	③	④	⑤	⑥	⑦	⑧	⑨
セ	⊖	⓪	①	②	③	④	⑤	⑥	⑦	⑧	⑨
ソ	⊖	⓪	①	②	③	④	⑤	⑥	⑦	⑧	⑨
タ	⊖	⓪	①	②	③	④	⑤	⑥	⑦	⑧	⑨
チ	⊖	⓪	①	②	③	④	⑤	⑥	⑦	⑧	⑨
ツ	⊖	⓪	①	②	③	④	⑤	⑥	⑦	⑧	⑨
テ	⊖	⓪	①	②	③	④	⑤	⑥	⑦	⑧	⑨
ト	⊖	⓪	①	②	③	④	⑤	⑥	⑦	⑧	⑨

記号	解答欄										
ナ	⊖	⓪	①	②	③	④	⑤	⑥	⑦	⑧	⑨
ニ	⊖	⓪	①	②	③	④	⑤	⑥	⑦	⑧	⑨
ヌ	⊖	⓪	①	②	③	④	⑤	⑥	⑦	⑧	⑨
ネ	⊖	⓪	①	②	③	④	⑤	⑥	⑦	⑧	⑨
ノ	⊖	⓪	①	②	③	④	⑤	⑥	⑦	⑧	⑨
ハ	⊖	⓪	①	②	③	④	⑤	⑥	⑦	⑧	⑨
ヒ	⊖	⓪	①	②	③	④	⑤	⑥	⑦	⑧	⑨
フ	⊖	⓪	①	②	③	④	⑤	⑥	⑦	⑧	⑨
ヘ	⊖	⓪	①	②	③	④	⑤	⑥	⑦	⑧	⑨
ホ	⊖	⓪	①	②	③	④	⑤	⑥	⑦	⑧	⑨
マ	⊖	⓪	①	②	③	④	⑤	⑥	⑦	⑧	⑨
ミ	⊖	⓪	①	②	③	④	⑤	⑥	⑦	⑧	⑨
ム	⊖	⓪	①	②	③	④	⑤	⑥	⑦	⑧	⑨
メ	⊖	⓪	①	②	③	④	⑤	⑥	⑦	⑧	⑨
モ	⊖	⓪	①	②	③	④	⑤	⑥	⑦	⑧	⑨
ヤ	⊖	⓪	①	②	③	④	⑤	⑥	⑦	⑧	⑨
ユ	⊖	⓪	①	②	③	④	⑤	⑥	⑦	⑧	⑨
ヨ	⊖	⓪	①	②	③	④	⑤	⑥	⑦	⑧	⑨
ラ	⊖	⓪	①	②	③	④	⑤	⑥	⑦	⑧	⑨
リ	⊖	⓪	①	②	③	④	⑤	⑥	⑦	⑧	⑨

記号	解答欄										
ル	⊖	⓪	①	②	③	④	⑤	⑥	⑦	⑧	⑨
レ	⊖	⓪	①	②	③	④	⑤	⑥	⑦	⑧	⑨
ロ	⊖	⓪	①	②	③	④	⑤	⑥	⑦	⑧	⑨
ワ	⊖	⓪	①	②	③	④	⑤	⑥	⑦	⑧	⑨
ヲ	⊖	⓪	①	②	③	④	⑤	⑥	⑦	⑧	⑨
ン	⊖	⓪	①	②	③	④	⑤	⑥	⑦	⑧	⑨
あ	⊖	⓪	①	②	③	④	⑤	⑥	⑦	⑧	⑨
い	⊖	⓪	①	②	③	④	⑤	⑥	⑦	⑧	⑨
う	⊖	⓪	①	②	③	④	⑤	⑥	⑦	⑧	⑨
え	⊖	⓪	①	②	③	④	⑤	⑥	⑦	⑧	⑨
お	⊖	⓪	①	②	③	④	⑤	⑥	⑦	⑧	⑨
か	⊖	⓪	①	②	③	④	⑤	⑥	⑦	⑧	⑨
き	⊖	⓪	①	②	③	④	⑤	⑥	⑦	⑧	⑨
く	⊖	⓪	①	②	③	④	⑤	⑥	⑦	⑧	⑨
け	⊖	⓪	①	②	③	④	⑤	⑥	⑦	⑧	⑨
こ	⊖	⓪	①	②	③	④	⑤	⑥	⑦	⑧	⑨
さ	⊖	⓪	①	②	③	④	⑤	⑥	⑦	⑧	⑨
し	⊖	⓪	①	②	③	④	⑤	⑥	⑦	⑧	⑨
す	⊖	⓪	①	②	③	④	⑤	⑥	⑦	⑧	⑨
せ	⊖	⓪	①	②	③	④	⑤	⑥	⑦	⑧	⑨

注意事項

1. マークにはHBかBの黒色鉛筆を使用し良い例のように濃く(下の数字が見えないように)塗りつぶしてください。
【マーク例：良い例 ● 悪い例 ① ◐ ⊖ ④ 】
2. 折り曲げたり、汚したりしてはいけません。
3. 訂正は必ずプラスチック製の消しゴムで完全に消し、消し跡が残らないようにしてください。消し方が悪いと採点されません。
4. 所定欄以外にはマークしたり、記入したりしてはいけません。

◇英語◇

麻布大学附属高等学校　2021年度

※122%に拡大していただくと、解答欄は実物大になります。

解答欄（問題番号 1〜20、21〜40、41〜60、各選択肢 ①②③④⑤⑥⑦⑧⑨⑩）

麻布大学附属高等学校　2021年度

◇国語◇

※120％に拡大していただくと，解答欄は実物大になります。

問番号	解	答	欄							
1	①	②	③	④	⑤	⑥	⑦	⑧	⑨	⓪
2	①	②	③	④	⑤	⑥	⑦	⑧	⑨	⓪
3	①	②	③	④	⑤	⑥	⑦	⑧	⑨	⓪
4	①	②	③	④	⑤	⑥	⑦	⑧	⑨	⓪
5	①	②	③	④	⑤	⑥	⑦	⑧	⑨	⓪
6	①	②	③	④	⑤	⑥	⑦	⑧	⑨	⓪
7	①	②	③	④	⑤	⑥	⑦	⑧	⑨	⓪
8	①	②	③	④	⑤	⑥	⑦	⑧	⑨	⓪
9	①	②	③	④	⑤	⑥	⑦	⑧	⑨	⓪
10	①	②	③	④	⑤	⑥	⑦	⑧	⑨	⓪
11	①	②	③	④	⑤	⑥	⑦	⑧	⑨	⓪
12	①	②	③	④	⑤	⑥	⑦	⑧	⑨	⓪
13	①	②	③	④	⑤	⑥	⑦	⑧	⑨	⓪
14	①	②	③	④	⑤	⑥	⑦	⑧	⑨	⓪
15	①	②	③	④	⑤	⑥	⑦	⑧	⑨	⓪
16	①	②	③	④	⑤	⑥	⑦	⑧	⑨	⓪
17	①	②	③	④	⑤	⑥	⑦	⑧	⑨	⓪
18	①	②	③	④	⑤	⑥	⑦	⑧	⑨	⓪
19	①	②	③	④	⑤	⑥	⑦	⑧	⑨	⓪
20	①	②	③	④	⑤	⑥	⑦	⑧	⑨	⓪

問番号	解	答	欄							
21	①	②	③	④	⑤	⑥	⑦	⑧	⑨	⓪
22	①	②	③	④	⑤	⑥	⑦	⑧	⑨	⓪
23	①	②	③	④	⑤	⑥	⑦	⑧	⑨	⓪
24	①	②	③	④	⑤	⑥	⑦	⑧	⑨	⓪
25	①	②	③	④	⑤	⑥	⑦	⑧	⑨	⓪
26	①	②	③	④	⑤	⑥	⑦	⑧	⑨	⓪
27	①	②	③	④	⑤	⑥	⑦	⑧	⑨	⓪
28	①	②	③	④	⑤	⑥	⑦	⑧	⑨	⓪
29	①	②	③	④	⑤	⑥	⑦	⑧	⑨	⓪
30	①	②	③	④	⑤	⑥	⑦	⑧	⑨	⓪
31	①	②	③	④	⑤	⑥	⑦	⑧	⑨	⓪
32	①	②	③	④	⑤	⑥	⑦	⑧	⑨	⓪
33	①	②	③	④	⑤	⑥	⑦	⑧	⑨	⓪
34	①	②	③	④	⑤	⑥	⑦	⑧	⑨	⓪
35	①	②	③	④	⑤	⑥	⑦	⑧	⑨	⓪
36	①	②	③	④	⑤	⑥	⑦	⑧	⑨	⓪
37	①	②	③	④	⑤	⑥	⑦	⑧	⑨	⓪
38	①	②	③	④	⑤	⑥	⑦	⑧	⑨	⓪
39	①	②	③	④	⑤	⑥	⑦	⑧	⑨	⓪
40	①	②	③	④	⑤	⑥	⑦	⑧	⑨	⓪

問番号	解	答	欄							
41	①	②	③	④	⑤	⑥	⑦	⑧	⑨	⓪
42	①	②	③	④	⑤	⑥	⑦	⑧	⑨	⓪
43	①	②	③	④	⑤	⑥	⑦	⑧	⑨	⓪
44	①	②	③	④	⑤	⑥	⑦	⑧	⑨	⓪
45	①	②	③	④	⑤	⑥	⑦	⑧	⑨	⓪
46	①	②	③	④	⑤	⑥	⑦	⑧	⑨	⓪
47	①	②	③	④	⑤	⑥	⑦	⑧	⑨	⓪
48	①	②	③	④	⑤	⑥	⑦	⑧	⑨	⓪
49	①	②	③	④	⑤	⑥	⑦	⑧	⑨	⓪
50	①	②	③	④	⑤	⑥	⑦	⑧	⑨	⓪
51	①	②	③	④	⑤	⑥	⑦	⑧	⑨	⓪
52	①	②	③	④	⑤	⑥	⑦	⑧	⑨	⓪
53	①	②	③	④	⑤	⑥	⑦	⑧	⑨	⓪
54	①	②	③	④	⑤	⑥	⑦	⑧	⑨	⓪
55	①	②	③	④	⑤	⑥	⑦	⑧	⑨	⓪
56	①	②	③	④	⑤	⑥	⑦	⑧	⑨	⓪
57	①	②	③	④	⑤	⑥	⑦	⑧	⑨	⓪
58	①	②	③	④	⑤	⑥	⑦	⑧	⑨	⓪
59	①	②	③	④	⑤	⑥	⑦	⑧	⑨	⓪
60	①	②	③	④	⑤	⑥	⑦	⑧	⑨	⓪

注意事項

1. マークにはHBかBの黒色鉛筆を使用し良い例のように濃く(下の数字が見えないように)塗りつぶしてください。
【マーク例：良い例 ●　悪い例 ① ② ③ ④ 】
2. 折り曲げたり、汚したりしてはいけません。
3. 訂正は必ずプラスチック製の消しゴムで完全に消し、消し跡が残らないようにしてください。消し方が悪いと採点されません。
4. 所定欄以外にはマークしたり、記入したりしてはいけません。

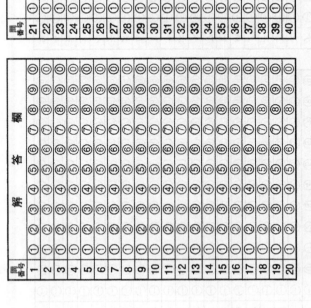

◇数学◇

麻布大学附属高等学校　2020年度

◇英語◇

麻布大学附属高等学校　2020年度

解答欄 (問番号 1–20): 各問 選択肢 ① ② ③ ④ ⑤ ⑥ ⑦ ⑧ ⑨ ⑩

麻布大学附属高等学校　　2020年度

◇国語◇

注意事項

1. マークにはＨＢかＢの黒色鉛筆を使用し良い例のように濃く(下の数字が見えないように)塗りつぶしてください。
【マーク例：良い例 ●　　悪い例 ◐ ⊸③ ❹】
2. 折り曲げたり、汚したりしてはいけません。
3. 訂正は必ずプラスチック製の消しゴムで完全に消し、消し跡が残らないようにしてください。消し方が悪いと採点されません。
4. 所定欄以外にはマークしたり、記入したりしてはいけません。

問番号	解答欄									
1	①	②	③	④	⑤	⑥	⑦	⑧	⑨	⓪
2	①	②	③	④	⑤	⑥	⑦	⑧	⑨	⓪
3	①	②	③	④	⑤	⑥	⑦	⑧	⑨	⓪
4	①	②	③	④	⑤	⑥	⑦	⑧	⑨	⓪
5	①	②	③	④	⑤	⑥	⑦	⑧	⑨	⓪
6	①	②	③	④	⑤	⑥	⑦	⑧	⑨	⓪
7	①	②	③	④	⑤	⑥	⑦	⑧	⑨	⓪
8	①	②	③	④	⑤	⑥	⑦	⑧	⑨	⓪
9	①	②	③	④	⑤	⑥	⑦	⑧	⑨	⓪
10	①	②	③	④	⑤	⑥	⑦	⑧	⑨	⓪
11	①	②	③	④	⑤	⑥	⑦	⑧	⑨	⓪
12	①	②	③	④	⑤	⑥	⑦	⑧	⑨	⓪
13	①	②	③	④	⑤	⑥	⑦	⑧	⑨	⓪
14	①	②	③	④	⑤	⑥	⑦	⑧	⑨	⓪
15	①	②	③	④	⑤	⑥	⑦	⑧	⑨	⓪
16	①	②	③	④	⑤	⑥	⑦	⑧	⑨	⓪
17	①	②	③	④	⑤	⑥	⑦	⑧	⑨	⓪
18	①	②	③	④	⑤	⑥	⑦	⑧	⑨	⓪
19	①	②	③	④	⑤	⑥	⑦	⑧	⑨	⓪
20	①	②	③	④	⑤	⑥	⑦	⑧	⑨	⓪

問番号	解答欄									
21	①	②	③	④	⑤	⑥	⑦	⑧	⑨	⓪
22	①	②	③	④	⑤	⑥	⑦	⑧	⑨	⓪
23	①	②	③	④	⑤	⑥	⑦	⑧	⑨	⓪
24	①	②	③	④	⑤	⑥	⑦	⑧	⑨	⓪
25	①	②	③	④	⑤	⑥	⑦	⑧	⑨	⓪
26	①	②	③	④	⑤	⑥	⑦	⑧	⑨	⓪
27	①	②	③	④	⑤	⑥	⑦	⑧	⑨	⓪
28	①	②	③	④	⑤	⑥	⑦	⑧	⑨	⓪
29	①	②	③	④	⑤	⑥	⑦	⑧	⑨	⓪
30	①	②	③	④	⑤	⑥	⑦	⑧	⑨	⓪
31	①	②	③	④	⑤	⑥	⑦	⑧	⑨	⓪
32	①	②	③	④	⑤	⑥	⑦	⑧	⑨	⓪
33	①	②	③	④	⑤	⑥	⑦	⑧	⑨	⓪
34	①	②	③	④	⑤	⑥	⑦	⑧	⑨	⓪
35	①	②	③	④	⑤	⑥	⑦	⑧	⑨	⓪
36	①	②	③	④	⑤	⑥	⑦	⑧	⑨	⓪
37	①	②	③	④	⑤	⑥	⑦	⑧	⑨	⓪
38	①	②	③	④	⑤	⑥	⑦	⑧	⑨	⓪
39	①	②	③	④	⑤	⑥	⑦	⑧	⑨	⓪
40	①	②	③	④	⑤	⑥	⑦	⑧	⑨	⓪

問番号	解答欄									
41	①	②	③	④	⑤	⑥	⑦	⑧	⑨	⓪
42	①	②	③	④	⑤	⑥	⑦	⑧	⑨	⓪
43	①	②	③	④	⑤	⑥	⑦	⑧	⑨	⓪
44	①	②	③	④	⑤	⑥	⑦	⑧	⑨	⓪
45	①	②	③	④	⑤	⑥	⑦	⑧	⑨	⓪
46	①	②	③	④	⑤	⑥	⑦	⑧	⑨	⓪
47	①	②	③	④	⑤	⑥	⑦	⑧	⑨	⓪
48	①	②	③	④	⑤	⑥	⑦	⑧	⑨	⓪
49	①	②	③	④	⑤	⑥	⑦	⑧	⑨	⓪
50	①	②	③	④	⑤	⑥	⑦	⑧	⑨	⓪
51	①	②	③	④	⑤	⑥	⑦	⑧	⑨	⓪
52	①	②	③	④	⑤	⑥	⑦	⑧	⑨	⓪
53	①	②	③	④	⑤	⑥	⑦	⑧	⑨	⓪
54	①	②	③	④	⑤	⑥	⑦	⑧	⑨	⓪
55	①	②	③	④	⑤	⑥	⑦	⑧	⑨	⓪
56	①	②	③	④	⑤	⑥	⑦	⑧	⑨	⓪
57	①	②	③	④	⑤	⑥	⑦	⑧	⑨	⓪
58	①	②	③	④	⑤	⑥	⑦	⑧	⑨	⓪
59	①	②	③	④	⑤	⑥	⑦	⑧	⑨	⓪
60	①	②	③	④	⑤	⑥	⑦	⑧	⑨	⓪

MEMO

大切なことはメモしておこうネ！

MEMO

大切なことはメモしておこうネ！

MEMO

大切なことはメモしておこうネ！

基礎から最難関レベルまで
入試問題から厳選した良問を徹底演習
得意単元をゆるがぬ得点源に！

高校入試 特訓シリーズ

数学

数学 思考力 ―規則性とデータの分析と活用―

高校入試問題で受験生が苦労する分野「規則性」「資料の整理」「思考力」をテーマにした問題集。
丁寧な解説で、基礎の基礎からしっかり身につく

[定価：1,980円]

【本書のレベル】 基礎 標準 発展

【本書のレベル】 基礎 標準 発展

数学難関徹底攻略700選

難関校受験生向けに最新入試問題を厳選。問題編の３倍に及ぶ充実した解説量

[定価：2,200円]

数学 図形と関数・グラフの融合問題完全攻略272選

最新入試頻出問題を厳選。基礎編→応用編→実践編のテーマ別ステップアップ方式。

この一冊で苦手な図形と関数・グラフの融合問題を完全克服

[定価：1,650円]

【本書のレベル】 基礎 標準 発展

英語

英語長文難関攻略33選【改訂版】

「取り組みやすい長文」→「手ごたえのある長文」へステップアップ方式。本文読解のための詳しい構文・文法解説・全訳を掲載

[定価：1,980円]

【本書のレベル】 基礎 標準 発展

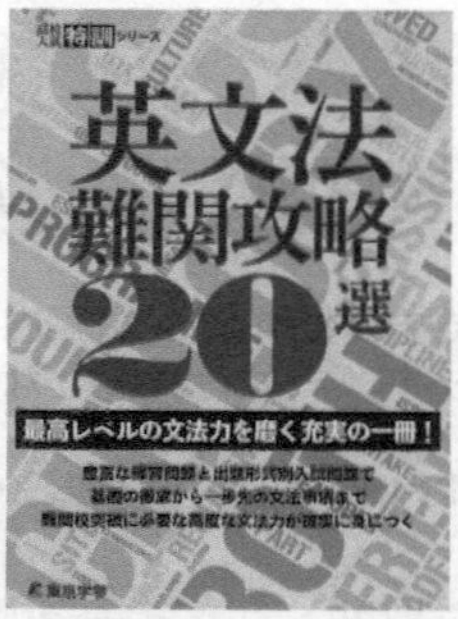

【本書のレベル】 基礎 標準 発展

英文法難関攻略20選

基礎の徹底から一歩先の文法事項まで難関校突破に必要な高度な文法力が確実に身につく

[定価：1,760円]

英語長文テーマ別難関攻略30選

全国最難関校の英語長文より、高度な内容の長文を厳選してテーマ別に分類

[定価：1,760円]

【本書のレベル】 基礎 標準 発展

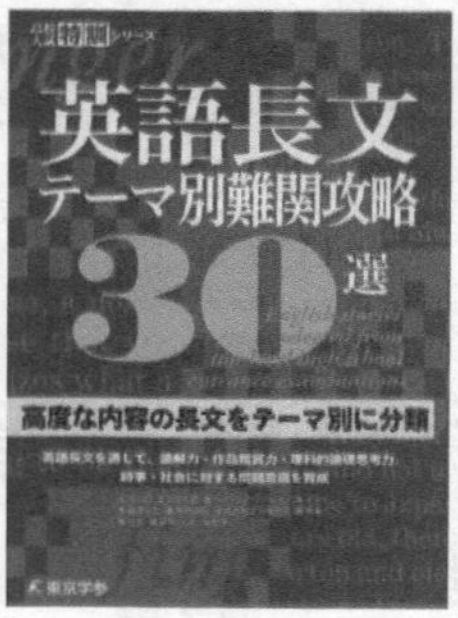

国語

古文 完全攻略63選【改訂版】

高校入試の古文に必要な力が身に付く一冊
基礎～難関レベルまでレベル別に攻略法を学ぶ

[定価：1,980円]

【本書のレベル】 基礎 標準 発展

【本書のレベル】 基礎 標準 発展

国語長文難関徹底攻略30選

国公私立難関校の入試問題から良問を厳選
解答へのアプローチ方法がわかる！
解けるようになる！

[定価：2,200円]

国語融合問題完全攻略30選

「現代文×古文」融合文対策
「読解のポイント」を読めば、深い速い読解力を手にできる

[定価：1,650円]

【本書のレベル】 基礎 標準 発展

東京学参
gakusan.co.jp

https://www.gakusan.co.jp/

全国の書店、またはECサイトにてご購入ください。

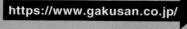

東京学参の

中学校別入試過去問題シリーズ

＊出版校は一部変更することがあります。一覧にない学校はお問い合わせください。

東京ラインナップ

あ　青山学院中等部(L04)
麻布中学(K01)
桜蔭中学(K02)
お茶の水女子大附属中学(K07)
か　海城中学(K09)
開成中学(M01)
学習院中等科(M03)
慶應義塾中等部(K04)
啓明学園中学(N29)
晃華学園中学(N13)
攻玉社中学(L11)
国学院大久我山中学
（一般・CC）(N22)
（ＳＴ）(N23)
駒場東邦中学(L01)
さ　芝中学(K16)
芝浦工業大附属中学(M06)
城北中学(M05)
女子学院中学(K03)
巣鴨中学(M02)
成蹊中学(N06)
成城中学(K28)
成城学園中学(L05)
青稜中学(K23)
創価中学(N14)★
た　玉川学園中学部(N17)
中央大附属中学(N08)
筑波大附属中学(K06)
筑波大附属駒場中学(L02)
帝京大中学(N16)
東海大菅生高中等部(N27)
東京学芸大附属竹早中学(K08)
東京都市大付属中学(L13)
桐朋中学(N03)
東洋英和女学院中学部(K15)
豊島岡女子学園中学(M12)
な　日本大第一中学(M14)
日本大第三中学(N19)
日本大第二中学(N10)
は　雙葉中学(K05)
法政大学中学(N11)
本郷中学(M08)
ま　武蔵中学(N01)
明治大付属中野中学(N05)
明治大付属八王子中学(N07)
明治大付属明治中学(K13)
ら　立教池袋中学(M04)
わ　和光中学(N21)
早稲田中学(K10)
早稲田実業学校中等部(K11)
早稲田大高等学院中学部(N12)

神奈川ラインナップ

あ　浅野中学(O04)
栄光学園中学(O06)
か　神奈川大附属中学(O08)
鎌倉女学院中学(O27)
関東学院六浦中学(O31)
慶應義塾湘南藤沢中等部(O07)
慶應義塾普通部(O01)
さ　相模女子大中学部(O32)
サレジオ学院中学(O17)
逗子開成中学(O22)
聖光学院中学(O11)
清泉女学院中学(O20)
洗足学園中学(O18)
捜真女学校中学部(O29)
た　桐蔭学園中等教育学校(O02)
東海大付属相模高中等部(O24)
桐光学園中学(O16)
な　日本大中学(O09)
は　フェリス女学院中学(O03)
法政大第二中学(O19)
や　山手学院中学(O15)
横浜隼人中学(O26)

千・埼・茨・他ラインナップ

あ　市川中学(P01)
浦和明の星女子中学(Q06)
か　海陽中等教育学校
（入試Ⅰ・Ⅱ）(T01)
（特別給費生選抜）(T02)
久留米大附設中学(Y04)
さ　栄東中学（東大・難関大）(Q09)
栄東中学（東大特待）(Q10)
狭山ヶ丘高校付属中学(Q01)
芝浦工業大柏中学(P14)
渋谷教育学園幕張中学(P09)
城北埼玉中学(Q07)
昭和学院秀英中学(P05)
清真学園中学(S01)
西南学院中学(Y02)
西武学園文理中学(Q03)
西武台新座中学(Q02)
専修大松戸中学(P13)
た　筑紫女学園中学(Y03)
千葉日本大第一中学(P07)
千葉明徳中学(P12)
東海大付属浦安高中等部(P06)
東邦大付属東邦中学(P08)
東洋大附属牛久中学(S02)
獨協埼玉中学(Q08)
な　長崎日本大中学(Y01)
成田高校付属中学(P15)
は　函館ラ・サール中学(X01)
日出学園中学(P03)
福岡大附属大濠中学(Y05)
北嶺中学(X03)
細田学園中学(Q04)
や　八千代松陰中学(P10)
ら　ラ・サール中学(Y07)
立命館慶祥中学(X02)
立教新座中学(Q05)
わ　早稲田佐賀中学(Y06)

公立中高一貫校ラインナップ

北海道　市立札幌開成中等教育学校(J22)
宮　城　宮城県仙台二華・古川黎明中学校(J17)
市立仙台青陵中等教育学校(J33)
山　形　県立東桜学館・致道館中学校(J27)
茨　城　茨城県立中学・中等教育学校(J09)
栃　木　県立宇都宮東・佐野・矢板東高校附属中学校(J11)
群　馬　県立中央・市立四ツ葉学園中等教育学校・
市立太田中学校(J10)
埼　玉　市立浦和中学校(J06)
県立伊奈学園中学校(J31)
さいたま市立大宮国際中等教育学校(J32)
川口市立高等学校附属中学校(J35)
千　葉　県立千葉・東葛飾中学校(J07)
市立稲毛国際中等教育学校(J25)
東　京　区立九段中等教育学校(J21)
都立大泉高等学校附属中学校(J28)
都立両国高等学校附属中学校(J01)
都立白鷗高等学校附属中学校(J02)
都立富士高等学校附属中学校(J03)
都立三鷹中等教育学校(J29)
都立南多摩中等教育学校(J30)
都立武蔵高等学校附属中学校(J04)
都立立川国際中等教育学校(J05)
都立小石川中等教育学校(J23)
都立桜修館中等教育学校(J24)
神奈川　川崎市立川崎高等学校附属中学校(J26)
県立平塚・相模原中等教育学校(J08)
横浜市立南高等学校附属中学校(J20)
横浜サイエンスフロンティア高校附属中学校(J34)
広　島　県立広島中学校(J16)
県立三次中学校(J37)
徳　島　県立城ノ内中等教育学校・富岡東・川島中学校(J18)
愛　媛　県立今治東・松山西中等教育学校(J19)
福　岡　福岡県立中学校・中等教育学校(J12)
佐　賀　県立香楠・致遠館・唐津東・武雄青陵中学校(J13)
宮　崎　県立五ヶ瀬中等教育学校・宮崎西・都城泉ヶ丘高校附属中学校(J15)
長　崎　県立長崎東・佐世保北・諫早高校附属中学校(J14)

公立中高一貫校「適性検査対策」問題集シリーズ

総合編　作文問題編　資料問題編　数と図形編　生活と科学編　実力確認テスト編

私立中・高スクールガイド

THE《ザ》私立

私立中学＆高校の学校生活がわかる！

〈ダウンロードコンテンツについて〉

本問題集のダウンロードコンテンツ、弊社ホームページで配信しております。現在ご利用いただけるのは「2025年度受験用」に対応したもので、**2025年3月末日**までダウンロード可能です。弊社ホームページにアクセスの上、ご利用ください。

※配信期間が終了いたしますと、ご利用いただけませんのでご了承ください。

高校別入試過去問題シリーズ
麻布大学附属高等学校　2025年度
ISBN978-4-8141-2964-5

[発行所] 東京学参株式会社
〒153-0043　東京都目黒区東山2-6-4

書籍の内容についてのお問い合わせは右のQRコードから　⇒

※書籍の内容についてのお電話でのお問い合わせ、本書の内容を超えたご質問には対応できませんのでご了承ください。

2024年6月20日　初版